伝統的社会集団の歴史的変遷

――中国山西省農村の「宗族」と「社」――

陳　鳳　著
chen　feng

御茶の水書房

目　次

序　章 …………………………………………………………………… *1*
　　はじめに （*2*）
　　第1節　研究背景 （*3*）
　　第2節　調査地の選定 （*7*）
　　第3節　本書の目的と構成 （*10*）

第一部　中国における結合関係の再検討
　　　　　　――宗族と社の結合類型と差異を中心に

第1章　宗族研究に関する諸問題 ………………………………… *15*
　　第1節　先行研究 （*15*）
　　第2節　宗族に関する見方の多様性と対立 （*24*）
　　第3節　宗族研究に関する問題の所在 （*34*）

第2章　「会」・「社」研究に関する諸問題 ……………………… *40*
　　第1節　先行研究 （*41*）
　　第2節　問題の所在 （*48*）

第3章　宗族と社に関する分析枠組とその理論的根拠 ………… *51*
　　第1節　宗族の場合 （*57*）
　　第2節　会・社の場合 （*60*）

第4章　宗族の成立事情とその歴史的変遷 ……………………… *65*
　　第1節　宗族の成立根拠と成立動機 （*65*）
　　第2節　成立動機からみる宗族の変化 （*69*）

第5章　血縁優先と利益優先にみる宗族の差異 ………………… *77*
　　第1節　同宗の意味と改姓の目的 （*78*）

第2節　族譜編集の目的　(82)
　　第3節　宗族の成員資格の獲得　(84)
　　第4節　宗族成員間の親疎と尊卑関係　(85)
　　第5節　祖先祭祀の目的と対象　(87)
　　第6節　贍族の目的と対象　(89)

第6章　宗族結合における南北差異の要因 ……………… 94
　　第1節　宗族間関係ならびに宗族と族人の関係　(97)
　　第2節　宗族が所有する土地の比較　(99)
　　第3節　土地所有者と小作人の関係の比較　(101)

終　章　結　語 ……………………………………………… 107

第二部　山西省農村における宗族と社の歴史的変遷と現状

第1章　対象地域・調査方法および調査概要 …………… 115
　　第1節　山西省の概況　(115)
　　第2節　調査村の概況　(117)
　　第3節　調査方法と調査概要　(123)

第2章　血縁集団―宗族の歴史と現状 …………………… 127
　　第1節　宗族の起源と現状　(127)
　　第2節　宗族成員間の関係と宗族機能　(132)
　　第3節　祖先祭祀からみる宗族の一体感と分節化　(140)
　　第4節　「銀銭流水帳」にみる祭祀の変遷―李氏宗族の場合　(148)
　　第5節　族譜編集の目的と契機―馬氏A支派の場合　(153)
　　小結　(163)

第3章　地縁集団―社の歴史と変遷 ……………………… 168
　　第1節　調査村の社の概要　(168)

第2節　社の活動と規模　*(169)*

　　　第3節　「銀銭流水帳」からみる社の歴史と役割の変遷　*(174)*

　　　第4節　「元宵節」からみる伝統の継承と変化　*(180)*

　　　第5節　社首の位置づけ　*(188)*

　　　小結　*(189)*

第4章　宗族・社および村との関係 ……………………………… *192*

　　　第1節　閻錫山と村治　*(192)*

　　　第2節　村治による村の再編と閭の設置　*(193)*

　　　第3節　「元宵節」からみる村と社の関係　*(195)*

　　　第4節　新中国以降の村内部の編成と社の関係　*(199)*

　　　第5節　村のリーダーからみる村と宗族の関係　*(200)*

　　　小結　*(201)*

第5章　宗族・地域活動における女性の地位の変遷 ………… *205*

　　　第1節　宗族からみる変遷　*(207)*

　　　第2節　地域活動からみる変遷　*(212)*

　　　小結　*(214)*

終章　結語 ………………………………………………………… *217*

あとがき ……………………………………………………………… *223*

引用・参考文献 ……………………………………………………… *225*

付属資料

　　1）本宗九族五服正服之図　*(231)*

　　2）調査日・場所と調査内容　*(232)*

　　3）鉄門社（李氏宗族）流水帳簿（1989年〜1964年）　*(236)*

　　4）馬氏宗族A支派族譜図　（巻末）

　　5）鉄門李氏宗族族譜図　（巻末）

索引　（巻末）

図表目次

第一部
図1 清水盛光の集団の一般理論による図式 …………………… *56*
図2-A 二つの宗族類型図とその動的変化 …………………… *59*
図2-B 異なる宗族の配置 …………………………………………… *59*
図3-A 社・会の類型図とその動的変化 ……………………… *63*
図3-B 異なる社・会の配置 ……………………………………… *63*

第二部
図4 山西省地図 ……………………………………………………… *116*
図5 段村略図 ………………………………………………………… *118*
表1 聞き取り調査者別の職業・年齢と調査年 ………………… *124*
表2 被調査宗族2001年の実態 ………………………………… *130*
表3 鉄門李社（李氏宗族）1899年流水帳 ……………………… *179*
表4 2005年「元宵節」に寄付金を提供した企業家名簿 ……… *187*
表5 段村歴代責任者リスト ………………………………………… *202*

凡　例

1）論文中に、ゴシック体で表記している用語は中国語が日本語と意味が異なる場合である。例えば、**家庭**で表記している場合は、中国語の家庭の意味を表す。
2）引用文で、ページを表記していない個所がある。その場合はウェブサイトからの引用である。
3）中国語の文献を数多く引用しているが、日本語訳はすべて筆者によって翻訳した。
4）論文中の写真はすべて筆者が撮影したものである。
5）付属資料3の中に、漢字が読めない場合は□で表記する。

序章

はじめに

　本書は、中国村落社会における伝統的社会集団の歴史的変遷とその現状について、社会学における集団類型の概念を援用しつつ考察し、伝統集団が果たしてきた役割と現代的意義を明らかにしようとするものである。なお、本書でいう伝統的社会集団とは、「宗族」と呼ばれる集団と、「会」・「社」と呼ばれる集団を指す。

　中国史上の各王朝政権が村落社会を統治するにあたって、基本的に「皇権不下県」であった。したがって、中国村落社会では人々の結合関係において、血縁集団と地縁集団はきわめて重要な意味をもち、両者は村落社会自治の主要な担い手であり、村落民の社会関係を結びつける紐帯である。それらが村落を運営する上で力を発揮し、郷村自治に多大な影響を与えていたことは、多くの研究者が一致して認めるところである。

　「近代以降、国家は村落社会を変えようとしたが、戦乱など社会環境が不安定なため、改革が中断され、中華民国が終わるまで、農村社会にさほど変化がなかった」（劉1997：2-3）と分析しているように、中国村落社会は長い間ほとんど変わらなかった。

　1949年に新中国が成立したのち、経済面では土地改革が行われ、それまで主に地主階級や宗族が所有していた土地は老若男女を問わず平等に分配され、すべての農民が土地を所有するようになった。その結果、地主階級が消え、「族権」が剥奪され、宗族結合の経済的基盤が消滅し、宗族自体もなくなったといわれた。組織形態について、零細農民を結束させるために「互助組」が推奨され、さらに「初級合作社」・「高級合作社」と「人民公社」へと発展させた。人民公社は農民を管理・統合する行政組織で、村は生産大隊となり、徹底した

「集体所有制」が図られて、地縁に基づいて結合した社も消失したとされていた。イデオロギー面では、特に大躍進運動と文化大革命の期間中に、祖先崇拝・祭祀、民間信仰、伝統的風俗などの慣習が「封建迷信」と「四旧」[1]だと全面的に批判・否定された。そのため、宗族成員を記録する家譜や族譜が焼却され、祖先を祭祀する時に使用する祠堂は取り壊され学校や倉庫に転用された事例や、民間信仰の活動の中心である寺院と廟などが破壊された事例は全国の至る所にみられる。

　1978年から経済改革・開放が行われ、経済政策の転換は農村社会に急激な変化をもたらし、農民の経済生活と社会生活を大きく変えた。その変化は大きく三つにまとめることができる。一つ目は、行政組織の人民公社が解体され、一つの「集体所有制」としての生産大隊の役割が終ったことである。1987年に「中華人民共和国村民委員会組織法（試行）」が設けられ、10年あまりの試行段階を得て、1998年に村民組織法が正式に実施され始めた。その結果、生産大隊は村民委員会となり、村民は選挙の形で、村民委員会のリーダーを選ぶことができるようになり、村民による自治が確立された。二つ目は、思想統治が徐々に緩やかになるにつれて、人々の意識が解放されたことである。価値観の多様化が許される状況を生み出したことで、文化大革命中に禁止されていた民間信仰、伝統的風俗などの慣習の再生が見られるようになり、信者たちによって寺院や廟が再建され、それへの参拝者も増えつつある。特に1980年からの生産請負責任制への移行をきっかけに、宗族が再結集し、長年にわたり中止された宗族の祖先祭祀が復活し、文化大革命中に焼却された族譜の編纂など宗族慣行への回帰現象も目立つようになってきた。また、三つ目は、人口が流動化し、農村の産業構造が変わったことである。新中国成立以降、農村戸籍と都会戸籍という制度が設けられたことから、農民は自由に都会に出ることが許されず、伝統的村社会の構造と人間関係はそれほど変わらなかった。だが今日の農村では、人々がどこにも自由に行くことができ、特に若者が村から出る傾向が強い。また、郷鎮企業や私営の個人企業が増えたことによって、多くの村民が農業に従事すると同時に企業で働く社員でもあり、村社会では従来の伝統的村社会よりも複雑な結合関係が生まれ、人々の生活環境が大きく変化している。

第 1 節　研究背景

　中国農村社会が大きく変化する中で、宗族が依然として学者たちの主な研究対象の一つとなっている。その理由は「現在の中国における宗族結合は、依然として中国基層社会の基本構造の一つであり、歴史の進展と共に逐次弱まるものではない。むしろ、宗族結合は現代中国社会の中においても一種の潜在勢力として、社会に動揺が現れた時に、その能力を表に現し、役割を発揮することとなる」（祁 2006b：241）と祁建民がいっているように、宗族集団は現代においても無視できない存在である。

　宗族は中国の長い歴史の中で連綿と受け継がれており、中国を理解する上で最も重要なキーワードの一つであることから、これまで国内外の多くの研究者が宗族を分析対象とし、数多くの成果を残している。彼らはそれぞれ独自の方法や分析視点をもって宗族にアプローチし、さまざまな議論を積み重ねてきたが、いまだに宗族についての考え方が平行線のままで共通認識に達していない。具体的にその研究をみると、南北で結合の強弱に差異があるという実態は強調されるが、結合の本質に関する差異ついての議論はあまりなされていない。それに結合における南北差異の要因についての分析も不十分である。また宗族を見る時、機能を重視すべきか、系譜を重視するべきかという論争もあったが、いまだに結論が出されていないままである。その他にも宗族に対して、多様性な見方と対立があり、なお多くの課題が残されており、再検討する余地がある。

　地域から見ると、北中国の宗族に関する研究が南中国と比べて少ない。2000年以降に東北や陝西省農村の宗族を研究する論文や著書が出版され、北地域の宗族の結合形態や活動内容といった特徴などを知ることができるようになったが、数量的には依然として少ない。華北地域に関する宗族研究になると、従来の河北省と山東省に限られてしまう。

　周知のように、華北農村の研究に関しては、1952年から1958年に刊行された『中国農村慣行調査』（全六巻。以下『慣調』と記す）が 1940 年代の華北地区の河北省と山東省の六つの村のあらゆる生活規範を詳細に記録した調査資料として知られている。三谷孝が述べているように、この資料は、「調査のおかれ

た時代の制約ともいえる問題点がみられるが、しかし、詳細な記録と資料を残したことで、革命以前の中国農村社会の実情を検討する上で他に類を見ない貴重な文献資料である」(三谷 2000：8) として華北農村を研究する人々に利用されてきた。

ドアラ (Prasenjit Duara) は、早くから『慣調』の資料的価値を認め、それを利用し、1988 年に *Culture, Power and The State — Rural North China, 1900-1942*（ただし、筆者は王福明訳の中国語版を参考にしている）発表した。ドアラは中国社会の特有な文化と権力、統治などの概念を連結し、「権力の文化的ネットワーク」をキーワードに主に村落の権力構造の変遷について論じ、また各村にある宗族についても論考した。

華北農村の宗族について、ドアラは、「北方の宗族は規模が小さく、巨額の族産はないが、蒼白無力ではなく、同族意識が強く、郷村社会では具体的かつ重要な役割を果した。…華北農村の大多数の村落において、宗族が伝統的な政治システムを制御し、村落管理、公共活動及び「村公会」成員枠の分配は、すべて宗族或いは亜家族を基準にしている。…寺北柴村では、族長は宗族の中の最高の権力者である。仮に裕福な人も族長に従わなければならない。また、族内の人が養子をもらう時、財産を分割する時など多くの場面において族長の承認を得なければならない。役人も族長の権力を認めている」(P. ドアラ 2003：61-67 要約) とこれらの村において、宗族関係が強く維持されていたと考えている。

同じく『慣調』と『定県社会概況調査』などの資料を利用し、華北農村の社会構造を解明することを目的とした福武直の『中国農村社会の構造』（第二部は「華北農村社会の研究」）がある。その前編は華北農村の家族と宗族について、後編は華北村落の構造について論じている。前編では、宗族結合の性質について、「華北農村の同族結合は決して強くはなく、その共同は、同族の本質的機能たる祖先の祭祀に現れる以外には見るべきものとてなく、極めて消極的であり、族人も族に関して強烈たる同族意識をもたず、したがって同族の族人に対する制約も非常に低度であった」(福武 1976：370) と認識している。後編では村の共同性について「消極的な性格打算的合理的な性格の方が強い」(福武 1976：491) との指摘がある。当時の宗族結合の強弱について、福武がドアラ

と全く異なる見解を示している。

　新中国後、華北農村に関する実証研究はしばらくの空白期間を経て、三谷孝（一橋大学）たちは1990年から5年間にわたり、日中の学者が慣行調査を行った村で再調査をし、『農民が語る中国現代史』（1993年）と『中国農村変革と家族・村落・国家——華北農村調査の記録』1-2巻（1999-2000年）とにまとめた。その後、村での調査資料を利用し、『村から中国を読む』（2000年）を編著した。

　『村から中国を読む』は、慣行調査を行った五村に対する再調査の結果をまとめたもので、50年間にこれらの村がどのような歴史をたどったのか、について検証している。中生が執筆した第二部第4章では「華北農村の社会関係」を題目におもに現在の宗族、家族と地縁関係について書かれている。結語に華北農村の社会結合の特質について、「中国の社会結合の特質は「関係」の広がりとも言え、個人を起点としたネットワークの集積が、変化に対応しながら現在も息づいている。個人を起点とした血縁の結びつき、それと姻戚関係をからめた地縁に擬制的世代の上下をつける世代ランクの習慣などを観察していると、「関係あり、組織なし」のモデルは、華北農村の社会的性質を表現するのに適切である。血縁集団や信仰団体のような「組織」は国家の農業政策や政治運動の影響を直接的に受けて解体した。…民間の「組織」は弱体化し、共産党や生産隊という公的組織にとって代わられている。インフォーマルな「組織」が消滅してフォーマルな「組織」に吸収される一方で、コネや縁故と訳される「関係」、血縁・姻戚・地縁・友人など、さまざまなネットワークを重ね合わせた人間関係は、社会生活の様々な場面で重要な役割をしている」（中生 2000：235-6）と語った。中生の目には宗族（血縁集団）という「組織」が外部の関与によって解体し、現在は「関係あり、組織なし」の弱い存在に変わったと映っているようである。

　前にも触れたが、祁建民は「宗族の行方と近代国家」の中で「現在の中国における宗族結合は、依然として中国基層社会の基本構造の一つであり、歴史の進展と共に逐次弱まるものではない。むしろ、宗族結合は現代中国社会の中においても一種の潜在勢力として、社会に動揺が現れた時に、その能力を表に現し、役割を発揮することとなると考える」（祁 2006b：241）と論じ、中生と祁

では現代の村落社会の宗族結合の強弱、重要性についての認識も異なる。

　福武とドアラ、中生と祁、同じ地域の宗族を研究したにも関わらず異なる見解を示したことにとても興味深く感じる。

　一方、近年、注目されているのは村落の中に存在する「会」あるいは「社」と呼ばれる集団である[2]。従来から村落社会に「会」や「社」が存在していたことが周知されており、これに関する研究があったが、しかし詳細な、専門的な研究は宗族研究と比較すると、圧倒的に少ない。

　麻国慶は、中国の村落を「"会"を中心とする北方村落社会」と「"宗族"を中心とする南方村落社会」（麻1998：8-11）に大きく分類し、中国南北村落における人々の結合において大きな差異があるとの見解を示した。宗族結合において南強北弱であると一般的に思われている中、麻のこの見解に同調する傾向がある。後の本篇で言及するが、近年になって南方にも「会」・「社」が存在していた事例研究、北方にも「宗族」が存在していた事例研究が増えつつある。だが、「会」・「社」を地縁集団であると位置づけて研究する論著は少ない。

　華北農村の「会」に関しては、ドアラは規模の大きさ、構成員などの特徴から四つのタイプに分類したが、「会」が基本的に宗教団体であると認識している。祁建民は村落の内部における自由かつ普遍的な職能的社会合作組織の存在を明らかにし、村民にとっての重要性と必要性を指摘する。だがこれらの「会」が機能的な集団であると考えているようである。

　麻国慶も、村落社会に「民俗政治型の会」、「経済活動と密接な関係の会」、「民間信仰、祭祀活動を行なう会」といった「会」が存在していたことを指摘したが（麻1998：8-11）、これも明らかに機能から「会」を分類したのである。

　会に関連し、『慣調』から19世紀の華北農村の結合関係を論究する中で、度々村の責任者である村長と「会首」の権限および村民との関係についての議論があった。中国伝統社会においては、村は血縁と地縁といった自律的自治に任されていて、村に長がいなく、中華民国に入ってから行政の力が村落社会に浸透し、村が行政の末端組織となり、村長がはじめて設置されたことは周知の通りである。それゆえ、どのような人が村長となり、村長と村民との統制関係が注目されていた。戒能通孝は、中国村落における社会結合については、第一に、中国の村には境界（村界）がなく、固定・定着的な地域団体としての村は

成立していない。第二に、最も重要な点であるが、高持本百姓あるいはバウエルが存在せず、したがって、彼らを中核とする組仲間としての団結がなく、中国の村長や会首は村民の内面的支持のない単なる支配者にすぎない（戒能 1943：149-151）と述べた。しかし、戒能と異なる認識をもつ研究者もいて、さらに従来よりも多くの事例研究が行われるようになって、この問題についても再検証する必要があると思われる。

いずれにしても、現段階において「「会」の実像も、そして農村社会における「社」の意味も充分には検討されてこなかった。いわば「社」「会」による社会結合を取り扱う研究は中断したのである」（内山 2011：260）と内山雅生が指摘しているように、地縁結合に基づく「会」・「社」の実態をより明らかにし、村落社会で果たしてきた役割、宗族との関係、ならびに統治政権側との関係など、さまざまな側面での考察が必要である。

このように宗族と「会」・「社」集団について、さらに多くの地域における詳細な実態調査が必要であると同時、この両集団を社会集団としてみる場合、その結合の本質を分析する理論的な枠組が必要であると考え、本書はこの二つのことについて論考を進める。

第2節　調査地の選定

筆者が調査研究において選定したのが山西省である。山西省は地理的に華北に位置するが、従来の日本における華北研究では河北省と山東省を例にするものが圧倒的に多く、山西省に触れるものは微弱である。なお本稿で華北という場合も山西省を含まず、山西省をいう場合は明確に書くことを最初に断わっておきたい。

山西省に関する研究の現状について、「他の地域と比較すると、日本における山西省の社会に関する研究は少ない。時期と分野についても片寄りがある」（田中 2011：132）と田中が指摘する。この指摘からも山西社会に関する研究が手薄な状態だと分かる。2005 年に三谷孝はじめ、日本の研究者が中心になり中国研究者たちの協力を得て、山西省での調査がスタートした。その研究成果として、2011 年には『中国内陸における農村変革と地域社会──山西省臨汾

市近郊農村の変容』が出版された。現在、内山雅生が三谷の仕事を引き継ぎ、調査を継続している。山西省農村に関する本格的な調査研究はまだ始まったばかりといえる。中国の学者による山西省研究は、おもに山西大学社会史研究所が主体になって、人口、水利、宗教、経済など多岐にわたって成果をあげているが、宗族に関する研究が皆無に等しい。日本においても、筆者の知る限り、筆者の論文以外に、田中比呂志が書いた「高河店社区における家族結合の歴史的変遷」（田中 2011：195-219）という論文があるのみである。

山西省の「会」・「社」などの地縁集団に関しては、近年、車文明、姚春敏、杜正貞などの研究があり[3]、徐々に増え始めた。そのほかに、内山雅生の「山西農村の「社」と「会」からみた社会結合」（内山 2011）という論文がある。「水利組織の在り方を検討し、山西省農村における人的社会結合の存在形態を明らかにしよう」（内山 2011：267）とする中で、内山は、「山西省の農村の多くは、「改革・開放」経済体制以降、経済のグローバル化の中で大きく変貌している。そのような激しい変動の中で、多くの農村は、西ヨーロッパや日本の社会とは違った形態を取りながら、地域的伝統的慣行を保持し、地域住民の共同体的結合によって地域の伝統的慣行を保持しその生活と生存を維持している」（内山 2011：276）と考えている。別の論稿では、「近年、毎年のように山西省を訪問しているが、北部、中部、南部、さらに河北省と山東省との省界に近い村々を参観するたびに、山西省という同一の省内とはいえ、生産する農産物や、土壌などの生産条件の違いに、改めて山西省の特徴を再考せざるを得ないことを痛感し、中国社会のもつ奥深さに驚かされている」（内山 2013：195）と心中を吐露している。

筆者もまた、山西省農村に魅了され、その歴史と現状を理解するためにはより多くの実証研究が必要との思いを強く抱き、山西省農村についての研究を始めた。ただし、村落社会という大きなテーマを論じるのは筆者の能力を超え、不可能であるので、冒頭で示したように宗族と社に焦点を当てて論じたい。

山西省は黄河流域にあり、中華文明の発祥地の一つである。その歴史は古いが、内陸にある山西省は中国の中でも比較的に閉ざされた社会であり、今なお伝統的な風俗習慣が多く残っている地域である。

山西省の地域性と社会結合の特徴について、行龍は「人々が度々移動したた

め、華北地方では、単姓村が少なく、雑姓村が多数を占めている。雑姓村が多い華北地方では、宗族の力が弱く、宗族は族員に経済的な援助ができなかった。そのため、村民たちは地縁組織を重視し、それを頼りとすることが多い」（行2002：190）としている。

清代の中後期、山西商人と安徽商人はそれぞれ中国の南北において二大勢力を有する商人グループであった。しかし、安徽商人が宗族ネットワークを作っていたことに対し、山西商人は同郷者同士のネットワークを作り、両者の結合関係のあり方は大きく異なっていた。山西商人が同郷者同士のネットワークを作ったのは山西省の人々は地縁関係を大事にするからだと一般的にいわれている。

その一方、清水盛光のように「山西省は山東省と並んで、中国北方地区において宗族が多く聚族している地域である」（清水 1942：246）という指摘は前々から存在する。一方では、昔から山西省に多くの宗族が存在していたという指摘があるかと思えば、他方では、地縁関係が村民にとってきわめて重要だとの見方がある。これは、一見すると矛盾しているようにみえるが、しかし、この両方とも存在していることが伝統的な習慣や文化が多く残っている山西省の社会結合上の特徴ではないかと考えられる。

また、中華民国が成立後、山西省は農村自治に力を入れ始め、一連の「村治」[4]政策を実施し、その結果、村治の模範省になっていた。こうした意味から近代の村治が村落と人々の伝統的な結合関係にもたらした変化や与えた影響を検証する場合、山西省はまさにそれにふさわしく、典型的な地域であるといえる。

1978 年の改革・開放以降に実施した経済政策と行政制度改革は、山西農村社会にも変化をもたらし、本書が取り上げる村も、1980 年代初頭から他の地域と同様に大きな変化がみられた。筆者はとりわけ村に一部の宗族と一部の社の活動が復活したことに注目した。山西省農村の宗族と社の過去と現状を明かにすること、行政の力の浸透によって村落社会の結合関係に与えた影響を解明すること、さらに従来から研究されてきた地域との相違を比較することは、異なる地域の共通性と特殊性を明らかにすることを可能にする。これが山西省農村を調査地として選定した理由である。

第3節　本書の目的と構成

本書において第一部と第二部に分けて宗族と社を検証し、議論を進めたい。

第一部では、中国における結合関係の再検討ということで、先行研究を通して宗族と社の結合類型と差異を中心に論述する。従来、南方地方の宗族結合が強固であり、北方地方の宗族結合は脆弱であるという見解が多くの研究者に共通する。しかし、宗族を集団としてみた場合、その結合の本質の違いと南北結合の差異およびその要因に関する問題についてはあまり論じてこなかった。そこで、社会学の集団理論に基づき、集団には成立の動機が自然的から人為的に変わっていくという可能性が存在することを指摘する。そして宗族結合において成立の動機が変わっていく事例を示し、結果的に血縁をより重視する結合形態と利益をより重視する結合形態があるという類型設定を試みる。つまり静的ではなく、動的な観点で人々の宗族関係における変化を考察するのである。その上で、経済基盤の相違、いわゆる生活上の必要性が、宗族結合における南北の相違を生み出した要因を示し、その具体的な差異を比較する。

地縁的結合の社も同じく、成立動機が自然的なものもあれば、社会的、経済的な理由で人為的に結合したものもあると思われ、同じく社会学の集団理論に基づき、その結合の契機と結合の本質について類型化することを試みる。そこで、第一部は、第1章から第6章まで本論とし、終章でまとめる。その構成は次の通りである。

第1章　先行研究を中心に宗族研究における諸問題を総覧する。

第2章　「社」・「会」についての先行研究を分析し、問題の所在を明確にする。

第3章　集団としての宗族と社の本質をどのように捉えたらよいのかについて社会学における集団の分類基準を援用しつつ筆者の分析枠組みを提示し、宗族ならびに社との整合性を検討する。

第4章　先行研究でふれられた宗族の成立根拠・成立動機の違いを整理し、宗族の変遷から結合の根本的な差異を検討することで、集団としての宗族結合の類型設定を試みる。

第５章　六つの項目に分けて血縁優先と利益優先をする場合の宗族にみられる具体的な差異を詳しく検証する。
　第６章　宗族結合における南北差異の要因について、宗族と宗族の関係、宗族と族人の関係および土地の所有形態に着目し分析する。
　第二部では、山西省農村における宗族と社の歴史的変遷と現状について検証する。これまで山西省の宗族、会・社はそれぞれがどのように組織され、どのような活動をしていたのか、農村社会においてどういった役割を果たしたのかなどについての具体的な研究は少ない。筆者はそれを解明するために山西省のある村で調査を行った。切り口とするのは、宗族と社の歴史と現状に反映された人々の繋がりである。具体的には、①調査村の宗族の成立動機と根拠は何か。世代の深化、社会の変化に伴って人々の関係が変わったかどうか。そこから宗族が成立する動機が変わったかどうかを考察する。②長い歴史の中で宗族に共有財産があったか否か。経済的基盤の有無が宗族結合にどう影響するのか。③現在と解放前の宗族は機能的な面においてどう異なるのか。④改革開放後に宗族が復活した理由ときっかけとは何か。宗族の復活が人々にとってどのような意義があるのか。⑤なぜ復活した宗族もあれば、復活していない宗族もあるのか。その理由は何か。⑥宗族の存在が村の運営にどのような影響を与えるのか。
　さらに社については、①調査村にどのような社があり、それぞれの社がどのように運営し、村民にとって社の存在意義はどこにあったのか。②なぜ一部の社が復活したのか。その理由は何か。③宗族と社とはどのような関係にあるのか。④社首が村民及び村の責任者との関係がどうだったのか。⑤従来の社が現在の村にとってどのような意義があるか。その他に、宗族と村社会における女性の地位に関する問題も注目したい。
　第二部の構成としては、第１章から第５章までを本論とし、終章がまとめである。第１章から第５章までの構成は次のようである。
　第１章　対象地域概況と調査方法と調査概要について紹介する。
　第２章　宗族の歴史とその現状について論述する。
　第３章　社の歴史とその役割の変遷を検証する。
　第４章　宗族・社の関係および村との関係の変化などを明らかにし、その特性を突き止める。

第5章　宗族・地域活動を通して女性の地位が変化していることに注目し、その要因を明らかにする。

以上の検証から、第一部では、宗族と社の成立動機、成立根拠に注視し、宗族ならびに社の結合の類型をそれぞれ明確化することによって、中国社会における人々の結合の本質を突き止めることができる。第二部では、血縁と地縁をキーワードに、従来、研究が手薄になっている華北に位置する山西省の村の事例から、村落社会における人々の血縁と地縁の結合関係の実態と変遷に迫りたい。そして、第一部で提示した分析枠組と類型の裏づけを果たし、今後の人々の結合動向を推測するための方向性が得られると期待される。

注
1) 旧思想、旧文化、旧風俗、旧慣習がいわゆる四旧である。文化大革命の始まった1966年6月1日、人民日報が《横扫一切牛鬼蛇神》という社説を発表し、そこで数千年にわたって人民を苦しめてきた旧思想、旧文化、旧風俗、旧慣習を打破しようと呼びかけがなされた。紅衛兵は四旧の打破を叫んで街頭へ繰り出し、老舗の商店や貴重な文化財を破壊し、中国の伝統文化は徹底的に破壊され、現在もなお回復できないものも多い。
2)「会」と「社」のどちらも地縁集団として使用されるが、研究者によっては区別せず使用するという人もいれば、区別するべきと主張する人もいる。詳細は第一部第2章で論じる。
3) 姚春敏が2013年に『清代華北郷村廟宇与社会組織』という著書を出版し、その前に杜正貞の『村社伝統与明清士紳』(2007)という著書もある。両方とも山西省澤州村落社会にある社に関する研究である。特に姚春敏が著書の中に澤州の社について詳細に記述している。
4) 村治とは民国時代に山西省が実施した村落自治の政策のことをいう。自治の基層単位は村で、村民が自己管理の習慣を身に付け、治安のよい村を作り、裕福な家庭を作ることを目的とする（孟 2003：7）。

第一部
中国における結合関係の再検討
──宗族と社の結合類型と差異を中心に

第1章　宗族研究に関する諸問題

「宗族は、中国史上、存在期間が最も長く、分布も最も広範な社会集団であり、他の社会集団と並ぶものがないほど多くの民衆がそれに属している。中国人にとって宗族関係は最も重要な社会関係であり、宗法精神は中国古代及び近代の社会構造を貫通し、社会構造を結び付ける紐帯であり、社会安定の要素である。このような宗族の歴史的な位置づけがその研究価値を決定づけたのである」（馮 1994：1）と馮尔康が指摘しているように、宗族は中国社会においてきわめて重要な存在であるため、歴史学、法制史、人類学、経済学、社会学などのさまざまな分野で研究者たちは、宗族を中国社会の本質を理解する上で最も重要な研究対象として位置づけてきた。そのため、研究成果も数多く存在する。

第1節　先行研究

1　中国の宗族研究

周知のように1840年代初期の阿片戦争は、中国近代史幕開けの契機であり、そこから中国は西洋列強の植民地や半植民地になり、西洋思想が徐々に中国社会に浸透し始めた。1920年代から1940年代に西洋優位、東洋劣位の思想の影響を受けた多くの若い文化人たちは宗族に対して批判的であった[1]。宗族に対する賛否論が引き出す格好で、中国における宗族研究は最盛期を迎えたのである。

この時期のものの多くは、宗族の歴史に関する研究である。おもな例では、呂誠之の『中国宗族制度小史』（中山書局、1929年）、陶希盛の『婚姻与家庭』（商務印書館、1934年）、高達観の『中国家族社会之演変』（正中書局、1934年）、潘光旦の『明清両代嘉興的望族』（商務印書館、1941年）、王伊同の『五朝門第』（成都金陵大学中国文化研究所、1943年）、瞿同祖の『中国法律与中国社会』（商務印書館、1947年）などがある。呂誠之の『中国宗族制度小史』は宗と族の概

念分析から着手し、大宗と小宗、祭祀、姓と氏、族譜などの問題について論じており、陶希盛の『婚姻与家庭』は宗法と宗法制度下の婚姻、女性、父と子および大家族の形成、分裂、没落の問題について書かれている。

同じ時期に人類学と社会学の領域でも宗族研究が進んだ。その理由の一つとして、1930年代初め、清華大学、燕京大学に社会学部が設置され、中国の大学で人類学、社会学を学ぶことができるようになったことである。それ以降、中国社会の調査研究が始まり、論文も発表されるようになったという事情がある。それまで、社会学、人類学は中国社会において人々に知られていなかった。中国の有名な社会学者である費孝通でさえ「私が社会学を志した理由」の中で、「私は燕京大学（現北京大学）に入学するまで社会学という名前を耳にしたことすらなかった」（費 1985a：3）と書いている。

この燕京大学社会学部で学位をとった林耀華は、1934年、3ヶ月にわたって福建省義序の黄という宗族について調べ、1936年に「義序—従人類学的観点考察中国宗族郷村」という15万字の論文を発表した。彼は機能主義的人類学の影響を受けていたことから、宗族の機能に焦点をあて、個人、家庭と宗族の関係を考察した[2]。この論文は1944年にニューヨークで *The Golden Wing: A Family Chronicle* というタイトルで出版された。1947年には *The Golden Wing: A Sociological Study of Chinese Families* とタイトルを変更してロンドンで再版された。林の著書はそれまで知られていなかった宗族の実態を英文で明らかにしたことから、中国社会を研究する重要な文献として今なお世界中で広く読み継がれている。宗族研究においてきわめて有名な『東南中国の宗族組織』の著者M・フリードマンも、林の論文が自分の研究に「極めて有益であった」（フリードマン 1991：ⅲ）と評価しているほどである。

新中国に入った1950年代から1960年代の間、中国では「以階級闘争為綱」（階級闘争をかなめとする）の指導思想のもと、宗族に対する研究は学術的・客観的というよりは、地主階級対農民階級という階級分析に基づくものが目立つようになる。鄭振満は当時の研究に対し、「左雲鵬は家族組織を一種の政治性のある社会組織として看取し、家族内部の階級関係に注目した。そこで宋代以降の家族組織の形成と発展は階級矛盾の激化が原因であると解釈した。中国国内の研究者の間では、この考えはかなり有力である」（鄭 1992：4）と論じた。

1960年代半ば以降、中国は文化大革命期に入り、宗族に対するそれまでの批判的な立場は変わることがなかった。もちろん社会調査もできなくなったために、宗族の実態に関する研究も中断を余儀なくされた。

1978年の改革・開放以降、中国社会では大きな変化が起こり、1980年に入ると学術研究が活発化し始め、宗族研究が再興する。その背景には、人民公社が解体され、生産請負責任制へ移行して以降、長年にわたり中止されていた宗族の祖先祭祀が再開され、各地で宗族活動が復活したことによってその重要性が再確認されたという事情がある。この時期は宗族の内部構造と機能を分析する研究が目立つ。たとえば、徐揚杰「宋明以来的封建家族制度論述」（『中国社会科学』1980年第4期）や王思治「宗族制度浅論」（『清史論叢』第4輯、1983年）がある。

1990年代に入ると代表的なものとして、徐揚杰『中国家族制度史』（人民出版社、1992年）、馮尓康『中国宗族研究』（浙江人民出版社、1994年）、常建華『宗族志』（上海人民出版社1998）、鄭振満『明清福建家族組織与社会変遷』（湖南教育出版社、1992年）と銭杭『中国宗族制度新探』（中華書局（香港）、1994年）などがある。徐揚杰は、原始社会末期から、殷周時代、魏晋唐時代、宋以降の時代の四つの段階に分けて、各時代の家族構造の特徴と、家族制度の発展について論じている。また、鄭振満の研究は、福建省の宗族を取り上げ、その分析視点が目新しいといえよう。

さらに、銭杭は中国の宗族が現在まで存続してきたのは精神的なものに由来し、その重要性を始めて指摘した。銭杭は、社会人類学のフィールドワークを主体とする研究方法を用いつつも、従来の宗族研究における機能重視の方法を改め、数千年の歴史の中においてなぜ中国人が宗族を大事にし、何を宗族に求めているのかと問いかけ、その答えは、宗族から派生した「歴史感」、「帰属感」、「道徳感」、そして「責任感」への心理的必要性が漢民族における宗族を存在させる根源的な理由であることを指摘した。従来の学者たちは、宗族の機能的要素の研究に偏り、民族的な特徴を無視したため、宗族形成の要因をめぐって経済決定論、環境決定論、政治決定論、道徳決定論から脱却することができなかった。銭は、帰属観と歴史観は「精神的な要素」であり、「非機能的要素」である（銭 1994：10）と語った。したがって、彼は従来の宗族研究が機能

的要素を重視するがゆえに、中国人の宗族に対する精神的な必要性を軽視してきたのであり、精神的要素こそ宗族が不滅の要因だと指摘することで、宗族が機能集団であるという見方を批判した形となった。

　常建華の「二十世紀中国歴史学回顧――二十世紀的中国宗族研究」（常 1999：140-162）は、20世紀末までの宗族研究の成果についてまとめたものである。常は、宗族研究の歴史を20世紀前半まで、1950年代から1970年代まで、1980年代以降という三つの時期に分けて、当時の宗族に関する論文や著書を詳細に記述している。この論文は中国国内の研究成果の総括であり、宗族、宗族史、宗族制度の研究史を知る上できわめて重要な論文である。特に、宗族研究の地域的な不均等性を指摘し、「今後は地域ごとと宗族の類型の比較研究が必要だ」（常 1999：162）と提言していることは注目に値する。

　21世紀に入ってから出版されたものとしては、たとえば、趙華富の『徽州宗族研究』（安徽大学出版社、2004年）がある。その中で彼は、安徽省宗族の起源、組織構造、族産、族譜、祠堂、宗族規定などを詳細に論じている。また、秦燕・胡紅安『清代以来的陝北宗族与社会変遷』は2004年に出版され、陝西省の宗族の構造と機能および陝西省宗族の特徴などを論じている。この研究によって、より広い地域の宗族の実態を知ることができるようになった。蘭林友は1940年代に日本の研究者たちが慣行調査を行った村[3]で再調査をし、「論華北宗族的典型特徴」（中央民族大学学報 2004年第1期第31巻総第152期）という論文を発表し、その後『廟無尋処：華北満鉄調査村落再研究』（黒竜江人民出版社、2007年）を出版した。そこで彼はフリードマンの宗族理論の華北での適用性を検証し、華北の宗族を「残缺性宗族」[4]と名づけた。

　現代中国の農村における宗族の実態と村落統治構造の中での役割については、肖唐鏢・史天健編『当代中国農村宗族与郷村治理』（西北大学出版社、2002年）という論文集がある。この論文集は、江西省農村を中心に宗族と村治、宗族と農民、および宗族と政治という三つのテーマに分かれ、現代の江西省農村で宗族がきわめて強い力をもっていることを論証した。

2　日本の宗族研究

　日本における宗族研究も、中国と同様に1920年代末から始まり、とりわけ

1940年代に入ってから家族・宗族研究の著書が次々と出版された。たとえば、清水泰次『支那の家族と村落』(文明書院、1928年)、諸橋轍次『支那の家族制』(大修館書店、1940年)、加藤常賢『支那古代家族制度研究』(岩波書店、1940年)、清水盛光『支那家族の構造』(岩波書店、1942年)、牧野巽『支那家族研究』(生活社、1944年)、同『近世中国宗族研究』(日光書院、1944年)、福武直『中国農村社会の構造』(大雅堂、1946年)などがそれである。

清水泰次の『支那の家族と村落』という著書は、上編が家族関係について論じており、中国の家族を同居同財、同居異財、別居同財と別家異財に分けている。下編は地域関係について論じたものであり、村落社会における防衛、郷約、ギルド的な結合などを扱っている。

加藤常賢の『支那古代家族制度研究』も上編と下編に分かれ、上編は古代家族制の形体的研究で、姓、氏、宗制度、大宗および小宗について論じており、下編は尔雅釈親の親族組織及称謂に関する研究である。

清水盛光の『支那家族の構造』は前篇では親族と家族について、後篇では家族の構造について扱っている。清水は、社会学の立場から中国社会を研究し、「中国における血縁社会の全体像を描き」、家族生活に基づき「血縁社会の全体像を統一的にながめ、同時に家族的人間をできるだけ生けるがままの姿に復元する」(清水 1942：1) ことを目ざした。中国社会において、宗族が永く存続する理由として、清水盛光は、「中国における宗族集団存在の条件が外在的契機と内在的契機の相互媒介に基づき、外在的契機は国家統一の未完成にともなう共同自衛の必要であり、内在的契機は祖先の共同祭祀にほかならない」(清水 1942：580) と論じている。

牧野巽は『近世中国宗族研究』の中で、近世宗族の特徴、宗族の結合が発達存続した理由等を論じた。牧野巽によると、近世の宗族が発達、存在した理由として「①社会不安による広義の自衛、自己保存のためである。②親族の親和結合を美なりとし、善なりとし、社会道徳の支持によること少なくとせず、また宗族を強化させた一つの制度、慣習も学者の唱導によって生じ、あるいは広まったものも少なくない」(牧野 1980b：8-10) と語った。特に宗族「制度の将来もまた、単に政治的、経済的、社会的変遷のみによって決められるものではなく、国民の道徳的精神的な面によって影響されるところが甚だ大きいであ

ろう」(牧野 1980b：10) といって、中国人の宗族に対する精神的な必要性こそが宗族を存続させる重要な要因であるとみている。また、『中国家族研究』においては、宗族結合の意義、結合内容、地域分布等を論じているが、とりわけ「個人の生活においては有利な点が少なくない」(牧野 1980a：122)と宗族が実利的な機能を有すること、また「単に同姓であることを口実として、血縁関係がないのに、宗族類似の団体を作ることがある」(牧野 1980a：126)といった重要な点も指摘している。

　福武直の『中国農村社会の構造』は、戦前に満鉄調査部が行った実態調査資料に基づき、「中国農村全般の社会学的究明」(福武 1976：38)を目的とするものであった。その第1部は「華中農村社会の構造」、第2部は「華北農村社会の研究」となっている。福武直は「祖先祭祀は宗族集団の本質とするところである」(福武 1976：354)との見解を示し、宗族祭祀は宗族結合の集中的な表現で、宗族が結合する理由は祖先の共同祭祀と不可分な関係をもっていると論じ、同時に、「華北農村同族の同族結合は決して強くはなく、その共同は、同族の本質的機能たる祖先の祭祀に現われる以外には見るべきものとてなく、極めて消極的であり、族員も族に関して強烈なる同族意識を持たず、従って同族の族員に対する制約も非常に低度であった」(福武 1976：370)と論述した。

　1970年代後半になると、前述した牧野巽、福武直の著書が再版され、さらにその後、費孝通『中国農村の細密画：ある村の記録1936-82』、同『生育制度：中国の家族と社会』の日本語版が出版され、またM・フリードマン『中国の宗族と社会』、同『東南中国の宗族組織』が日本語に翻訳されたことで、日本においてより多くの研究者たちが宗族への関心をもつようになった。これがきっかけとなり、その後数多くの著書や論文が発行、発表されている。戦前を第一盛期とすれば、宗族研究はまさに第二盛期を迎えたといえる。

　この第二盛期の宗族研究の特徴の一つは、それまで研究対象が圧倒的に華南、華東地方に偏っていたものが、より広範な地域に及ぶようになったことである。もう一つは、現地調査に基づく事例研究、つまり宗族の実態研究が多数を占めるようになったことである。さらに、1980年代以降に中国から日本の大学へ留学し、大学や大学院で研究を終えた後にも日本の大学などの研究機関に残った中国人研究者や、日中研究者の共同研究の論文、著書が増加したことも見逃

せない。この時期の論文と著書のうち、時間の早い順に主要なものをあげると、次の通りである。

井上徹「宗族の形成とその構造——明清時代の珠江デルタを対象として」、1989 年

西川喜久子「珠江三角洲の地域社会と宗族・郷紳——南海県九江郷のばあい」、1990 年

路遥・佐々木衛『中国の家・村・神々：近代華北農村社会論』、1990 年

陳其南「房と伝統的中国家族制度——西洋人類学における中国家族研究の再検討」、1990 年

李小慧「山東省小高家村」『現代中国の底流』橋本満他編、行路社、1990 年

中生勝美『中国村落の権力構造と社会変化』、1990 年

瀬川昌久『中国人の村落と宗族』、1991 年

聶莉莉『劉堡——中国東北地方の宗族とその変容』、1992 年

井上徹「宗族形成の動因について——元末明初の浙東、浙西を対象として」、1993 年

上田信『伝統中国（盆地）（宗族）にみる明清時代』、1995 年

羅東耀「中国の近代化と血縁集団について——宗族の復活を中心に」、1996 年

片山剛の「華南地方社会と宗族——清代珠江デルタの地縁社会、血縁社会・図甲制」、1997 年

稲村哲也「中国農村における家族・宗族およびその変容——湖北省、山東省、内蒙古自治区の事例から」、1999 年

秦兆雄「中国湖北省農村の宗族と政治の変化」、1999 年

三谷孝編『中国農村変革と家族・村落・国家：華北農村調査の記録』、1999 年

田仲一成『明清劇曲——江南宗族社会の表象』、2000 年

簫紅燕『中国四川農村の家族と婚姻：長江上流域の文化人類学的研究』、2000 年

吉原和男・鈴木正崇・末成道男編『「血縁」の再構築——東アジアにおける父系出自と同姓の結合』、2000 年

潘宏立『現代東南中国の漢族社会——ビン南農村の宗族組織とその変容』、2002年

陳鳳「祖先祭祀の実態にみる宗族の内部構造——中国山西農村の宗族の事例研究」、2002年

陳鳳「「銀銭流水帳」にみる宗族の変化と存続——中国山西省の一農村を事例として」、2004年

秦兆雄『中国湖北農村の家族・宗族・婚姻』、2005年

祁建民「宗族の行方と近代国家——中国基層社会の再編について」、2006年

陳鳳「社会変動と村民組織——「元宵節」の開催に着目して」、2006年

陳鳳「伝統的社会集団と近代の村落行政——山西省の一村落を事例として」、2007年

陳鳳「中国華北農村における宗族結合の歴史的変遷——馬氏宗族を事例として」、2013年

陳鳳「宗族結合に関する諸研究の再検討——南北差異の要因を中心に」、2013年

このように多分野にわたって宗族研究が蓄積されている。歴史学分野においては特に宗族の形成と発展および地域社会との関係に関する研究が多く、人類学と社会学においては宗族の実態解明、機能および中国社会における位置づけなどに力を注いできたといえる。

これらの成果については小林義男が「日本における中国の家族・宗族研究の現状と課題」（小林 2002：95-115）の中で、各研究が分析対象としている時代を唐代以前（主に春秋・戦国時代）、宋代以降（宋代の研究が中心）、そして明清時代に分けて、詳細に紹介している。論文の最後では、家族・宗族研究に当たってなお「中国社会論からする中国家族論などかなりの成果が未消化のままに放置されていること、家族・宗族の問題が地域研究など特定のテーマに片寄りすぎていること、中国の家族・宗族の実態解明に、歴史人口学が生かせるかどうかという点である」（小林 2002：107）と指摘し、今後の課題を提示した。

3 欧米の宗族研究

中国の宗族に対しては、欧米の研究者たちも強い関心をもっていた。特に人

類学と社会学分野での研究が多い。1925年に出版されたD.H.カルプ；*Country Life in South China: The Sociology of Familism* は、戦前の日本の研究者たちに多く引用された著書の一つである。この著書は1940年に喜多野清一らによって日本語に翻訳され、『南支那村落の生活』（生活社）というタイトルで出版された。喜多野清一はその「まえがき」の中で、「『南支那の村落生活』なる著書によって、支那村落に関する最初の完全な社会学的分析を提供してくれた。……殊に本書の特徴とすべきは宗族及び家族に関する分析であるが、その機能に重点をおく取扱い方は可成り成功していて、それは支那家族研究上たしかに問題とされてよいものであろう」（カルプ 1940：2-3）とこの著書の意義を述べている。カルプは中国の家族を自然的家族、因襲的家族、宗教的家族、経済的家族に分類したが、これは日本の研究者に多く引用された。

その後O.ラングは、Lang; *Chinese Family and Society*（1946年、Yale university press）（日本語タイトル『中国の家族と社会』岩波書店、1953年）を出版した。翻訳者の小川は本書について「本書のなりたちは体系的な中国家族理論を展開するものではなく、豊富な現地観察データを基礎としてこれを該博な文献資料をもって補足しながら整理したものである。……崩れていく古いものと生まれ出る新しいものとの交替と錯綜の様相を「家」というその社会の最も集約的な場面においてとらえる」（O.ラング 1953：ⅱ）と評価した。

1958年と1966年に出版されたイギリスの人類学者M・フリードマンの『東南中国の宗族組織』（日本語訳、弘文堂、1991年）と『中国の宗族と社会』（日本語訳、弘文堂、1987年）は、欧米の研究者たちの手本になるような、宗族研究の中で最も影響力をもつ著書である。小林は、フリードマンの研究について、「とくに宗族と共有財産や地域との関係は、歴史研究者の関心を呼び、パトリシア・イーブリー（Patricia Ebrey）氏の整理を経て、日本の研究者にも多大な影響を与えている」と評価していた（小林 2002：166）。また、「その後の人類学的中国宗族研究は、とくに20世紀半ば、50～60年代からフリードマンの中国宗族理論の登場とそれに対する学界の検証にともなって展開し、80年代以来の大陸における宗族的な活動の復活と人類学フィールドワークの再開により中国内外の学界に注視する重要な課題となった。この数十年、フリードマンの宗族理論の影響はすでに人類学の領域を超えて、中国研究全体の注目を集めて

きた」（阮 2002：138）と阮がいっているように、フリードマンの宗族理論は欧米のみならず、中国および日本の研究者たちにも多大な影響を与えている。その理論は人類学だけでなく、歴史学者にも取り入れられている。後に彼の理論を批判する研究者も現れ、論争を引き起こしている。

　P. ドアラは、慣行調査の資料を利用し、1988 年に Duara; *Culture, Power and the State — Rural North China, 1900-1942* を出版し、2003 年に中国語の翻訳版が世に出た。この著書は 20 世紀初頭の華北農村の権力構造、国家と村の関係などを分析し、また、調査村の宗族についても検証している。

第 2 節　宗族に関する見方の多様性と対立

　さまざまな先行研究を検証すると、多くの研究者は中国の血縁集団に対して宗族という用語を使用するが、中には家族・同族・氏族などの用語を使用する者もいる。それに加え、欧米の研究者はリニージ（Lineage）やクラン（Clan）を使用するため、一般の読者にとっては宗族という実態を理解しにくくしている嫌いがある。特に、日本語と中国語は同じ漢字を使用しているので、日本の人たちにとってはさらに混乱する恐れがある。

　たとえば、「同族」という言葉についていうと、中国の『称謂大辞典』によると、「同族 Tong Zu 泛指同族或同姓的人」（韓省之 1991：855）と解説している。直訳すると、「同族は、一般的に同じ一族或いは同じ姓をもつ人のことを指す」とのことで、詳しい説明がない。しかも、中国人は同族という用語をほとんど使用しないので、日本の同族と中国の同族は決して同じでないことに念頭に置くべきであろう。

　英語圏の学者は中国の血縁集団をいう時、Lineage あるいは Clan という用語を使用する。中国人学者の間では Lineage を宗族に訳し、Clan を氏族に訳すことが多い。欧米の学者の中に Lineage と Clan の使い分けをしている人もいるが、学者によっては見解が異なる。その違いについて、鄭振満は、「フリードマンへの挑戦として、Morton, Fried が宗族を形成する基本的な条件は族産ではなく、あくまでも系譜関係である。一部の血縁集団は族産をもっているが、系譜関係が明確ではなく、その場合は氏族と称すべきで、宗族とは称すべ

きではない。Morton, Fried の見解を多くの西洋人類学者が支持している。彼らは、氏族成員の血縁関係が擬制的で、任意に拡大することができる。しかし、宗族成員の血縁関係が真実のもので、自由に選択することができない」（鄭 1992：14）と論じた。後に詳細に紹介するが、フリードマンは、共有地のある同姓集団のことに Lineage という言葉を、共有地のない同姓集団のことに Clan という言葉をあてている。

このように中国の父系血縁集団のことをいう時どの用語を使用すべきか、研究者たちの間でもかなり意見が分かれているが、筆者が「**家庭**は最小単位で、同居共財の親族[5]に限る。**宗族**は**家庭**から拡大され、父系同宗の親族を含む。**家族**はさらに宗族から広がり、父系、母系、妻の親族を含む。宗族は同姓であるが、**家族**は同姓とは限らず、血族と姻族の両者を含む」（孫 1947：71）との認識に賛同し、本書では宗族を使用する。ただし、先行研究をみると、同じ宗族という用語を使用しているにもかかわらず、宗族を巡って論争が起こり、現在もその状況が続いているのが実情である。以下では、主要な争点を具体的にみていきたい。

1 「自然的か、人為的か」の見解の違い

徐揚杰は、「一つの**家庭**が分居（異なる住居を持ち）、異財（別々の財産がある）、分竈（別々に食事をとる）をすることで多くの**家庭**に分解したとしても、数世代経過してもなお、同じ場所（村）に住み、一定の規範を守り、血縁関係を紐帯としている特殊な社会組織を宗族と定義する。宗族を構成する条件として、①男性祖先の子孫で、男系の血縁関係が明白であること、②必ず一定の組織系統があり、族長のようなリーダーが族人を率いて**家族**活動を行い、族内部の公共事業を管理していること、③一定の規範、方法に基づき族人間の関係が形成されていることがある」（徐 1992：4）との見解を示した。

馮尔康は、『中国宗族社会』の中で、「宗族とは男系血縁関係のある複数の**家庭**が宗法理念と規範に基づき結集する社会集団である」（馮 1991：7-11）と定義していた。

牧野巽は、「宗族は父方の同姓の親族である。財産を共にし、生計を共にしている比較的少数の人々の一団がいわゆる家を形成しているわけでありまして、

この狭義における家族と宗族とは決して混同されることはありません。宗族とは各各別に家を構成している人々がさらに父方の姓を同じくする親類であるという意味において結合する親類の集まりなのである」(牧野 1980：121-2) と述べている。

仁井田陞は「宗族はばらばらな家族の集合ではなくて、祖先のある時期々々に分かれて来た家族を、分派支派―房―の形において系統的に構成しつつ、父系血族集団の大きなつながりとまとまりとなっていた」(仁井田 1957：189) との考えを示した。

吉原和男は「宗族は家族を構成単位としているから、個人は家族に生まれると同時に宗族の一員となり、家長と男子が宗族の祖先祭祀に臨む。個人が宗族に所属するか否かを選択する余地はない」(吉原 2000：31) と論じている。

また、滋賀秀三はやや注意を促しつつ、「宗とは一言でいえば女系を排除した親族概念である。すなわち、共同祖先から分かれ出た男系血統の枝々のすべてを総括してこれを一つの宗というのである。「族」と「党」なども「宗」と同義に用いられる文字であり、……ただいずれかといえば、宗の字は血統秩序を指称する観念的な語感が強いのに対して、族・党の字はさような血統に属する人々を指す現実的な語感が強いといえるかもしれない。」(滋賀 1981：19-20) と宗族について説明していた。

その他、カルプは「宗族とは単系血族集団である。出生が宗族の成員たる資格を確定する。……宗族とは、父系的、父姓的、外婚的であり、全村落を包有し、効果的な社会的輿論の範囲であり、共同体内部の身分の決定者であり、性的、経済的及び共祖的等の序列を持つところの多数の下位集団からなっているものである」(カルプ 1940：187-8) と論じた。

これらの研究者の定義づけをみると、言葉は異なるが、宗族は家族の拡大・分家によって自然的に形成され、同一の祖先をもつ父系血縁集団だと考えている点において共通しているとみることができる。

それに対し、近年、宗族はすでに血縁的系譜の範囲を超えて創造された一種の文化としての存在だとの見解を示している研究者もいる。

張小軍は、「在中国社会、"宗族"早已超出了血縁系譜的含義、它也不是完全来自血縁系譜或為其生。它作為造序的文化手段和工具、作為文化価値承伝的載

体、作为权利文化网络的部分、作为文化的创造、都是应文化造序而生」（張 2011：68）と語る。つまり、中国社会において、宗族は血縁、系譜に由来したり、生まれによって決まったりするものではなく、血縁や系譜を越えたものである。宗族は、秩序を守るための手段ならびに道具として、文化価値を伝承する担い手として、権力文化のネットワークの一部として、創造された文化として、すべて秩序を守るために文化から創り出されたものである、というこれまでとは異なる見解を彼は示した。

その他、たとえば張宏明も、劉志偉、鄭振満、何炳棣の研究成果を踏まえ、「宗族は国家の行政下において血縁関係のない人々が結合した父系継嗣集団である。……宗族は文化の産物であり、血縁関係の必然の結果ではない」（張 2004：30）と主張している。この二人の張たちに共通している点は、宗族が家族の拡大によって自然に形成したのではなく、外部の力によって人為的に作り出されたものだと認識しているところである。

２ 「系譜的か、機能的か」に関する論争

歴史学と人類学の宗族研究に多大な影響を与えたフリードマンは宗族について、「単に姓を共通しているだけでも、それ自体、父系親族の関係であることを示している。……同姓のリニージが系譜的に結びついていても、共通の利害や活動を伴う永続的な集団の成員とはなっていない」（フリードマン 1987：29）と語っている。この点について、瀬川昌久は次のような注意を促している。

　「フリードマンは中国の宗族をリニージ（Lineage）とよぶ。リニージは元々成員間の系譜関係が明らかで、共通の祖先からたどることができる、出自を同じくする親族集団であり、クランは祖先を同じくするという認識のもとに構成される血縁集団であるが、フリードマンの漢族の親族組織研究中での「リニージ」という語の用法を見ると、はるかに特定的な意味における「団体性」がその要件として考えられていることが分かる。すなわちかれは、土地などによって代表される共有財産の存在こそがリニージの存立にとって決定的な意味をもっており、またリニージをクランから区別するための指標でもあると強調している」（瀬川 1991：18）。

つまり、フリードマンにとって、宗族とは単なる父系血縁集団ではなく、機能集団なのであると瀬川が説明した。さらに、佐々木衛は、「フリードマンは、地域のなかで自らの集団の安寧と利益を目的として、家族が互いに勢力を争い、対立し、連合する理論と構造を明らかにした。政治組織、地域組織としての宗族集団と父系の血縁集団と区別してとらえる必要の根拠はここにある。フリードマンの宗族は一定の財産の上に成り立っていて、家族の拡大したものではなく、本質的に政治組織であり、地域組織である」（佐々木 1993：21-22）と、フリードマンの宗族観を要約している。

また、石田浩も「中国では、父系血縁の認識が一定の人々の間にあっても、必ずしもその者たちが同族組織を形成するとは限らない。父系の出自集団である同族が生成するためには、物質的基礎である族産や、族譜、宗祠といった具体的象徴を必要とし、とくに族産が同族生成・発展を左右する鍵となる」（石田 1991：524）と考えている。

しがたって、フリードマンと石田とは、共有財産、宗祠、族譜が宗族結合の存在を示す物的客観的な現われであり、特に経済的基盤としての族産のように土地を所有することを重要視し、生物的な血縁関係があるだけでは宗族だといえず、宗族が果たす機能がきわめて重要であるがゆえに機能集団として捉えている点で共通している。

鄭振満は1992年に出版した著書の中で、「中国の歴史分野において、**家族**組織（宗族）は一種の政治的な社会組織とみなされるのが一般的である。唐、宋代以降、階級矛盾が激化することによって、**家族**組織（宗族）の形成と発展を促し、宗族は基層社会の政治組織へと変わった。というのも、宗族は封建政権の一部として、階級闘争と階層分化を阻止し、中国封建社会の解体の進行速度を遅らせ、封建社会を延命させ、継続させた」（鄭 1992：8）と多くの研究者が宗族は政治組織であることを容認していると説明した。

このように宗族を機能集団として捉えた見方に対し、研究者の間に批判的な立場をとる者も少なくない。その代表は陳其南である。陳は「房と伝統的中国家族制度—西洋人類学における中国家族研究の再検討」という論文の中で、フリードマンを代表とする西洋人類学者の宗族理論を批判し、「漢人自身の理論体系（本土学者理論模式）で自民族の宗族を研究すべきだ」（陳 1990：32）と主

張する。陳は、従来、西洋人類学者たちは、宗族を機能集団として捉え、分析し、構築したモデルを機能モデルと呼び、宗祧(6)関係あるいは系譜関係によって関係づけられた宗族を系譜モデルと呼ぶ。系譜モデルによると、基礎家族は時間と共に世代が増え、拡大する。その後分化をし、支派、分派を形成し、この支派、分派は宗族となる。中国人にとって宗族は西洋学者が構築した機能モデルと違って、系譜モデルが基本で、機能的要素が少なく、一種の観念としての存在で、非功利的で、財産の有無と関係がない（陳 1990：79-99）と主張し、宗族の系譜の重要性を強調した。

また、阮雲星は「「宗族機能論」と「機能的宗族論」」という論文の中で、林耀華の宗族研究を例に、「林の「義序研究」における宗族とは、まずもって系譜法則と民族生活の本質を内包した社会的文化的制度として理解されるものである。それに対し、フリードマンの宗族理論における宗族とは、主に機能的な宗族組織を指すに過ぎない」（阮 2002：138）と、両者の宗族に対する認識が根本的に異なることを指摘した。

③「宗族が存在する階層」をめぐる論争

中国の長い歴史の中で、宗族が存在する階層はいくたびも変遷し、「先秦の宗子貴族宗族制時代→中古の士族宗族制時代→宋元の官僚宗族制時代→明清の郷紳宗族制時代→近代以来の庶民宗族制と宗親会時代」（馮・閻 2012：3）と変わってきたと主張する馮・閻は、近代まで庶民層に宗族集団がなかったとの認識がある。

また、中国、日本を問わず、南宋以降に宗族は庶民化し始めたという考え方をもつ研究者も少なからぬいる。その理由は、それまで、遠祖を祭るのが天子と諸侯など貴族階級で、士大夫以下の人々が四世代前の高祖までしか祭ることができず、南宋以降、朱子が祠堂で遠祖を祭ることを提唱し始めてから、宗族が発達し始め、庶民層まで遠祖を祭る風習が広まったとされているからである。したがって、この立場では遠祖を祭祀する集団が宗族であると一般的に考えられている。

これに対し、加藤常賢は、血縁関係のより近い高祖まで祭祀する族的な結合こそ宗族組織だと考えている。その詳細は、宗族成立の根拠の部分で述べる。

清水盛光は、「宗法[7]は同族結合の組織原理であるから、それは士大夫[8]階級の聚落生活を前提としている。しからば、庶民の生活様式はどのようなものであったか」（清水 1942：202）と関心を寄せ、史料研究をした後、「周代庶民の族居生活を考えることができる。がその組織、殊に宗法との関係については十分明らかにすることができない」（清水 1942：203）と語り、「宗法が族の組織法であって、族そのものではなかったということである。族はもちろん、組織の発生によってその結合度を強められはするが、そのことは、組織化前の族生活の可能を否定せしめるものではない。支那の族生活は殷周時代をもって終わらず、漢以降今日にいたるまでその存在が確かめられている」（清水 1942：208）と、中国人の族的結合が中国社会において一般的に存在していると論じていた。

一方、錢杭は、東漢時代の大学者である班固の論述に基づき、宗族には静態的な意義と動態的な意義があると考えた。錢によると、静態的な宗族とは、共同で父系祖先を敬奉する父系血縁集団であり、その範囲がおよそ高祖から玄孫までのすべての父系親族を含む。それに対し、動態的な宗族とは、血縁親疎の基礎上に成り立ち、族内の支配階級に無条件に承諾し、尊敬し、管轄を受け、服従する集団である。族内の成員が相互に協力しあい、共に喜び、共に悩み、生死とも寄り添う。……宗族が漢人の特殊な行動規範と価値観の表れである（錢 1994：38-42）。

井上徹は、「歴史学において主要な関心事となってきたのは、かかる自己との血縁関係の集積としての宗族よりも、実体的で、組織的な集団としての宗族であり、祠堂、族譜、共有地という物的装置を備えている点が特徴的である」（井上 2000：49）と述べ、従来の宗族研究においては共有財産の有無を重要視していることを指摘している。その上で井上は、「宗族は、もはや原理的な宗法主義の枠のみでは捉えきれない。官僚制度との永続的関係は、政治的経済的に上昇を遂げた家系の至高の到達目標であり、その理念に接近する名門宗族も成立したが、かかる目標を達成できず、父系血縁によるネットワークによって互いに助け合い、個人の生活を防衛するといった宗族が底辺に広がっている。宗族の意義は明らかに広義化しており、例えば郷約やギルドのような集団と同じく、民間諸団体の一つとして位置づけられることになる」（井上 2000：57）と述べた。

第1章　宗族研究に関する諸問題

　こうしてみると、井上の論述や上記で示したいくつかの研究からは、それぞれの研究者が言及している宗族には異なる集団類型がイメージされているということが分かる。

4　辺境説と中心説

　中国において宗族は、南強北弱の傾向があると一般的にいわれている。その原因として、清水は、「南方が外族の侵入や中央権力からの距離の遠隔の地方にいること、縉紳階級の経済的基礎と同族聚居を存続させた」（清水 1947：165-6）ところにある、と他の研究者の説を引用しつつ述べている。

　フリードマンは、中国明清時代の華南地方に宗族が顕在する社会的、政治的な理由として「①東南中国は辺境にあり、リニージは外敵からの自己防衛と相互扶助の必要性があったこと、②中央政権から遠くに位置し、その直接的介入から比較的自由であったことである」（フリードマン 1988：210-214）をあげている。彼の考え方は広く支持されてきたが、近年になるとフリードマンの見解を疑問視する声が出始てきた。

　張小軍は、①明清時代の辺境地は福建と広東だけではないにもかかわらず、なぜ他の地域に大宗族が生まれなかったか。②明代以降の宗族規範の由来は宋代にまでさかのぼることができるのではないか。たとえば、范仲淹の義庄、義田制度と朱子の家礼家制がそれにあたるのではないか。南方で宗族が成立した理由について、南宋期に士大夫が宗族の秩序を再建しようとする地域は、ちょうど中央政権と文化の中心地が南方に移行する時期と重なったことから、士大夫の伝統が福建と広東地域の宗族の発展と直接的な関係をもつようになり、明清時代の福建と広東地域の宗族の発展は国家中枢と密接な関係をもち、中央政権と緊密に結びついていた。それは国家イデオロギーから戸籍制度まで、ありとあらゆる面に及ぶ。……従って、南宋時代の福建が朱子学だけでなく中央政権と文化の中心地であったため、そこが宗族文化を発展させる土壌となり、その後この地域で宗族の発展が可能になった[9]（張 2011：73-4）と語ることで、フリードマンの辺境説と中央政権から離れている説は成り立たないと反論した。

5　「差序格局」対「魚洗模式」

　中国の伝統的村落の社会に関する研究では、費孝通の「差序格局」という考え方が最も有名である。費孝通は、中国農民がきわめて個人的で、何事につけても自分を中心に考える。この特徴を一字で表すと「私」である。「私」の反対が「公」である。私と公は絶対的ではなく、相対的で、時と場合によって異なり、個人の必要によっても自由に伸縮できる。このような関係は、一つの石を水面に投げた時にできた波のように外へ広がっていき、その広がりの範囲が自分と関係のある人だと考える。この範囲が「圏子」である。波の大きさは中心にいる個人によって異なり、波紋も外へいくほど小さくなり、これは関係が薄くなることを意味する。したがって、「圏子」内部の人々の関係は固定しているが、どこで切るかは、個人が必要に応じて判断することができる。人と人の関係はこのように構築されている。この原則は親族関係にも地縁関係にも適用され、これが中国の伝統農村における社会構造の特性であり、いわゆる「差序格局」構造である。それに対し、西洋社会の集団は、一本一本の薪（個人）を束ねた集合体であり、集団と個人をはっきり区別することができる。これがいわゆる「団体格局」である（費 1998：24-7）と述べることで、中国の伝統農村と西洋のそれとの違いを論じた。

　費孝通の「差序格局」は、長年多くの学者から支持を受け、批判がほとんどなかった。しかし、近年、「魚洗模式」[10]あるいは「駐波差序格局」という新しいことばが出てきた。「駐波」とは、外力を加えることによって、波と波がぶつかり合って共振が起こり、波紋がさらに高くなり、水飛沫になって飛びあがるという意味である。この概念を打ち出した張小軍によると、「「駐波差序格局」は、従来の費孝通の「水波差序格局」概念と対立するものである」（張 2011：71）。さらに、従来の費孝通の「差序格局」概念では華南地区に宗族が形成した理由を説明できない。宋代以降の宗族は、**家庭**[11]あるいは**家**[12]から自然に延長し、拡大したものではなく、士大夫層が新たに作った象徴物である「義倉」、「家礼」[13]などをきっかけに、その後国家によって推進され（遠祖を祭祀できること、祠堂を建てられること）、最終的に庶民に受け入れられ、発展してできたものである。いわゆる、戸籍、賦役、法律、里甲制[14]、保甲制[15]などの国家制度やその他の外的な多様な要素によって**家庭**や**家**が整合され、宗族が

創造されたのである。したがって、その原動力は真ん中の石ではなく、外部やいろいろな角度から加えた力によるものである（張 2011：69-72）と張が主張するのである。

　明清時代の華南地域には宗族がかなり発達していて、しかも里甲制、保甲制が宗族と深く関わっていたことは、上田信と片山剛の研究からも分かる通りである。上田は「珠江デルタでは明代の里甲制に起源を持つ図甲制[16]が清末まで存続した。この制度下、実在の土地所有者は「戸」に帰属する「丁」として位置づけられ、「戸」は地域リニージに相当する。税糧の納付は「戸」を通じて行われ、土地の所有権はリニージによって保証されていた」（上田 1995：190）と述べる。

　片山は、「広東省珠江デルタ、とりわけ南海、順徳などの県では、清末、民国期に至るまで図甲（里）制が存続していた。存続の要因として重要と思われるものは、珠江デルタにおける図甲編成の特質である。すなわち、各甲が一つの同族、ないしはその支派を中心に構成されている点に窺われるように、図甲制がたんなる税糧の徴収・納入機構であるだけでなく、すぐれて、同族組織による族人支派を補完する意義をもつ装置でもあったことである。換言すれば、珠江デルタにおける図甲制は、このような同族組織による族人支派を基盤として施行された、と考えられる。従って、図甲制の維持・存続は、同族組織による族人支配の如何にかかわっている。……明初についてはいまだに不明なものが残るが、その後については、里長戸＝総戸は、一つの同族、ないしはその支派全体をさす課税単位であり、生活単位としての個別家族を意味するものではなかった」（片山 1982b：28-9）と考える[17]。

　上田と片山の研究から、広東珠江デルタ地域の宗族が里甲制・図甲制の単位になっていたのは確かである。これだけをみると、宗族の形成要因をめぐっては、費孝通の「水波差序格局」よりも張小軍の「駐波差序格局」の方に説得力があるようにみえる。しかし、社会集団としてみる場合、張のいっている宋代以降に創造された国家の里甲制、保甲制と深く関わる宗族は、費のいう自分を中心に血縁の親疎に沿って外へ広がる宗族とは根本的に異なるものである。この差異を明確にさせるには、やはり社会学における集団理論を使って分析する必要があると考える。

以上をもって、宗族に関する先行研究の各主張、対立点などを具体的にみてきた。総じて、主要な争点は、①宗族が自然的であるか、それとも人為的であるか、②機能的であるか、それとも系譜的であるか、③宗族がどの階層に存在していたのか、④中央政権が離れた辺境に宗族が発達したのか、それとも中央政権の近くにあるゆえ、宗族が発展したのかというものである。⑤血縁の親疎に沿って外へ広がる宗族か、外部の力によって創り出された宗族か。したがって、①、②、③の争点は、宗族を政治組織や経済組織のような機能集団としてみるのか、それとも血縁関係がある基礎集団としてみるのかという点である。この前提をはっきり決めないで議論することは、いくら議論を続けても話がかみ合わないままになってしまう恐れがある。④、⑤の問題も、中国社会における宗族と国家・地域社会との関係、人々の社会関係および宗族の今後の行方をみる上できわめて重要な要素であり、けっして無視できないものである。

第3節　宗族研究に関する問題の所在

「宗法社会（周代）が崩壊したとされた漢代以後、いろいろな変化の過程を経て今日にいたるまで存在し続けてきた」（常 1999：140-162）と、常建華が語ったように、宗族は中国の長い歴史の中で連綿と受け継がれており、過去から現在までの中国社会を理解する上できわめて重要な意義があることから、これまで国内外の多くの研究者が宗族を分析対象として研究し、数多くの成果を残している。宗族問題の複雑さから、彼らはそれぞれ独自の方法論や分析視点で宗族にアプローチし、さまざまな議論を積み重ねてきたが、昨今の研究状況について、なお多くの課題が残されている。一部の研究者はすでにその問題点を指摘しているが[18]、筆者は、先行研究の宗族に対する見方の多様性と対立を検証した結果、現在なお未解決のままに残っている問題がいくつもあるとの結論に至ったが、それをまとめると次の五つになると考える。

①宗族の存在については、南強北弱の傾向があると一般的にいわれている。フリードマンも、中国南方の宗族が顕著で発達していたと語る。その理由は、「生態的・経済的要因と社会的・政治的要因がある」とし、前者として四つの理由を挙げている。そのうち二つは、（1）生産性の高い稲作経済の中で蓄積し

た余剰が父系親の共同体の発展を促したこと、(2)商業の発達による経済的先進性との結び付きで、リニージ組織が発達したこと(フリードマン 1988：210-214)にあると述べていた。つまり、中国北方に比べて、中国南方に宗族が発達したのは、経済の発展により余剰が生まれたからである。

　しかし、経済が発展すると市場原理が働き、血縁関係が緩む方向へ傾くという理解が一般的である。そうすると、中国南方の宗族が顕著に発達し、結合も強固であったという主張はこの一般論と矛盾する。この矛盾を説明できる理由を見つけなければならない。

　②中国南方の宗族が顕著で、発達していると主張する研究者は、族譜(家譜)、祠堂(宗祠)、族産(族田)を宗族の三つの物的証拠として看取し、この物的証拠の有無を中心に宗族結合が顕著であるかどうかを判断し、特に経済的基盤である族産(族田)などの共有財産の有無、規模の大きさを重視するとの立場をとっている。したがって、族田などの財産の共有が宗族を存在させた根拠であると主張する。1949年に新中国が成立した後、土地改革を経て、宗族が所有権を有する土地を農民に分配し、「族権」が剥奪され、宗族結合の経済的基盤が消滅した。また、文化大革命時には、祖先崇拝・祭祀等何千年にわたって伝わってきた慣行が「封建迷信」と「四旧」だとされ、全面的に否定されたため、家譜、族譜は焼却され、祠堂は取り壊され、学校や倉庫に転用し、伝統的な祭祀行事を行うことができなくなり、宗族自体も中国社会から消えたともいわれていた。

　しかし、1978年の改革・開放以降、中国農村社会では宗族の復興を思わせる動きがみられるようになる。特に人民公社が解体され、生産請負責任制への移行後の1980年代以降、長年にわたり中止されていた宗族の祖先祭祀などの行事が再開された。また文化大革命中に焼却された族譜の再編など宗族の慣行への回帰現象が目立つようになってきた。改革開放後のこのような動きをみると、宗族関係は中国人にとって現在もなお重要な社会関係の一つである。経済的基盤が剥奪されたにもかかわらず、なぜ宗族が消滅しなかったのか、これが第二番目の問題である。

　③宗族とは一般的に父系血縁集団のことを指すが、明清以後、中国南方に「通譜」あるいは「連譜」のような手段で「連宗」をした宗族が増え続けてい

た。「連宗」した宗族は立派な合族祠を建てることで、「一族の力と団結とを他族へ誇示し、自族の利益を軽々しく侵害する念を起こさしめず、自族の利益を尊重させるという実質的利益を含んだ思いがあり、…合同したいために、真の血縁でないことを意識しつつ通譜する場合が」(牧野 1980：129-130) 少なからず出現し、実は宗族の中に父系血縁関係で結ばれた本来のものとは異なる結合形態がみられるようになる。人々はなぜこのような擬制的宗族集団を形成するのか、このような擬制的宗族集団が果たして、真の血縁関係にある宗族集団と同じ性質のものであるか否か、それを再検討し、明確にする必要がある。

④フリードマンを代表とする一部の研究者は、宗族を政治的集団と経済的集団とみなし、その機能性を重視する。これに対し、他の一部の研究者は「中国人にとって宗族は西洋学者が構築した機能モデルと違って、系譜モデルが基本で、機能的要素が少なく、一種の観念としての存在で、非功利的で、財産の有無と関係がない」(陳 1990：79-99) と主張し、宗族は、家族の自然拡大の結果であると強調している。両者の主張にそれぞれ理由があり、支持者もいる。先行研究をみると、これらのタイプのいずれも確かに存在する。宗族が機能的な側面だけでなく系譜的な側面ももっているなら、宗族を新たな分析枠組で分析しなければならないことになる。

⑤近年、宗族について「中国社会において、「宗族」が血縁、系譜から由来し、生まれたものではなく、すでに血縁、系譜の意義を越えている。宗族が秩序を守るための手段と道具として、文化価値を伝承していく担い手として、権力文化のネットワークの一部として、創造された文化として、すべて秩序を守るための文化から創り出されたものである」[19] (張 2011：68) という見解を示す研究者もいる。もし、そうであれば、従来の血縁集団としての宗族と創作された文化としての宗族は社会学における集団の理論からすると、明らかに性質の異なるものになる。この二つの集団をどのように類型化するべきかという問題が出てくる。

以上、これらの問題点はそれぞれ独立している問題ではなく、関連性があり、問題を解決するには、従来の方法に限界があると感じる。筆者は、社会学における集団類型を援用し、多様な宗族の成立事情（成立の根拠と動機）を検証し、宗族が発展する過程、世代が深化する過程で性質が変化したかどうか、を見極

める必要があると考える。もし、変化したならば、どのように変化したのか、より簡潔にいうと、宗族を集団として考える場合、その本質の違いがどこにあるのかについて考察する必要があると考える。第3章で、宗族の成立の根拠と動機からその性質を考え、新たな枠組で宗族を分析することを試みる。

注

1）常によると、当時『新青年』の編集長である陳独秀は「東西民族根本思想之差異」の中でこう論じた。「……宗法社会は家族を中心にし、個人に権力がない。家長を尊重し、階級を重視し、従って孝行を提唱する。宗法社会の政治において、……元首を尊重し、階級を重視し、従って忠実を提唱する。忠・孝は宗法社会、封建時代の道徳であり、半開化東洋民族の精神である」と主張した。1927年、「湖南農民運動考察報告」の中で、毛沢東は、政権、族権、神権、夫権こそが中国人民を束縛する四つの大きな綱であり、新しい社会秩序を構築するにはおもに族権の代表者である地主、豪紳を革命の対象にしなければならないと位置づけた（常 1999：141）。

2）林耀華は著名な人類学者で、費孝通と同じ時代の燕京大学の学生である。1935年にイギリスの人類学者であるラドクリフー・ブラウンが燕京大学の招聘で講演した時、林は彼の助手を務めた。したがって、彼はラドクリフー・ブラウンの影響を受けた学者である。

3）蘭林友は『慣行調査』の六つの調査村のうち「后夏寨」で再調査をした。

4）「残缺性宗族」とは「不完全な宗族」という意味である。蘭林友がフリードマンのいう宗族（族田、祠堂、族譜が所有し、特に共有地をもつ宗族）を完全だとし、それに対し華北農村の宗族は不完全だといっている。あくまでも蘭個人の見解で、ほとんど支持されなかった。中国語の原文は次の通りである。「与华南的弗里德曼式的宗族相比华北的宗族是表达性的、文化性的或者说是意识形态性的。当然从完备的宗族要素角度来审视华北宗族是一种残缺宗族」（蘭 2004：55）。

5）ここでいう親族は母系の親族を含まない。

6）宗祧とは家族の跡を継ぐ、あるいは祖先の位牌（祭祀）を継ぐ系列のことである。

7）宗法（そうほう）の意味は次の通りである。中国旧社会の宗族を規制する根本の礼制である。主要部分は法に支えられる。身近な親族の秩序の体系でもあったために、中国旧社会の構造の根幹として深甚な影響力・規範力を発揮した。もともと宗法は西周に端を発したものである。西周社会は〈封建制〉であり、共主としての周室の王によって〈諸侯〉が各地に封建され、封地で支配を確立し、その地位を世襲する。その際、嫡長子が父祖の地位を引き継ぐのであるが、嫡長子以外の子が一家をたて、どのように一族を統制するかが《礼記（らいき）》喪服小記に記された宗法の根本である（『世界大百科事典』第2版1998年10月）。これを『百科事典マイペディア』でひくと、「中国、周の封建制度における同族家族の統括制度。嫡長子相続制と族外婚を原則とし、大宗・小宗の関係を明らかにし、祖先の祭祀や相互扶助などが規定された。春秋末ごろから封建制度は崩壊し始めたが、宗法は儒教の発展とともに再編強化され、その後の中国社会に大きな影響を与えた」とある。

8）士大夫とはインテリ層や高級官僚を指す。

9）張、2011、「宗族と家族」『中国社会』pp. 73-4。中国語原文は次の通りである。「弗里德曼（1966：29、125、164）认为明清闽粤产生大宗族是因为其边陲社会的说法，也造成了两个明显的疑问，第一、当时的边陲社会不只是闽粤两地，为何没有普遍的大宗族发生于其他边陲社会？第二、众所周知、明以来的宗族规范发生于宋代，如范仲淹的义庄和义田制度和朱熹的家礼家制。而宋代特别是南宋士大夫尝试用宗族重建地方秩序，恰恰伴随着国家政权和文化重心的南移，这一士大夫传统与后来闽粤宗族的发展有直接的关系。明清闽粤宗族的发展、也与国家有密切的关系，大到国家意识形态、小到基层的户籍制度，国家并没有走远。……正因为南宋福建成为理学中心和国家权力与文化的中心，形成了宗族文化的土壤，才使得后来在这一地区的宗族化成为可能」。

10）魚洗とは中国古代に占いの道具や楽器として使用された取っ手のある青銅製のボウルである。ボウルに水を張り、取っ手を濡れた手で交互に擦ると、振動により音を出しながら水しぶきと波紋があがる。

11）ここでいう家庭は中国語の家庭であり、日本語の家族に相当する。以下中国語の家庭の場合はゴシック体を使用する。

12）ここでいう家は中国語の家庭と同じ意味で、日本語の家族に相当する。以下中国語の家の場合はゴシック体を使用する。

13）中国、南宋時代に成立した礼儀作法の書。《朱子家礼》ともいう。通礼、冠礼、昏（婚）礼、喪礼、祭礼の5章より成る。

14）里甲制：11戸が一甲となり、それが10甲集まった110戸で一里とするもの。10甲のうち1甲に里長を定め、この里長が全10甲の甲首（戸）を率いる。里は税糧徴収と労働力徴用の単位であると共に、治安維持と水利管理などの役割を果たす。里長は1年任期の輪番制で、一つの甲は10年に1回里長がまわってくる（上田 1995：189-90）。

15）保甲制は保甲法とも称する。政府がいくつかの戸を組み合せて連帯責任を負わせ、民衆の把握、治安の維持、租税の徴収などを意図した一種の隣組制度。保、甲ともに戸籍編成の単位をいう。代表的な保甲法としては、宋の王安石らの新法の一環として1070年（熙寧3）から実施されたものがある。10家（のち5家）を1保、5保を1大保、10大保を1都保に組織した上で、自警団を作らせ、また徴税を請け負わせた。

16）図甲制とは基本的に保甲制と同じである。

17）片山剛は広東省珠江デルタ地域を中心に、図甲制と宗族の関係について研究し、多くの業績を残した。その業績の一部は中国語にも翻訳されているので、参考まで3点あげておきたい。
①「清末広東省珠江デルタの図甲表とそれをめぐる諸問題：税糧・戸籍・同族」『史学雑誌』91編4号、1982年a、pp.42-81。
②「清代広東省珠江デルタの図甲制について：税糧・戸籍・同族」『東洋学報』63巻3・4合併号、1982年b、pp.1-34。
③「華南地方社会と宗族：清代珠江デルタの地縁社会・血縁社会・図甲制」森正夫等編『明清時代史の基本問題』汲古書院、1997年、pp.471-500。

18）瀬川昌久は「従来の宗族研究には主に歴史学と人類学という二つの分野が関わって

きた。前者は主に文献記録から過去の宗族の発生形態や時代的変遷過程などを解明することを目的とし、特に郷紳地主層の経済装置、あるいは科挙エリートの生産装置としての大規模宗族の分析に主眼が置かれた研究が多くなされてきた。……他方、人類学者は、現存する宗族の組織や活動を調査することから出発し、直接、間接に他社会の親族集団との比較の視点の中で、その特性を明らかにしようと努めていた。……主たる関心は組織としての安定性や機能性にあり、その発生や形態変化の問題を中国の制度史や経済史との関連から読み解いていく姿勢は薄かった」(瀬川 2000：48) と指摘している。また、唐軍も、従来の宗族研究は、南方の宗族、宗族の構造と機能を中心に研究してきた（唐軍 2001：1）との指摘をして、従来の研究に偏りがあり、特に南方へ傾いていたという問題点のあることが分かる。

19) 張小軍、2011、「宗族と家族」『中国社会』p. 68. 中国語原文は次の通りである。在中国社会、宗族早已超出了血縁系譜的含義、它也不是完全来自血縁系譜或為其而生。它作為造秩序的文化手段和工具、作為文化価値承伝的載体、作為権利文化網絡的部分、作為文化的創造、都是応文化造序而生。

第 2 章　「会」・「社」研究に関する諸問題

　中国の伝統的村落社会において、地縁集団は血縁集団と同様に村落の自律自治という点で重要な役割を果たしてきたことは、序章で論及した通りである。地縁集団は地域によって名前が異なるが、「会」と「社」のどちらかを使用するのが一般的である。ただし、会と社の意味が異なると指摘をする研究者もいる。車文明は次のように述べている（車 2014）。

　「社とは土地の神様、すなわち「土地神」である。民間では、決まった世帯数で社を作る場合もあるが、場所はどこでもよく、比較的自由に土地廟を作ることができる。会は会合、聚合、聚会、集会の意味で、人、物が集まるところである。語源学から見ると、社は会より早い時代に出てきた言葉で、社と会がそれぞれ違う意味を表す。具体的な違いは次の通りである。
　①社は純粋な民間組織である。宗教信仰、社地域内、業界の共通利益のために自発的に組織した自律的な集団であり、所属する党派がなく、行政から命令、束縛されないのが特徴である。会は政権側の末端組織で、行政と民間集団の中間に位置する立場である。中央政権が直接、間接的に郷村を管理する主要な媒介とルートで、地縁ごとに設定した制度の一つである。
　②社は民間祭祀および寺・廟の修繕維持が主要な役割で、同時に郷村民の道徳教育、郷村の規定・民約の制定と実行など社会的な役割も担う。会は郷村のすべての公共事業、徭役の派遣・分配、税金の徴収、治安維持、学校、救済などの責務がある。
　③社への参加は自由意志によるもので、会への参加は強制的である。
　④社結合の紐帯は地縁以外に、信仰・業縁もあるが、会は完全に地縁的である。」

　史五一が論文の中で言及した陳宝良の研究によると、明代の会と社を考察す

ると、当時の会と社の集団が「講学会」、「文人結社」、「民間的結会」、「善会」、「都市遊民結社」、そして「遊劇怡老之会」の六種類あると考え、明清時代の会と社を性質ごとに分類すると、「政治性会社」、「経済性会社」、「軍事性会社」、「宗教性会社」と「文化性会社」の五つがある。また、卞利の研究によると、徽州の会と社を「文会」、「祭祀性会社」、「経済性会社」、「慈善和公益性会社」、「宗教性会社」の五つに分類した（史 2014）。

これらの論文内容からみると、彼らは会と社を区別せずに使用している。したがって、中国では会と社という言葉は、地縁集団に限らず、一つの集まりを意味する時に使用されることもかなり多い。

実際に会と社という言葉に関しては地域的な言葉使いの差異もあって、車文明のように、文字だけでこの両者を区別することが適切かどうかについて検討する余地があると思われる。筆者は、会と社という言葉の意味に言及するつもりはないが、その集団としての性質に注目することで、社会学における集団の分類基準に基づき分類する必要があると考える。というのも、従来の会や社の研究をみると、残念ながらこのような理論の枠組を設けて、分析する論文は皆無に等しいからである。なお、本書ではすべての会や社を包括的に分析することを目的とはしていないので、村落社会にある会と社に限定したい。

第1節　先行研究

地縁集団とは土地の共同を地盤とする集団のことであるが、これまで中国の地縁集団に関する研究はそれほど多くなかった。邵鴻は、学界では明清時代の都市・鎮の業会（ギルド）、商会などに関する研究が盛んで、村落社会にある会や社についての研究が欠如している。また、農村経済、宗族などの問題に注目してきたが、会や社に関しては、記述的なものが多く、その特徴や変遷に関する研究が不十分ゆえ、その機能と村落社会に与えた影響についての検証も少ない（邵 1997）と指摘している。近年になって中国国内外の研究が進み、その対象も中国全土に広がり、成果も徐々に増えてきた。

第一部　中国における結合関係の再検討——宗族と社の結合類型と差異を中心に

1　社について

　社がいつ頃形成されたかについては諸説がある。一説では、周代には社稷の祭礼は宗廟における祖先の祭礼と並ぶ重要な国家祭祀とされ、穀神の稷は周王朝の祖先とされるに至り、社稷が国家自体をも意味するようになったとのことである。

　清水盛光は、「中国では古くから郷村における土神の共同崇拝となって形象化されていたということである。社に対する農耕儀礼としての春祈秋報の祭がそれであって、郷村の社は、置社、里社、民社或いは単に社の名の下に周から清の時代まで伝えられた」（清水 1983：654）と語る。

　王日根は、「中国封建社会において基層行政体制を構築する以前に、すでに基層自治の要素が多く存在していた。周、秦時代にすでに20戸を社にする慣習があり、元代になると50戸ごとに社を設置する制度ができて、地方によっては一族を一つの社にするところもある。……社には家屋があり、宗族には祠堂がある。宗族構成員も社を所有していたことを表す」（王 1997：13）と述べた。

　一般的に、社とは本来原始集落の中心となる標象をいい（やがては土地神ともなる）、そこでは播種や収穫の農耕儀礼、集落の集会などが行われ、その標象には樹木、封土、石などが用いられ、会より早い時期にできたといわれているが、上述の研究からみると、社集団はその意味が時代と共に変化しつつ、清代にまで存在していたことが分かる。

　このような村落の地縁的結合は如何にして可能であるか。その理由として清水盛光が挙げているのは、①聚落せる家居の近隣関係である。②村落民と土地との密接不可離の関係である。それは、土地に対する結着感情と、この感情における相属及び共属の自覚であると同時に、祖先の土地と彼らの氏族の組織の祖廟のある誕生地に対し、従って自己の出身地たる村落に対し、祭祀上或いは人格上の重要な関係をもち続けることを意味する。（清水 1947：182-6）という二つである。

　松本善海は中国近世以降の各王朝政権が村落社会を統治する制度の構造から社を分析した。それによると、「宋代以降の県以下の村落区画は北方では郷、里、南方では都、保（図）という名称を使用していた。これらが主に徴税事務

に関係する機関である。フビライが元代の皇帝として即位した以降にすぐ、農業の復興工作に対する積極的な意図を示し、社制の施行を命じ、県官に対し、勧農を要請した」（松本 1997：91-2）とし、「その規模として、50家を単位として一社を組織せしめる」（松本 1977：94）。

　社の規模を制定した理由について、松本は、「社の区分は、原則として既存の郷村を土台とし、一村にして百家を超えるものは二社、百五十家を超えるものは三社という風に分かち、また人戸少なき所では他村と合して一社を組織するか、その地理的な条件によっては五十家未満をもって一社を組織することも許された。しかし、社は厳密な意味での行政単位ではなかったから、別に戸数を限る必要はなく、おそらく自然発生的な聚落を基礎として、協同生活を営むに適当な大きさであれば、よかったと思われる」（松本 1977：94）と述べ、あくまでも社制は、従来の村落内部の結合形態を尊重する形の組織であったとの見解を示した。

　そして、「明代になってから、洪武14年（1381年）正月に賦役黄冊と名付ける統一的な新戸籍簿を編造するように、郡県に命じた。地域的に隣接する賦役義務戸百十戸をもって里を編造せしめ、この内丁糧多き者十戸を里長戸として除外し、余の百戸をさらに十戸ずつ十甲に分轄し、これを甲首戸とした」（松本 1977：108）という。これがいわゆる里甲制である。「しかし、里・甲を組織した真の目的は、それを税役符賦課の単位たらしめるにあり、里長戸を選んだ真の目的は、この新しく組織せられた里甲を統率して、租税徴収の任務を遂行せしめるにあった」（松本 1977：110-1）と述べ、里甲制を「人為的な新組織」（松本 1977：117）と位置づけた松本はさらに、「村落統治組織の歴史において、明代の里甲制度は、収税の確保という政治目的のみを前提として組織せられたものであり、どこまでも他律的な村落自治体である。過去より受け継がれた自然発生的な、従って自律的な村落自治体との摩擦を緩和するために、里長に並んで里老人[1]を設けた。この里老人の手を通じて水利、灌漑、小訴訟事件等の苟（いやしく）も村落生活の共同利害に関係する多くの問題の自治的解決をなさしめ、それによってその母胎となる里をして統制的機能を備えた地縁的団体たらしめ、もっと旧来の自治体をして、この新組織へ発展的解消を遂げさせようと試みているのである」（松本 1977：458）と述べている。

清代に入ってからの村落統治制度について、清水盛光は、「清代の康熙まで明代の里甲制を援用したが、里甲制衰退後に保甲制に変わった。保甲制の事務は、警察、収税、戸籍の三つを包含する」（清水 1947：222）とし、「乾隆年間の保甲編成法によると、10家を牌となし、10牌を甲となし、10甲を保となし、それぞれ牌頭、甲長と保長がある」（清水 1947：229）という。さらに、「里甲制は、収税機関であると共に協同的自治の生活環境でもあった。保甲の中には、村落の自治のこの二元性を見出すことができない」（清水 1947：228）とし、「両者の違いが、里甲制における協同的自治の起原が、自然村に生成すべき自律的自治の中にあり、保甲の範囲と自然村のそれとの間に相当の距離があり、自然村を超えること遥かに遠い保甲は、到底、協同的自治の生活単位とはなり得ないものである」（清水 1947：232）と論じた。

　松本と清水の研究から、元代の社制、明代の里甲制と清代の保甲制といった村落統治制度のいずれも主に徴税を目的に設置した制度であり、他律的なものであることが分かる。二人はさらに、多少の違いがあるものの、いずれの制度も過去より受け継がれ、村落の内部に自然発生的に生まれる自律的なものを無視してはできないという点では共通している。とりわけ、清水は、「この自律的な自治は、まさに血縁と地縁にもとづく結合関係であり、村民間の血縁と地縁による結合関係が親和感情と連帯の義務に由来する」（清水 1947：234）とみている。

　具体的な地縁結合の社に関する研究としては、次のようなものがある。上田信は「明代には里甲制の対応するかたちで、この「社」が再編され、有力リニージが輪番で祭祀を運営する「社戸」に充当された。社戸は「賦役黄冊」の改定を担当し、世襲である。「戸」は世帯ではなく、リニージの分枝である「房」である。珠江デルタでは里甲制に起源を持つ図甲制が清末まで存続した。この制度下、実在の土地所有者は「戸」に帰属する「丁」として位置づけられ、「戸」は地域リニージに相当する。税糧の納付は「戸」を通じて行なわれ、土地の所有権はリニージによって保証されていた」（上田 1995：190）と語る。

　山本真は、「福建省南西部龍巌県における村落の領域と社会紐帯」中で次のように述べた。

「当該地域の最大の寺廟は白雲堂（適中鎮中心村敦古、南宋時代建立）である。主神は聖王公と呼ばれ、東晋の宰相謝安とされる。白雲堂の神事であり、神像が鎮内各地を巡行する蘭盆盛会（15世紀に開始）では適中の四大姓が連合して祭を挙行した。その挙行組織は四姓七団（陳家隆戸、林芳高戸、頼朝英戸、頼万良戸、頼明高戸、謝陽高戸、謝陽明戸）であり、祭祀にあたっては各姓・戸から費用を徴収した。「戸」はすなわち里甲戸籍を起源とする宗族の分枝である。適中社の背景には、蘭盆盛会の挙行組織である四姓七団など、地域における自生的な社会的繋がりが存在していたことは指摘できるであろう。

「社」と保との相関関係については、その数と地名とが概ね一致することから「社」の範囲と保の範囲との間には密接な関係が見出される。さらに先に考察したように「社」は自生的な社会関係に裏打ちされた範囲であるとすれば、保の範囲と「社」の範囲とは意図的に重複させられていたと判断できるように思われる。以上から清代から民国初期にかけて保甲と「社」とが融合し、統治の受け皿及び地域自治の単位として機能していたことを窺い知ることができる。

龍巌県適中鎮では、地縁（「片」・「社」）と神縁（信仰圏）そして血縁（宗族）が多少のずれを含みながらも重層的に積み上げられることにより、地域社会が編成されていたと結論付けられる。こうした社会編成の在り方は、社会紐帯が地縁＝自然村に収斂される日本農村の社会編成とは異なるものである。しかし、地縁・血縁・神縁から重層的に形成される地域は明らかに一定の社会的凝集力と自治的機能とを有していた。清代の里社・保甲制度はそうした地域の自生的な社会関係を背景として機能していたように思われる。その一方、国民政府の保甲制度の下では、地域の自律性・一体性を意図的に分断し、これに権力が介入・監視する形式で保の境界が設定されたと推測される」（山本 2008：62-64）。

山本は、廟をめぐる信仰圏と「社」の関係、「社」と保甲の相関関係について論じた。

唐力行は、清代の蘇州と徽州に社が存在し、特に徽州には「社壇（社屋）と

宗祠が同様に普遍的に存在しており、……特に復姓村の社が各姓の間の調整的な役割を果たし、宗祠機能の延長的な存在である」（唐 2007：253）と述べ、また「社は各宗族の範囲を越え、同じ地域のシンボルになっていた」（唐 2007：274）と語った。

　陳柯云も、徽州（安徽省）の人々は会や社を設立する慣習がある。明清時代になると、宗族は会や社の代わりに会・社の運営をし、多くの社が宗族によって握られた。村の社が宗族の社となり、宗族の力が村民生活の各方面に影響を与えるようになった（陳 1995）と述べた。

　深尾葉子は自らの調査結果から、陝北農村の楊家溝村には複数の廟があり、かつて廟会を行っていた。村は四つの「片」[2]に分けられ、その四つの片を母体として「社」と呼ばれる組織が順番に廟会の世話係を担っていた。主要な廟が馬氏によって建てられたために、その運営組織も馬氏の各門が順番に担う形をとっていた。解放前の村は経済的にも文化的にも馬氏一族を中心に担われており、圧倒的な求心力を維持していた（深尾 1998：40）と論じた。

　同じく陝北を研究している秦燕、胡紅安も、同姓村の祭祀だけでなく、いくつかの別姓連合の祭祀「社事」から十数以上の姓が主催する廟会まで、その組織自体は宗族組織を中心に担われていて、宗族が廟会、迎神賽会の祭祀組織と密接な関係がある（秦・胡 2004：225-239）と分析している。

　姚春敏も山西省澤州（現在の晋城市付近）の社について研究をし、この地区の「社は山西省澤州地区の村に存在する自治組織で、村内の祭祀だけでなく、宗教活動以外のことにも責任をもって管理していた」（姚 2013：147）。また澤州地区の社が宗族とも関わっていた（姚 2013：155）ことが書かれている。

　以上の諸研究から、社が古い時代から解放前まで、地域的には南方から北方まで中国全土の村落に社が存在し、いずれも村の廟の存在と関連し、しかも宗族とも密接な関係があり、地域社会で、一定の役割を果たしていたことが分かった。

2　会について

　会についてみると、麻国慶は、「伝統中国の村落社会には、村落社会の政治実体としての会（民俗政治型の会）、経済活動と密接な関係の会（経済型の会）、

民間信仰、祭祀活動を行う会（祭祀型の会）が存在する」（麻 1998：8-11）とし、それぞれについて以下のように説明している。

①民俗政治型の会：中国の伝統村落社会では、村の政治は県の直接的な干渉を受けず、独立している。村の自治活動の中心は村公会である。上からの行政命令、委託事項および村の公共行事の事務をすべて村公会が担う。村長は村民の選挙によって選出され、県が形式的に就任の許可を下すだけである。村公会は北方の村に多く、南方が少ない。

②経済型の会：伝統中国の村落社会では、経済利益、互恵互助、相互扶助の方法で助け合い、社会結合関係を結んでいる。北方と南方を問わず普遍的に存在する。したがって、相互扶助のような金融組織が誕生した。華北農村では合会、銭会がある。この組織は、だれかが経済的援助が必要な時に設立し、会員は被援助者を助けるために参加するケースが多く、親戚が多い。費孝通が調査した村の互助会が冠婚葬祭の費用の資金集めが目的で、会員数は10人前後で、参加する人は親戚や友人が多い。カルプが調査した広東省の鳳凰村も類似した互助会があり、同じく経済的援助を必要な時に自分と最も親しい人、あるいは同じように援助が必要な人に入会してもらう。その目的は互助であり、友情、親縁関係を大事にする。銭会と互助会は、中国農村社会である特殊な機能を果たした。

③宗教と娯楽の会：中国村落社会では、信仰と娯楽の集団が一般的にすべて会と呼ばれる。たとえば、廟会、馬祖会、関帝会、谷会、父母会、延寿会などがある。会は宗教行事の祭祀を行う。土地神、廟が中心となって、村の結束力を向上する。多くの地域では、土地神あるいは関帝を祭祀する。廟内の神像は村民が自発的に寄付をする。村廟は形式的に地縁の信仰対象であるが、実際は信仰の目的は家、個人によっても異なる。カルプが調査した村では、地縁的なシンボルの廟で祭祀する時に、村民たちが宗族の祖先を一緒に祭祀するケースもあった。これらの宗教的な会は家が構成単位である。

ドアラ（Prasenjit Duara）は、華北の村に存在する祭祀集団である「会」を分析し、参加者、活動内容、規模などから、①自由参加型で、規模が小さく、村規模の宗教儀式と活動がないタイプ、②自由参加型で、活動範囲は村外に広がるタイプ、③村の廟を中心に組織され、村の人々は強制的に参加させられ、

外村人は排除されるタイプ、④が②と③の混合型で、村の「会」は分会的な性質を有するタイプ、の四つに分けた（ドアラ 2003：85-6）。

祁建民は、村落の内部における自由かつ普遍的な職能的社会合作組織である郷社、碗社、請会等の存在を明らかにし、社会結合から権力との関係を考察し、郷社、碗社、請会などの組織を地縁集団でなく、ギルド的な集団として位置づけた（祁 2011：239-51）。

聶莉莉の研究によると、「清代と民国時代、東北の各村落には自治組織「屯会」[3]があり、「屯会」は村落の各戸への各種の行政命令の中間的取次および取りまとめ機関としての役目があるが、国家の行政組織の下位単位ではなく、農民の自治組織である。行政命令を取り次ぐ以外に、村廟の管理、修築、廟会の開催、看青、小学校の運営なども「屯会」によって営まれたのである。「屯会」の成員は「会首」と呼ばれ、会首のほとんどは村落の有資産者であり、地域共同体の組織としての「屯会」と宗族内部の組織の一致を見ることができる」（聶 1992：122-126）とのことである。

費孝通は、「雲南省農村に銭会があり、銭会は金銭的な助け合いをする組織で、会の参加者は宗族の成員ではなく、近隣、友人である」（費孝通 1998：73）と語った。

上述した先行研究をみると、これらの会と社は、結合目的がそれぞれ異なり、果たした役割も違うものであったことが分かる。

第2節　問題の所在

先行研究から、中国の伝統村落には地縁を契機として結合したさまざまな集団のあることが明らかになった。しかし、従来の地縁集団研究においては、次のような問題がなお不十分にしか解明されていない。

①集団の分類の枠組が不明確である。村落社会に会や社の存在が明らかになったが、その中に単純に伝統的な祭祀を起源とする集団もあれば、国家が設置した里社といった徴税単位もあり、あるいは行政と村民の中間的取次および取りまとめ機関としての役目を果たすものもある。これら多種多様な会・社をどのように類型するべきか、従来の研究ではその分析の枠組が必ずしも明確では

②地縁集団と血縁集団との関係についての考察が不十分である。上田信、山本真、深尾葉子、秦燕・胡紅安、唐力行、陳柯云および聶莉莉の研究から、一部の会や社は宗族となんらかの関係があり、また村の経済、文化、教育にも関わっていたことについての言及があったが、その実態を究明するには、より有力な調査資料と実証研究が求められている。

③村と「会首」と「社首」の地位をめぐる関係について不明確である。村落社会の結合関係を検討する中で、村の責任者である村長と「会首」、「社首」の権限および村民との関係についての議論が度々なされていた。車文明は、「社の責任者の社首は推薦によって選出され、人数の制限が無い。会の責任者は基層（村）が推薦し、行政が任命するのが一般的である。特に近代に入ってから、村の責任者が社首を兼任することが増えた」（車文明 2014）と語る。また姚春敏によると、山西省澤州の石碑から、社首は長期と短期の二種類がある。長期とは3年間にわたって社首を務め、村民から選出した4人が担当するのが一般的である。一部の村では、宗族の間で輪番に担当する。短期とは、村に大型な公共工事のある時だけ担当する。長期の社首がそれを任命する。担当する期間は工事の進行状況によって異なる。社首の中に十分の一は下層郷紳が担当するが、その他の多くは一般の村民が担当する。社首の仕事は、春祈秋報、社費の管理、廟の維持・修繕、争いの調停、村と村の関係の協調などあらゆる面に及ぶ（姚 2013）そうである。

そうであれば、村長の権限、および村民との関係、会首や社首の権限、および村民との関係を考察する時に、まず、「会首」「社首」と「村長」は別々なのか、それとも兼任なのかを明らかにすることが必要である。つまり、「会首」や「社首」は、行政が任命したのか、それとも従来の地縁集団の責任者なのか、あるいは両方を兼任しているのか、それによって「会首」「社首」の意味が変わり、会と社の存在意味も変わる。従来の研究において、この違いを必ずしも明確に示さなかった。

②、③の問題に関しては、第二部の実証研究を通じて論じ、第一部では、①の集団の分類基準のみ論じたい。

注
1) 里老人とは、郷に在って徳行あり、見識あり、衆人敬服するところの者である。その職責は「導民善」、「平郷里争訟」である（清水盛光 1947：215、218）。
2) 片とは、一般的に助数詞として「枚」を意味するが、山西省、陝西省では「一角」や「辺り」を意味する。たとえば、「友人は村のあの辺り（一角）に住んでいる」などに使う。
3) 東北地方は村のことを屯と呼び、屯会とは村の中にある集りを意味する。

第3章　宗族と社に関する分析枠組と
　　　　　その理論的根拠

　第1・2章において、宗族と会・社をめぐる従来の研究に対していくつかの問題提起をした。本章は、社会学の集団論を応用して宗族と会・社を分析し、類型化することを試みたい。社会学の集団論は、多くの研究者が結合の紐帯や性質などをさまざまな角度から分析し類型化している。

　社会学におけるさまざまな集団類型であるが、そのすべてを理解し紹介するということは筆者の能力をはるかに超えることであるので、ここでは青井和夫が整理したものを参考としたい。青井はテンニース以来の社会学の集団類型概念を四つに整理しているが、それを簡略にまとめると以下のようになる。

　①集団発生の契機による類型……これには、血縁や地縁などの自然的な紐帯によって形成される「基礎集団」と、それから派生して特定の機能を果たすための人為的に形成された「機能集団」とがある。たとえば、ギティングスの「生成社会（component society）」と「組成社会（constituent society）」や高田保馬の「基礎社会」（血縁や地縁といった自然的な直接的紐帯による結合）と「派生社会」（類似や利益といった派生的紐帯による人為的な社会）などがある。

　②成員の関心の充足度による類型……これには、マッキーバーの「コミュニティ（community）」（生活関心の大部分を充足）と「アソシエーション（association）」（特定の生活関心のみ充足）という分類があてはまる。

　③成員相互の結合の性質による類型……もっとも有名なものが、テンニースの「ゲマインシャフト（Gemeinschaft）」（本質的に結合した共同社会）と「ゲゼルシャフト（Gesellschaft）」（目的達成のために打算的な意志にもとづいて結合した利益社会）である。

　④成員相互の接触の様態による類型……たとえば、クーリーの「第一次集団（primary group）」（直接接触の親密な我ら感情の強い小集団）と「第二次集団（secondary group）」（間接接触の大規模な人為的な大集団）があるが、よく

知られているように、「第二次集団」という表現はクーリー自身が使ったものではない（青井 1987：130-1）。

青井が指摘しているように、「基礎集団」「コミュニティ」「ゲマインシャフト」「第一次集団」と「機能集団」「アソシエーション」「ゲゼルシャフト」「第二次集団」という四つの集団類型のそれぞれについては、分析視点は異なるものの多くの共通性があると考えるのが一般的である。そのため、集団類型を応用するにあたって、どの類型を選択するかは厳密には違いがあるものの、その言葉を発案した研究者と結びつけて使用するようである。

しかし、中国の宗族を分析する場合にこれらの集団類型のいずれも難点がある。筆者は、基本的には中国社会の分析に多くのすぐれた業績を残した清水盛光の類型を応用したいと考えている。彼の集団の類型を理解するために、まず清水の類型の原型となった高田保馬とテンニースの類型を簡単に紹介しておきたい。

高田保馬の集団類型は、集団を成立させる根拠の違いに着目して類型を設定している。彼は集団を成立させる根拠として、血縁、地縁、類似、利益の四つの紐帯をあげる。地縁・血縁は原始的自然的紐帯であり、類似・利益の共通とは派生的文化的紐帯に基づくものである（高田 1922：181-85）。そして、原始的自然的紐帯と派生的文化的紐帯の違いについて次のように語った。

「この原始的紐帯たる血縁又は地縁の上には種々たる紐帯が堆積し得る。その上に何らかの機能という紐帯が加わる時に成れる社会を基礎社会という。その基本たる紐帯は自然的である。

類似と利益の共通との何れかを根本の紐帯とするところの社会はすべて派生社会である。これらの社会は皆文化の発達に伴って生じたものであり、比論的に言えば大抵あの基礎社会の内部から漸次に派生せられたるものに外ならぬ。

血縁と地縁を基礎とする社会でも、その上に何等機能の紐帯が加わらざるものはやはり派生社会の一種に数えるべきであろう」（高田 1922：186）。

高田は、結合についても、「結合には内的結合と外的結合がある。……結合は

相互の依存感情と相属感情に存する。内的結合は内部より湧き出るような何事にも促されず、自発的であり、外的結合は外部の利益に促され、受動的である」（高田 1926：282-7）と二つを区別する。ここでいう高田の「内的＝自然的、外的＝派生的」結合＝紐帯という区別の根底にあるのは、テンニースの有名な集団の2類型である。そこで簡単にテンニースの集団類型についてみてみると、成員相互の結合の性質については、「人間結合の本質は、現存する共同の本質意志、もしくは構成された共同の選択意志にほかならない。本質意志で結合したのはゲマインシャフト的団結体であり、選択意志で結合したのはゲゼルシャフト的団結体である。ゲマインシャフト的団結体は自然の産物であって、その起源およびその発展の条件からすると、おのずから成ったものと考えることができる。ゲゼルシャフト的団結体は、思惟によって作り出された、あるいは擬制された存在であって、なんらかの関係を結べる創設者たちの共同の選択意志を表現するために用いられる。すなわちある目的を達成するための手段・契機として設けられたものである」（テンニース（下）1957 初版2011：173）と論じている。高田保馬とテンニース（時代的には、テンニースの著書が先に出たのであるが、聞くところによると、二人の間には親交があったそうである）が述べる集団成員の社会結合の類型には相当程度の共通性がみられるといえる。

　そのテンニースの類型方法について、清水盛光は、「テンニースが重視したのは、共同社会と利益社会の一般的差異についての説明中にみられる、結合の性質の違いと、この違いを生む意志の種類の差異であり、その意志がとくに共同的に働くということに、一応団体と呼ばれるものの特徴が求められているにもかかわらず、その団体を、成立事情の差異から、自然的のものと人為的のものとに分ける場合に、テンニースが団体の成立事情の差異としたのは、やはり、異なる意志から異なる結合が生まれるという、結合の成立の仕方に関するもの、すなわち共同社会は本質意志から生まれ、利益社会は選択意志から生まれるという主張であった」（清水 1972：174）と説明している。

　したがって、清水は自分の立場がテンニースの見解と似たところがあるとしながら、「集団を、根源的存在共同の媒介によるものと、特殊関心の共同追求にもとづくものとにわける」（清水 1972：180）とする。清水は、テンニースとの違いについて、次のように語る。

「テンニースは、共同の本質意志に基づく団体、すなわち共同社会的団体と、共同の選択意志に基づく団体、すなわち利益社会的団体の区別を、そのまま自然に生まれる団体と、人為的に作られる団体の区別と見るのであって、集団をまず、根源的存在共同の媒介によるものと、特殊関心の共同追求にもとづくものの二種にわけ、そのおのおのについて始めて、自然的のものと人為的のものの存在を考えるといった、われわれの立場とは明らかに異なっている」（清水 1972：181）。

「集団の成立事情の差異といわれるものの中に、集団の本質をなすもの、すなわち、われわれのいう目標志向の共同と、その目標を実現するための活動に関して、その成立が、根源的存在共同の媒介によるものか、それとも特殊関心の追求を共同にするという、作用共同の立場の選択によるかの差異が問題になる側面と、その成立が、自然的・衝動的であるか、それとも人為的・意図的であるかの問題の側面の、二つあることを示している。そしてこの区別において、第一の場合に問題になるのが、目標志向の共同と、それに伴う活動のもつ共同性の成立根拠の差異であるのに対して、第二の場合に問題になるのは、共同志向の対象にされる目標と、それを実現するために営まれる活動の成立動機の差異である」（清水 1972：181）。

清水は自らの集団の分類における立場を説明し、高田やテンニースが集団を一次元的に分類していたのに対して、自分は成立根拠と成立動機の二つの軸を交差させ二次元的に分類するという立場を明確にする。さらに別の個所では、

「集団における目標志向とその目標の実現に必要な活動の共同、すなわち作用共同の成立根拠に求める立場であるが、この差異は、作用共同の原因になる者が、前者の場合には、根源的存在共同の直接の媒介であるのに対し、後者の場合には、共同の関係にないものを共同の関係に立たせる、作用共同の選択であるという差異である」（清水 1972：183）とし、「根源的存在共同の媒介によって生まれる集団の目標や活動が存在共同の種類の相違であり、作用共同の選択によって生まれる集団の目標や活動が特殊目標の共同追求される目標の種類の相違である」（清水 1972：183-4）。

と論じた。このような考えに基づき、清水は、まず「成立根拠」の差異による集団の類型を、①存在共同の媒介に基づく集団（根源的存在共同）と②作用共同の選択に基づく集団（特殊関心の共同追求）に分類し、続いて「成立動機」の差異による集団の類型を、①自然的動機に基づく集団と②人為的動機に基づく集団に分類したのである。

清水は、具体的には、「存在共同の媒介にもとづく集団の中に、血族集団—血の共同を地盤とする集団、地縁集団—土地の共同を地盤とする集団、国制集団—生活規範の共同を地盤とする集団がある」（清水 1972：184）と考えている。他方、「作用共同の選択に基づく集団の中に、体験集団—体験を追求目標とする集団、効用集団—効用を追求目標とする集団、価値集団—価値を追求目標とする集団がある」（清水 1972：239）とした上で、「存在共同の媒介によるもの、作用の共同の選択によるもの、これら二種類の集団は、いずれも成立の動機の自然的なものと人為的なものとを含んでいて、この二つの集団分類は交叉した関係にたっている」（清水 1972：246）と説明している。

さらにみると、「根源的共同を地盤とする集団の血族集団と地域集団と国制という三つは、おおよそ愛や親和の段階差を示すと同時に、自然的のものと人為的のものとの段階差にも照応するのに反し、特殊関心の共同追求に基づく体験集団と効用集団と価値集団という三つは、いずれも、愛や親和の存否によって、自然的のものにも、人為的のものにもなる」（清水 1972：267）という。清水は、存在共同の媒介による集団の中に成立する動機が人為的なのは国制集団であると語った。そのわけは、「国制集団は、組織が社会の一部の者によって考えられ、またその運営が一部の者によって行われるという理由だけで、人為的なのではなく、その成立と存続が、究極において、規範を共同にする包括社会の人々の秩序維持への自覚的な要請と、意識的な支持にもとづく点でも、すでに自然的でなくて、人為的であり、意図的である。その意味で、根源的共同の関係にある者の共同の作用には、自然的、衝動的に起こるものがあるとともに、人為的、意図的に生まれるものがある」（清水 1972：261）と論じた。

清水自身はこの二つの軸に基づく交叉関係を図式化していないが、図1は筆者が清水の説明に基づいて図式化したものである。

先ほど触れたように、従来の社会学的集団類型における「基礎集団」、「コミ

第一部　中国における結合関係の再検討——宗族と社の結合類型と差異を中心に

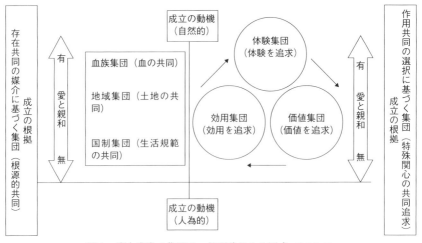

図1　清水盛光の集団の一般理論による図式（筆者作成）

ュニティ」、「ゲマインシャフト」、「第一次集団」対「機能集団」、「アソシエーション」、「ゲゼルシャフト」、「第二次集団」という分類の方法は、基本的には集団の「ある時点」の成員間の静的な関係、つまり「集団発生の契機」や「成員の関心の充足度」、「成員相互の結合の性質」、さらには「成員相互の接触の様態」といったものに着目した一次元的な分類である。さらに、時に使用する言葉を変え、たとえば、結合の紐帯が「内的＝自然的、外的＝派生的」かとか、成員相互の結合の性質が「本質意志、選択意志」に基づくかという、やはり一次元的な基準に基づく分類であった。

これに対し清水は、まず集団の成立する根拠を根源的共同と特殊関心の共同追求と分類し、次に成立する動機も自然的と人為的に分類し、その上で、この二つに分類した集団が交叉関係にあると指摘した。その二つの軸を交叉させた理由として、清水は次のように語る。

「根源的共同を地盤とする集団と、特殊関心の共同追求にもとづく集団の二つが、ともに愛や親和を伴うことによって、自然に生まれる。この主張は、これらの集団が愛や親和を欠く場合には、意図的・人為的のものになるという関係のあることを、予想させる。人為的集団はふつう、特殊関心の共同追

56

求のためにのみ起ると考えられており、存在共同の地盤の上に生まれる集団に人為的のものを認めることは、この通説にそむくが、これは根源的共同が、すべて愛や親和をともなうと考えるからで、特殊関心の共同追求のための集団が、すべて人為的のものになると見ることが誤りであると同時に、人為的集団がすべて、特殊関心の共同追求のためにおこると考えることもあやまりであり、特殊関心の共同追求にもとづく人為的集団と、存在共同の地盤の上に生まれる人為的集団の間には、ただ前者が後者に比べて、人為的集団としての特色を、より明瞭な形でしめすという違いがあるに過ぎない。そしてこの違いは、存在共同を地盤とする自然的集団が、特殊関心の共同追求にもとづく自然的集団に比べて、自然的集団としての特質を、より典型的な形で示すというのと、ちょうど逆の違いである」(清水 1972：259-60)。

つまり、集団は自然的に形成されることもあるが、何かの目的のために形成されることもある。しかし、集団が存続していくうちに、その成員が入れ替わったり、時の経過と共にその関係が変質したり、当初の目的が変化したりすることもある。それによって、集団の成立する動機が自然的から人為的に変わることもあれば、人為的から自然的に変わる傾向もあるという動的な視点を清水は取り入れたのである。これは、従来の静的な社会学的集団類型論をより動的に展開しようとする清水の意図の現れであり、従来の集団類型との大きな違いがここにある。

清水は、集団が人の集まりであり、人間の感情は常に一定ではなく、社会的・経済的・文化的な影響を受け、変化する。だからこそ、集団の結合の類型設定をするにあたって、決して単一な基準で、固定された概念でその集団をみるのではなく、これらの諸条件を総合的に考慮しなければならないことを教えてくれたのである。そこで、筆者は清水のこの考え方に依拠しつつ、宗族と社の類型設定を次に試みたい。

第1節　宗族の場合

宗族は父系血縁集団であるため、清水の集団の成立の根拠からみると、根源

的存在共同の媒介に基づく集団である。しかし、時代、社会環境、経済基盤などの違いによって、さまざまな結合形態をみせてきたのは従来の研究から分かる通りである。これらの多種多様な結合形態を成立する動機の基準に沿って先行の宗族研究を検証してみると、一見すると多様にみえる宗族内の成員間の結合形態には差異があり、本質的に二つの型があるとの結論に至った。二つの結合形態とは、自然的結合なものと人為的結合なものがそれである。

　人々は社会において常に他人と何らかの関係をもって生活している。その関係には自分自身が選択できない関係と選択できる関係がある。誰を親として生まれ、どの家に生まれ、どのような人たちが親族となるのか、というようなことは運命的なもので決して選択できない。宗族はまさにこのような血を共同にする集団である。とりわけ男性の場合、生まれると同時に自分の姓、自分の宗族関係はすでに決まっている。このような同じ血筋を引く祖先の共同、いわゆる父系血縁関係があることは自然的、客観的な事実である。中国において、男性は結婚をし、男の子を授かることで、宗族の永続に繋がっていく責任を負わされるのである。父系血縁関係が永続的に継承され、その永続性を何にもまして重視する価値観が中国人、特に男性の意識の中に根ざしていて、これは宗族が存在し続けている理由である。この種の宗族は血縁関係があることを根拠に成立し、その動機も自然的で、このような宗族を血縁型宗族と名づける。

　当初は血縁を根拠として成立した宗族であっても、成員の男性が結婚したからといって、男の子が必ず生まれてくるとは限らない。その場合、宗族の血筋を継承していくためには、「過継」（男兄弟、あるいは男従兄弟から男の子を養子に取る）のやり方で跡継ぎを確保し、男性子孫を残し、一族を存続させるのが最も理想的な方法である。というのは、この方法も同じ血筋を引く祖先の共同に違いないからである。それでも不可能な場合には、「収養」（他姓から養子を取る）や「招婚」（婿養子を取る）のやり方で一族を存続させるのである。このような宗族は人為的な要素があるが、宗族を存続させるために変質していかざるを得ないもので、これらの方法は血統の存続のために考えられた、あくまでも代替的な手段である。

　そして、前章の問題提起で言及したように、宋代以降、特に明清時代にこれまでと異なる新たに形成した宗族、いわゆる同じ祖先であることを擬制し、連

第3章　宗族と社に関する分析枠組とその理論的根拠

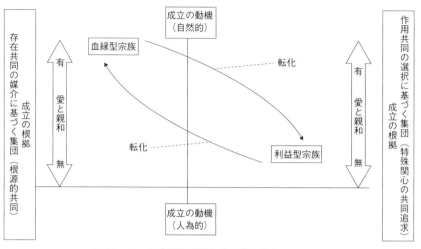

図2A　二つの宗族類型図とその動的変化（筆者作成）

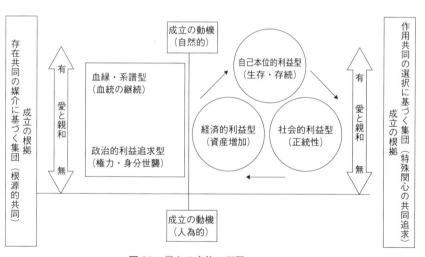

図2B　異なる宗族の配置（筆者作成）

宗譜を作成し、合族祠を建設し、族田を設置するなどの方法で一族の財産・名誉と利益などのために連合した宗族もあるし、張小軍が主張するように創造された宗族もあるし、さらに、鄭振満がいう完全に契約式の「合同式宗族」のような結合形態の宗族もある。このような宗族は人為的な要素を加味し、成立した集団であり、自然的血筋を引く人々の宗族とは明らかに異なる。このような人為的で、ある種の目的に成立した集団を利益型宗族とここでは呼びたい。

　この種の集団に参加する人々も、共通の祖先を有する宗族という名の元に結集したもので、最終の目的が究極において、やはり血統、いわゆる宗族を存続させるための代替的な手段であるとみるべきであろう。この点において、他の人為集団と異なり、宗族という言葉のもつ「魔力」の表れである。人々はなぜ、宗族という言葉にこれだけ執着し、その名の下に結集するのか、次章において探る。

　こうしてみると、宗族を存続させるという共同志向の対象にされる目標と、それを実現するために営まれる活動の成立動機において、血縁型が自然的で、利益型が人為的であり、両者は明らかに異なる。このように、宗族成員は、一方では血統の純潔性を重視し、血縁関係があり、系譜関係がはっきりしている男性からなる宗族を固守する。他方では、宗族を存続させ、繁栄させるために血統の純潔性への理念を捨てて（裏に隠し）まで宗族を維持・存続させようとしてきた。したがって文字からみると同じにみえる「宗族」であっても、長い歴史の中においてみた場合、自然的宗族が存在する一方、人為的要素を加味した宗族があるのも事実であり、成立動機においてそれぞれやはり大きな違いがある。結果的に血縁型宗族と利益型宗族に分類するのが適切であろうと考える。

　なお、前頁の図2Aは、清水の図式をもとに、二つの宗族類型の位置とそれらが転化する概念を、図2Bは具体的な型がどのような配置になるかを示したものである。

第2節　会・社の場合

　清水盛光は、根源的共同に基づく集団の第一として「血族」をあげるが、「第二の根源的共同は、地域集団の地盤となる土地の共同である」という（清

水 1972：196）。そして、この地域集団には土地の共同の内容によって次の四種の異なるタイプをあげる。

　①に定住の場所としての土地の共同である。各家族の人は、断片をなす部分としての土地に全体としての包括的な土地への共属を意識する。全体としての包括的な土地が自分に分属する意識する。土地への共属、すなわち土地への依存や土地の連帯の共同であり、土地の共有における共同ではない。

　②に生産活動の手段としての土地の共同である。生活の場所としての土地の共同意識が、土地への定着とともに明瞭となり、またその持続化によって一そう強められるように、生産手段としての土地の共同意識も、経済生活と、一定の土地との結びつきが不可分のものになるにつれて明瞭となる。

　③は接触の媒体としての土地の共同である。居住が接近し、生産の場所が隣接しておる場合には接触と習熟に基づく人々の結合が生まれる。

　④は個性の持つ環境や景観としての土地の共同である。以上の四つは人間にとって土地の共同に持つ意味である（清水 1972：196-8）。

清水は、四つのタイプからみると、中国の社は第二番目の土地の共同に属する（清水 1972：200）と指摘する。清水によると、中国の社は、人為的につくられた土壇や、土壇の上に立てられた石、あるいは樹を社主として祭られ、古代から近世までに至るまで、ほぼ同じ性質のものとして伝えられていた。

清水は別の論考では、「社祭が一般に村落の儀礼であり公共の祝祭であって、そのために村内に会或いは社会が組織され、それに社正も若くは会首を立てて社人や会員をして祭の費用を負担せしめたこと、また社祭には供信、張楽、歌舞、演劇、饗宴などが行なわれ、神を慰めるための諸行事が同時に村民自身を娯ませる。それは元来宗教的動機に基づくものであるが、同時にそれは合席聚飲による共同感情の昂揚を通して村民間の親睦と融合とを実現せしめることができたのである」（清水 1983：654）と語り、社あるいは会の機能は、祭祀、娯楽、饗宴を通じて親睦と融合を図る目的にあると考えた。

また、王先明は、「社は郷社ともよび、一種の社会組織である。社は原始的な社稷（しゃしょく）神を祭祀するための集団から発展してきたものである。以降、徐々に変化し、元代になると、祭祀だけの機能から社会的な機能を有する集団に変わった。清代の社は農村の社会集団を区分する単位となり、さらに、

農村社会を総合的にコントロールする集団となった地域もある」(王 1996：23)と論じた。

近年の研究によると、会や社は宗教的な祭祀機能だけではなく、一部の地域では「社は村との関係がきわめて密接になり、その機能は祭祀、儀礼を超えて、村落社会の政治、経済、社会文化活動にもかかわっていた。特に明清以降、里甲制制度の廃止によって、社が徴税、労役の分担、民風の教化の機能も兼任し、半行政的な性質を有する民間組織となった」(楊 2014) といわれている。

地縁集団は、生産手段と生活の場所としての土地の共同意識に基づく集団であり、当然全地域の人々を含み、成立動機も自然的なものであった。しかし、上述した王先明と楊陽の研究からも明らかなように、社会、生活の環境の変化に伴ってとか、あるいは政権側の権力の浸透によって (里甲制、保甲制の設置など)、徴税、徭役、治安などの村落統治の任務を強制されるなどの理由から、次第に政治的色彩をもつ集団に変わっていくこともあった。清水盛光が「意図された目的の実現、秩序の維持などを中心としていたこのような集団の成立する動機は人為的である」(清水 1972、259-261) と語るように、このような事例は、存在共同の媒介に基づく地縁集団の成立する動機が自然的なものから人為的なものに変わったものと捉えることができる。

一方、第 2 章で言及したように、中国の多くの農民の生活は貧しく、冠婚葬祭の時だけでなく大きな出費のある時には、自分の家族の力だけではどうすることもできず、親族、友人、近所の力を借りなければならない。そこで人々が考え出した手は、経済的な互助、扶助の集団を作り出すことである。このような互助集団に参加するのは全地域内のすべての人ではなく、一部の特殊関心をもつ人々の集まりであり、人為的なものである。この結合関係は、清水盛光がいう作用共同の選択と自然的動機との交叉関係である。つまり、「自然的集団の根源的共同の関係にある人々ではなく、特殊目標を共同追求する人々の間にも成立し、この成立も愛や親和の存在に依存している。ただ、目標志向や活動の共同を規定するものが、存在共同の媒介ではなくて、作用共同の選択である」(清水 1972：256-7) ということになる。

総じてみると、中国の伝統村落においては、土地を中心に自然に結合した集団もあれば、互助・ギルド的な特殊目的を達成するために結合した集団もある。

第3章 宗族と社に関する分析枠組とその理論的根拠

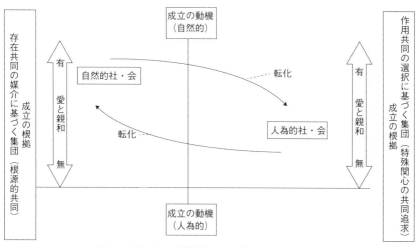

図3A 社・会の類型図とその動的変化 (筆者作成)

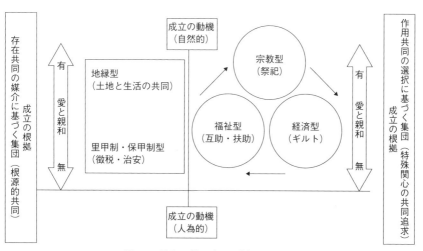

図3B 異なる社・会の配置 (筆者作成)

63

成立する動機は自然的なものもあれば、人為的なものもある。しかし、この両者とも村落で生活する人々の親和感情に由来し、愛や親和の存在があるといえる。その他、社会の変化と共に行政の機能を備える集団へ変わっていく集団もある。それは上からの人為的なものであり、村落民自身ではコントロールできないことであるが、成立の根拠としては土地が中心であり、根源的共同に変わりがない。

　以上、清水盛光の集団理論を応用し、中国の伝統村落に中に存在する宗族と会・社を分類した。しかし、「集団の成立が、自然的であるか人為的であるかの違いは、もちろん相対的のもので、人為的といわれる根源的集団においても、時代をさかのぼれるにつれて、その作用に衝動的・自然的動機がつよく働き、逆に、愛や親和をともなって自然に生まれると考えられる根源的集団においても、社会の合理化が進むにつれて、その活動は次第に、意図的・人為的動機に依存する度をくわえる」(清水　1972：262-3) と語るように、集団成立の動機には変化の可能性が常に潜んでいる。したがって、宗族と会・社を考察する時にもこのような動的な視点が必要である。

　なお、前頁の図3Aは、清水の図式をもとに、社と会の位置とそれらが転化する概念を、図3Bは具体的な型がどのような配置になるかを示したものである。

第4章　宗族の成立事情とその歴史的変遷

　前章において、社会学の集団理論、特に清水盛光の集団理論を援用しつつ、宗族集団にみられる成立動機の差異を検討することで、本論の分析枠組みを設定した。本章では、最初に、同姓・同宗という言葉のもつ意味を考察し、血縁集団としての宗族の成立根拠をもう一度明確にする。次に、本論の分析枠組に基づき、これまでの先行研究を使って、血縁型宗族と利益型宗族の成立動機とその歴史的変遷をおさえ、そこにみられる具体的な差異を考察したいと思う。

第1節　宗族の成立根拠と成立動機

　血縁型宗族にしても、利益型宗族にしても、父系血縁関係を有する証拠は同姓である。同姓が血族であるという根拠はどこにあるのか。この点について、加藤常賢は、次のような見方を示している。すなわち

　「生とは血気という肉体的のものを意味しているから、母胎から血肉を分離したる子を生を以って称するは当然であるのみならず、その子及孫に至るまで血肉の連繋を認めて、之を生を以って称するは理解できぬことではない。如何に無知な原始民族でも出生が母胎からの分離であり、この事実に血肉の連繋の観念をもたないものはない筈である。この点から見れば同生とは同血の意であることに誤ないであろう。同血が同姓であればこそ同姓が同祖であり得ることになる」（加藤 1941：13）。
　「血族系統が百世連綿として断絶しないから、姓号を命名して其子孫を繋属し、以って其血族関係を表示するのであり、同血族人の恩愛親誼を重厚ならしめるものであり、血族人が相愛し相哀しむことに依って血族人相互間の人倫が生じて来るのである」（加藤 1941：13）。
　「姓が血族の表示である以上、血族最古の祖先を尊ぶことは考えられるの

である」(加藤 1941：35)。

　加藤は、中国の人々が古代から血統に対する思いがあること、血族人の間に愛と親和を大事にすること、同姓の重要性および祖先に対し尊敬の気持ちをもっていることを指摘する。そこで、次になぜ同姓を宗族と呼ぶようになったのかの理由をみてみよう。
　宗の意味について、劉節は、「甲骨文字の中に「宗」という文字がある。「宗」という文字のウ冠は屋根に似ているから宗祠を意味し、下の「示」という文字は、祖先崇拝の儀礼の意味である」(劉 1937：7) という。
　一方、銭杭は、「宗は二つの意義をもつ。一つは祖廟の中の「先祖」の神位をさす、つまり、祖廟の中の祖先像あるいは位牌である。「宗、人之所尊也」といわれている「宗」は、祖先の神位に対する尊敬の意をもっているのが二つ目の意味である」(銭 1994：35-8) と東漢の班固の説を引用し、説明している。
　加藤常賢も、「宗の意義が被祭祀者及その廟を意味する」(加藤 1941：70) と考えている。加藤、劉、銭の三人の研究に共通するのは、宗の最初の意味が祖先と祖先を祭る宗廟のことだという点である。したがって、宗族の「宗」はまさに祖先を大事にする気持ちを表す言葉であり、祖先祭祀を表す言葉であるということが分かる。
　宗族が血縁集団の意味をもつ時期について、加藤は、次のように述べている。

「宗の原始的意味は周代における宗組織の意味でない。周代に及んでは之を一言に約して謂へば、始祖の廟を中心とする血族的祭祀団体の組織となったのである。血族的団体組織（姓組織）は本来の型から謂へば祖廟なくしても存在し得た所謂生人のための組織であったのであるが、周代に及んでは祖先崇拝——それは封建制度にあって必須的なものであるが——と合体融合して始祖廟を中心とする祭祀血族団体組織に変形したのである。宗は死人のためのものであるという一方論の存するは是がためである。従って封建制度下において最も発達したる氏組織も合流して遂に周代の宗組織となったのである。……周代の宗組織は前代からの諸種の社会組織の変遷に応じて融合発達した一つの血族組織なのである」(加藤 1941：70-1)[1]。

加藤の研究からは、宗の意味が時代と共に変化し、宗族が血族を意味するようになったのは周代からだということが分かった。
　周代の宗族の特徴は、陶希聖の研究によると、「周代の宗族のもっとも重要な特徴は五つあり、①は父系的である。支那の漢族は、父系をもって**親属**を計る。②は父権的である。父の身分と権利が子に伝わることを「父権」という。③は父治的である。一族の権力が父（一族の最尊長者）にあり、あるいは子女が父の支配を受けることをいう。この三つのほかにも、④は族外婚制である。⑤は長子（筆者注：一般的には嫡長子）相続制である」（陶 1939：5-7）とのことである。このような特徴をもつ宗族には組織法があり、それが宗法である。清水盛光は宗法について、次のように述べる。

　「宗の原義が祖廟であるが、宗法の宗が統制者の意味もある。これは多分、統制者が祖先の正体として祖廟を祭り、祖宗の神威によって、族人を支配するからである。従来の宗法が嫡庶の系に大宗、小宗の系統を立てていたが、周代になると、さらに出生の前後秩序、上下尊卑の価値観念をともない、統属関係が生まれると同時に、統制範囲にも広狭の相違が生じてきた。大宗の地位は父から嫡嫡長子に伝承され、族に対する最高統制者は始祖の長子だけに握らせている。始祖の庶系中の長子系は小宗となって、他の庶系に対する統制権をもつことができる。そして、大宗と小宗の間には統属関係が行われていた。大宗の族に対する統括範囲は、別子（諸侯の庶子）の子孫が遠近の別なく永遠にできるのに対し、小宗による族の統括範囲は族兄弟までに限定され、族兄弟の子（同姓親）はその父の属した小宗の支配を離れるのである。
　族人の統制だけではなく、祖先祭祀の範囲も大宗の場合は始祖の遠祖までできるのに対し、小宗が祭祀できるのが高祖までと限定されていたのである。宗法は祭祀を中心とする族統括の原理である」（清水 1942：187-192）。

　つまり、簡単にいえば、宗法を作った目的は族人を統制するところにある。この宗法制度が周代以降に崩壊し、大宗、小宗という区別がなくなり、族人を統制することもなくなった。しかし、祖先祭祀の範囲の原理が、つまり遠祖を祭るのが天子と諸侯などで、士大夫以下の人々が四世前の高祖までということ

が永く後世にまで残った。南宋時代に朱子が祠堂で遠祖を祭ることを提唱し始めたことから、庶民も遠祖を祭ることができるようになり、それ以降に宗族が発展し、庶民層まで広まり、明清時代、特に清末に発達したと一般にいわれている。この説から、一般的にいわれている宗族とは遠祖を祭祀する周代の大宗の範囲のことであり、高祖まで祭祀する周代の小宗の範囲のことではないと理解できる。

　しかし、遠祖を祭祀する集団ではなく、高祖までを祭祀する集団こそ宗族と称すべきだと主張する研究者がいる。たとえば加藤常賢は、「宗族組織は小宗の族組織の範囲其者である」（加藤 1941：179）と考え、「同姓の語は伸縮性があり、大宗あるいは氏と同じ意義に用いられる時もあり、四世以内の小宗に用いられる時もある。小宗の場合は即ち一層親密な宗族親であり、宗族的血族範囲が四世に限定されていたのである」（加藤 1941：179）と述べている。長くなるが、宗制度の中身に関して加藤は次のようにもいう。

　　「宗制度は之を族制の点から考察する時には、周代においてはじめて起こった周代特有の組織であるとは謂い得ないのである。封建制度に基づく適子相続制が周代の特色であって、族制は前代のそれを継承したものであると言わなければならない。宗制度の族制が殷代以来のものであるならば、従来言われている如く、宗制度は小宗の族制に関する限り諸侯の子弟の卿大夫たるものに限って行われたとは謂い得ないのであろう。……原来兄弟終身共財同居を行いつつ、封建的世襲即ち家系の父子継承を行うとした所に、父子伝承の強調と適子の尊重（第二子以下に対する制限）が起こってくるのは当然な成行であると思われる。これが文献に見えている一般に宗法と謂われるものの内容である。余の見る所を以ってすれば、この継承法を宗法の主要内容とみるのは一面観に過ぎぬと思う。この一面観に膠着する限り、宗制度は卿大夫に限られたものと見ざるを得ないのである。家継伝承の問題を離れて唯族制の面のみから観察すれば、宗の制度は身分の如何を問わず行われたとみて誤はないと思う。……民については之を文献に、五世則遷之宗為小宗、則通於斉民、此経雲得民とあり、小宗と謂っている民の一字を見逃していない。……宗組織と謂へば文献では封建宗族に就いて論ぜられているから、直ちに

それに基づいて解釈するのは無理からぬことであるが、斉民に就いて謂う場合はその羈絆（束縛）から脱して斉民にも通ずる族の組織の方面からみるのが至当ではあるまいかと思う」（加藤 1941：127-9）。

　加藤が指摘したのは、諸侯や士大夫といった支配者階級だけでなく、被支配者階級にも宗族が存在することである。このような血縁関係が近く、小宗の範囲で結束し、一層親密な宗族を見逃してはいけない。この指摘は、南宋までの宗族は支配者階級の組織であるという一般的な見方に対する反論であり、きわめて重要なものである。なぜならば、南宋時代以前に庶民の間に広まっている血縁関係の近い高祖まで祭祀する慣習が社会の底辺まで根強く存在していたからこそ、中国人は血縁関係があり、同じ宗族に属することが重要な意味をもつと思えるからである。

　清末になると、社会環境の変化につれて、上層階級の人々だけでなく、庶民も自分たちの生活を防衛するために同じ祖先だと偽って擬制宗族を結束するようになったのである。このような真の血縁関係がない宗族が底辺に広がっていったのは、社会的、制度的などさまざまな要因があるが、同じ祖先をもち、同じ血筋を有することがきわめて重要であるとみなす考えが根底にあるからである。そうでなければ、同じ祖先を有することを名乗って、宗族を再結合する意味はないであろう。「同宗同祖」こそ、人々が宗族結合をする根拠で、それを理由に人為的に結合する。我々はこれを見逃してはいけないのである。

第2節　成立動機からみる宗族の変化

　本来、上層階級の宗族だけが遠祖を祭ることができた。しかし、時代が変わり、下層階級の宗族もそれが可能となったことから、人々は必要に応じて宗族の範囲を自由に設定し、結合の範囲を広めた。加えて、宗族の機能も従来の祖先祭祀だけでなく多方面にわたるものを付け加えていった。筆者は、このような変化が顕著に現れたのが南宋の時代であり、またそれが庶民層にまで広がったのは特に明末から清の時代であるという先行研究の見方に異論はない。だが、明末から清代以降に、宗族結合の範囲が拡大し、機能が多様化しただけでなく、

共通の祖先を有することを偽って本人の意思で自由に参加できる人為的な宗族まで現れ始めたことで、宗族の成立動機がそれまでのものから変化していったと考える。そしてこれら新しいタイプの宗族は血縁関係によって結合した宗族とは分けて考えなければならない。もっとも、このような変化が起こったのは、中国全土においてではなく、一部の地域に限定されているという点も指摘しておきたい。この一部の地域とは江南、華南である。そこで、次にいくつかの先行研究から、成立動機が徐々に変質した宗族の事例をみていこう。

井上徹は「共有財を経済基盤とする宗族という特有の血縁組織の形態が、古代にまで遡るのではなく、宋代に始めて開始された」（井上 2000：85）と指摘している。その要因としては、「郷紳の家は、官僚身分の非世襲、均分相続の原則によって、絶えず脅かされ、「世臣」の家系の確立を目的とする宗族組織が形成された。つまり、均分相続の対象とされない共有財産を経済基盤として、個別家族を集合した宗族集団を結成し、その集団のなかから代々官僚を送り出して、事実上「世臣」の家系を成立せしめようとするものであった」（井上 2000：120）と説明している。

井上はまた別の論考の中で、「元末明初期の江南社会では、科挙官僚制度が確立した宋朝に官僚を送り出し、以後読書人の伝統を保っているような家系を名門とみなす観念があり、……その一方で身分と富を獲得したものの子孫が没落し、名門の家系がせいぜい数世代しか存続しないという事態が常態的といえるほど頻繁に現象している」（井上 1993：304）とも述べている。

井上は、名門の家系の非連続性の原因と宗族が再形成する意義について、

「①宋代に確立した科挙官僚制度は、原則として官僚の身分の世襲を認めない開放的な官僚任用の制度である。②近代中国社会の伝統的な相続法つまり家産均分の慣行である。家産均分を契機として、その家産は兄弟間で均分に分轄され、こうした家産分割が世代ごとに繰り返されれば、同じ名門の家系に属する子孫の間での経済的状況は当然異なってくる、子孫没落するような事態もありうる」（井上 1993：305）、「共同祖先以来分派した族人を集合することによって、宗法のものに統制される宗族の組織を樹立し、その体制を代々維持すれば族人間の相互協力によって族人の家族の没落を防止できるの

みならず、多数の族人のなかから任官者が継続的に出現する確率も個別家族に比べてはるかに高くなる。開放的な官僚制度と家産均分の慣行のもとで状態的に発生する子孫没落、家系断絶の事態を防止し、究極、一つの家系が官僚機構との永続的関係を保って「世臣」「世家」といった名門の家系を確立するために宗族形成を実践することが有効な手段であることは宋代の儒者によって主張されており、元末明初期の地主、士大夫が宗族形成の具体的方法として採用した、族譜編纂、祠堂設立、義荘、合膳なども、形態は異なるものの、究極そうした目的を持つものであった」（井上 1993：312-6）。

と、宗族の結合動機が変化していくことを論じている。

宗族の変化に関する時代設定は井上のものよりもう少し後になるが、同様の指摘は田仲一成もしている。彼は、安徽省歙（しょう）県潭（たん）渡（と）村黄氏の事例研究から、

「明代後期に、江南各宗族において遠い始祖を祭る墓や大宗祠が建設される背景は、明代の後期の江南宗族は、佃戸の抗租運動にさらされて、在地の掌握力が弱まり、小作料の徴収さえ意のままにならなくなっていた。そこで自族から科挙の合格者を多く出すことによって、国家官僚との結びつきを強め、国家の保護によって、隣接の他族との勢力争いや小作料徴収などに有利な地位を獲得しようとしていた。科挙合格者を多く出すためには、分裂していた宗族の支派を統合し宗族の成員を拡大し、科挙受験者を増やすことが有効となる。この大連合のため、支派の系図の祖先を遡らせて族譜を連結させ、共通の祖先の祭祀を通して結束を図る方策が案出された」（田仲 2000：25）。

と語り、また、安徽省休寧県茗洲村呉氏の事例研究からは、

「明代初期以来の賦役制度である里甲制が崩壊して一条鞭法に替わったことにある。元来、里甲制の基礎である甲首戸の責任を担い、同時にまた卿村の祭祀組織の社戸身分を担っていた中産自作農が明代中期にかけて分散し、一方では家産を失って没落した農民を発生しめるとともに、一方では没落農

民の土地の兼併により家産を拡大する大地主を生み出したことによって、里甲制の前提である「均質な中産自作農の連合体」という実態が失われたということである。里甲制と同じく中産自作農を土台として成立していた社戸組織も里甲制の崩壊を導いた社会変動によって崩壊せざるをえなかったといえる」（田仲 2000：36）といい、「明代中期の社戸組織が崩壊してくるまさにその時点で、諸派の糾合、大宗祠の建設に動いているのは、社会変動に対応して宗族全体の利益を守るための行動であったと推定される」（田仲 2000：43）。

と分析している。さらに、たとえば、上田信は宗族の分散と統合の理由について、

「明代以前から他の盆地から諸曁盆地に移住してきた宗族は、明代になると、盆地内の一つの地域リニージとして多くの人口を抱える宗族が盆地の中で土地を求めて、分散していく。この分散と定住の過程を経て、諸曁の盆地内には同類であることを主張する地域リニージが複数存在するようになった。事実として共通の祖先から分節していないリニージであっても、フィクションとして「認識された過去」のなかに共通の祖先を設定することもありえる」（上田 1995：123）。「鐘氏の地域リニージは多くの族産を諸曁盆地に分散的に保有していた。しかし、小作料はなかなか期日通り完納されない。そこで高位リニージを形成し、行政の力を借りて小作料を取り立てることが目指されたわけである。……徐氏は「湖田」で生産を行なうために県城内に居住する有力エリートの社会関係に食い込む必要があった。……その他、一つの市場圏を支配するために、同姓の人々を結集するために高位リニージの形成が必要であった。……地域リニージの力で解決できない課題を人々は高位リニージを形成することで解決しようとする」（上田 1995：135-6）。

と、弱小宗族が行政の力を借りてその力を強めていく姿を描いた。

鄭振満もまた、「清代の康熙初期の戦乱と遷界政策[2]がそれまで集合居住していた宗族を分散させ、解体させ、復界後に故郷に帰ってきた族人は自由に組み合わせをし、「聯宗通譜」「合修祖墓」「合建祠堂」「合置族産」[3]等の方法で

結合し、宗族を形成した」と述べている（鄭 1992：143）。その結果「清代中期以降に宗族は同宗という基準ではなく、同姓の全てが参加できる」ようになった（鄭 1992：194）。つまり宗族内のいわゆる族人が公共事業に対する出資によって共同関係を結び、投資額は「株」数で計算する。族人間の権利と義務は持ち株によって違う。株数の大きいものは経営管理権が大きく利益も多く分配される。株は次世代に継承することもできるし、譲渡あるいは売買することもできる。「血縁関係、地縁関係は象徴的意味をもち、利益関係は彼らを結ぶ唯一の紐帯である。だから合同式宗族の特徴は族人間の権利、義務は相互の合同関係にあり、利益関係に基づく宗族集団である」（鄭 1992：103）と論じた。

さらに、蕭鳳霞と劉志偉は「明以後珠江三角州的族群与社会」の中で、利益目的に拡大し権力を手にいれた宗族について、

「珠江デルタ地域の住民は「蛋民」と呼ばれ、彼らは海や川で生活し、土地を持っておらず、場合によっては陸地に上がることも許されなかった身分の低い被差別コミュニティであった。宋代から明代にかけて南方の商業、流通業の発展によって富を手にした「蛋民」は「沙田」[4]開発に投資し、自分の土地を持つようになる。しかし、経済的に豊かになっても自分たちの出自に劣等感を持ち、そのためその身分を隠し、漢人だと偽って宗族集団を作り、その正統性を主張した」（蕭・劉 2010：1-5 要約）。

と論じ、珠江デルタにおける利益型宗族の暗躍ぶりを指摘している。叶顕恩・周兆晴も、

「珠江デルタの宗族は伝統的な宗族では決して許されないことを公然と行っていた。例えば、同姓だが同宗でない者たちは連譜・通譜（別々の宗族がそれぞれの所有していた族譜を一つの族譜に連結させること）のために、虚偽な宗族系譜関係を作るといった現象は一般的である。さらに貧しく、宗族人数の少ない家同士は占いの方法で共通の姓を決め、連合をし、共通の祖先を名乗るケースもある。虚偽宗族は珠江デルタ地域の特徴とも言える」（叶・周 2007：76）。

と、この地域における宗族の利益獲得のためにはどんなこともいとわない姿勢を糾弾している。要するに、この地域における宗族の形成は、「血族が解らなくとも同姓であれば一族であるという変な考えから親睦を謀る。これは有力者に取り入ろうとする不純なものである。……明末清初の大儒である顧炎武も憤慨して、近日同姓の通譜は最も濫雑である。其実皆党を植える私を営むので、国を蠹(きくいむ)し民を害することである」(清水 1928：73-6)といわしめるほどのものであったといえよう。

以上、先行研究を引用しつつ、宋代、特に明代後期ならびに清代期における江南、華南珠江デルタの宗族がいかに利益優先に変遷したかをみてきたが、これらの地域の多くの宗族は、血縁関係によって結ばれている宗族と成立の動機が明らかに異なる。つまり、血縁型宗族は祖先祭祀を目的とし、利益型宗族は、宗族内の一部の個人の利益追求を優先に考えていたのである。利益型宗族のそれぞれの結合の要因（世襲、徴税、身分向上、防衛など）は異なるが、父系血縁という名目の下、利益に促され、ある種の目的のために結合した点において共通しているといえる。まさに、清水盛光がいうように「個人的利益を求めるための集団は、原則として人為的にのみ作られるのであって、人為的集団のすべてが、個人的利益のためにだけ作られるのでないにしても、とにかく個人的利益の実現を、究極の目的とする集団は、人為的にのみ作られる」(清水 1972：266)ということになる。

清水は、根源的共同に基づく集団の成立動機が人為的な場合について、

「国制集団は、国家だけでなく、国家のうちにありながら、国家に近い独立した組織と力をもち、それによる国家と類似の形式的目的の実現を、中心の機能として営む集団である。

国制集団の形成において能動的な役割をいとなむのは、つねに優越した社会的勢力をもつ階層、または階級であり、包括社会の内に働く秩序維持への要請や期待は、このような社会的勢力の存在を前提として初めて組織化される。

包括社会における秩序の維持とその組織を、同時に階級支配の道具としても利用しようとする、支配階級に固有の意志の作用である。その意志は、権

力への意志と経済的利益追求への意志の二つであるが、秩序維持の任務に必要な余暇と実力とを支配階級に保証するものが、とりわけ租税の徴収と経済的搾取とにある」（清水 1972：223）。

とか、あるいは、

　「国制集団は原則として、社会内部の秩序の維持のほかに、最初より外部に対して社会を防衛する機能をいとなみ、さらに、それらの機能を通して補償される包括社会の人々の生活の発展に対しても、ある程度の関心をむけるのであって、被支配者階級の利益の多くが、支配階級の利益に合致するかぎりにおいて擁護されるにしても、とにかく包括社会内部の被支配階級は、支派者のがわもまた、何らかの公共的立場をもち、あるいは公共的な立場をもつと感ずるかぎりにおいて、その支配の正当性をみとめ、国制集団の活動に協力することができる」（清水 1972：224）。「国制集団の形成は、支配階級の存在を前提とし、集団性を付与する力は、包括社会の人々のもつ秩序維持への要請と、それに附随してはたらく防衛と生活上の利害の関心が、国制集団によって満たされる」（清水 1972：224）。

と論じた。こうしてみると、先ほどみてきた宋代から変質し始めた利益型宗族は、清水が論じた国制集団ときわめて近い性質をもつ集団だとみることができる。つまり、利益型宗族の中に一部は、存在共同の媒介と人為的動機との交叉関係にあり、それ以外に作用共同の選択と自然的動機との交叉関係にあるものもある。こうして、筆者は成立動機が人為的で意図的に作られる宗族のことを利益型宗族と捉え、従来から社会の底辺に広がっている宗族のことを血縁型宗族と捉えることで、両者を区別したわけである。また、利益型宗族が顕著にみられるのは江南、華南地方、特に珠江デルタ地域であり、この地域の特徴ともいえる。それに対し、中国北方地方に圧倒的に多いのは血縁型宗族である。次章ではこのような南北の差異が生まれた要因について論じる。

注

1 ）周代において宗族組織がなぜ封建制度にあって必須的なものであるか、どのような変遷の過程を辿ってきたのか、をもう少し具体的にみてみよう。

　加藤によると、一血族団体が土地を共有的に占有して居住と生計上の共同団体を組織しており、各族人がその有力者なりあるいは有智者なりをその族長に推戴した所謂氏族組織を行っていた時代があった。族称の姓がその地名を用いた。その族長が初め協議によって推戴されたが、何時か有力者あるいは有智者の世襲制に変わり、その族全体と族の土地がその族長の所有物になり、族称も族長の占有するようになった。そして氏の族制から氏の家制に変遷した。氏の族制時代は封建制度以前の組織であり、氏の家制は封建制度時代の産物である。周の封建時代の宗制度は、血族を統括する作用をなしており、古代の血族制の面影を残して独自の発達をなして全然家系の伝承維持のためのものとなって、家を中心とするに至ったのである。

　周代以前は兄弟相続制であったが、周代から長子から長子へと氏を伝える単一家となった。氏と称するのは土地を有する卿大夫、諸侯で、彼らにとって封建財産の一家の独占的伝承が最重要であった。また、血族から離れて、氏を有する家が中心となった氏制度の諸機能は宗制度中の大宗の機能中に吸収されてしまって、氏そのものは漸次に姓と合流して単なる血統を示すものとなって、遂に土地の有無とは関係なく庶民に至るまで姓を称することになった（加藤 1942：43－5）。

2 ）清の順治帝の時、1661年に台湾の鄭成功一族の反乱を抑えるため、東南沿岸部五省の住民を30里内に移住させ、同時に海上での貿易を禁止した。強制移住と貿易禁止で鄭成功一族の経済活動に打撃を与えることがねらいであった。後に解禁され、住民が戻ってくるが、これを復界という。

3 ）「聯宗通譜」とは元々は別の宗族であるが、連合したいために同じ祖先だと擬制し、族譜も連結させることをいう。

　「合修祖墓」とは合同で祖先の墓を建てることである。

　「合建祠堂」とは合同で宗族の祠堂を建てることである。

　「合置族産」とは合同で宗族の財産を購入することである。

4 ）沙田とは元々海の所を陸化した土地のことを指す。

第 5 章　血縁優先と利益優先にみる宗族の差異

　中国社会では、人々は血縁関係の親疎、世代の高低を非常に重視する。宗法制度が崩壊してから、大宗、小宗という区別はなくなったが、一族の内部の尊卑・親疎関係を重視する考え方は根強く、特に宗族が共同で祖先祭祀をする慣習は現在まで継承されている。

　清水盛光は宗法に基礎づけられた宗族について、「宗族は普通祖先祭祀を共にする親族の団体であって、この機能の特色をしめすために時に宗教的家族ともよばれているが、宗教的家族は個々の経済的家族を越え、内部に多くの経済的家族を含むものであるから、ひとは経済的家族の一員であると同時に宗教的家族の成員ともなり、二個の親族集団は、それぞれ容積を異にしながら、上下に統属するところの層位的・同心円的連関をしめすのである」(清水 1942：179) と説明しているが、彼は恐らく中国全体の宗族をイメージしつつその特徴を述べたものであると考えられる。なるほど、宗族における成員の関係を維持させている要因は宗教的なものか経済的なものか、あるいは宗教的なものと経済的なものが相半ばするのかと問えば、純粋にどちらか一方だけの要因だとすることは難しいであろう。したがって、清水のように双方が「それぞれ容積を異にしながら、上下に統属するところの層位的・同心円的連関をしめす」(清水 1942：179) という説明は無難なものにみえる。

　しかし、それをいざ具体的な宗族にあてはめようとすると無理が生じる。むしろ、多くの場合は宗教的要因か経済的要因が前面に出るのが普通なのである。たとえば、呂誠之は「宗法為与封建相輔而行之制、誤以其団結不散、為倫理所当然、且未知古所謂宗、毎年僅合食一次、並無同居之事也」(訳：宗法は封建制と補いながら存在する制度である。宗族一同が一緒に生活することは倫理的に当然だと思われるが、それは誤解である。実際は古くからいわゆる宗とは、毎年 1 回集まって (祭祀) 食事をするだけで、同居することは決してない) (呂 1929：46) といっているように、一族の人々は始祖に尊敬の意を表すため、男性リーダーの

下に成員が集まって祖先を祀るのであって、決して同居共財という生活目的のために結合した集団ではない。血縁集団である宗族は年に一度祭祀の時だけに集まるにすぎず、常に共同生活をしているわけでもない。経済的な繋がりが薄いがために、表面的・外面的な結合関係はそれほど強くないようにみえるが、このことが中国北方の宗族において顕著に現れている。

そうであるからこそ、福武直をして華北同族の統属関係の特質について、「成員の関係は平等であり、中心は動揺的で、従属関係は脆弱である」（福武 1976：368）という見方をさせ、「世界で最も血縁関係の濃厚な国土とみられていた中国における同族組織を、通説に反して、むしろ日本の同族と比べて遥かに結合度の弱い組織だ」（福武 1976：526）と語らせるに至った理由である。なお、この中国北方の宗族の特徴については、聶莉莉『劉堡——中国東北地方の宗族とその変容』や秦燕・胡紅安『清代以来的陝西宗族与社会変遷』、さらに拙著「祖先祭祀の実態にみる宗族の内部構造——中国山西農村の宗族の事例研究」（陳 2003）を参照してほしい。これらの地域の宗族が宗教的要因だけで結合していて、血縁関係の有無が最も重要視される。

ただし、先ほど分析したように、中国社会には血縁関係で結ばれた宗族以外に、南方に多く見られる利益関係で結ばれた宗族が存在しているのも事実である。この南方に多い宗族の成立動機は、父系血縁の名目の下での共同の利益の追求であり、成員が利益をめぐって人為的に形成される点が特徴であるといえる。

ここでは血縁型宗族と利益型宗族の特徴について六つの項目にわけて比較し、その差異を明確にしたい。

第1節　同宗の意味と改姓の目的

中国には、「不孝有三、無後為大」という言葉がある。つまり、男性の親に対する最大の不孝は、跡継ぎがいないことである。男性にとって結婚の重要な目的の一つは跡継ぎを残すことで、この考え方は今の中国でも根強く残っている。男性が結婚をし、男子が授からない場合、「過継」、「収養」および「招婚」の方法で、跡継ぎを探し、子孫を残し、家を永続させる。慣習的に、「異姓不

養」(他姓から養子を取らない)という建前があるので、普通はまず「過継」の方法をとる。「過継」の場合、まず男性兄弟間、男性側近親者、男性側遠親者から養子になる子を探す。この場合は一族から選出することになるので、特に姓を改める必要がない。「過継」ができない場合、血縁関係のない他の家から「収養」(養子をもらう)をし、養子を養父の姓に改姓させる。改姓の意味はこの宗族の一員になり、この一族に帰属することを自覚させることである。娘がいる場合は「招婿」(婿養子をとる)をする。

これらの「収養」と「招婿」の目的は家ひいては宗族の跡継ぎを残すためであるが、そのほかの目的で改姓したり改姓させられたりする現象は、華南地域にはかなりあったことが先行研究で指摘されている。小山正明の研究によると、「収養」や「招婿」以外の方法で改姓するという事例は明代にすでに存在しており、「主家の姓に改姓することによって主家の擬制的家族員と見なされ、家父長的規制下の奴隷になって、小作労働者として働かせた」(小山 1992：280)と、改姓させたことと改姓させた目的が明らかにされている。また、許華安は、「清代に華南地方に「妄托共祖而聯為族」(共通の祖先を有すると擬制し、一つの宗族になる)のケース、福建省では、「小姓又聯合衆姓為一姓以抗之」(人数の少ない姓が同じ姓に名乗って結合し、人数の多い宗族と対抗する)のケース、江西省の「棚民」(スラム街の貧民)は「托同姓而結為族」(同じ姓を有することを理由として一つの宗族になる)のケース、民国になってから「妄聯遠祖以崇門第、異姓合族以増実力的事例更是屡見」(同じ遠祖の一門だと擬制し、異姓同士が宗族関係を結び、その実力を増すための連合はよくある)」(許 1992：26-7)といったケースがあったと指摘している。

さらに、鄭振満は「清代の康熙30年前後に民間には任意に系譜を擬制し、虚構の宗族関係を偽造することがあった。清代の中期以降に分散した宗族は同宗の基準ではなく、同姓の全てが参加できる大姓の間の擬制同姓組織を作っていた」(鄭 1992：190)と指摘しているように、同じ姓のものたちが結合したことや、松田吉郎の指摘にあったように、清代には、奴僕は自己の姓を捨てて主家のそれを名乗っていたということも多々あったようである(松田 2002：56)。

そして、このことについてはフリードマンも触れている。

「東南中国のリニージ間ではたびたび械闘が起こる。気にくわないリニージを村から追い出すことがある。あるリニージが武力の挑戦に対抗し得なければ、屈服を余儀なくされることとなり、休戦条件の一部として敵対したリニージに土地を手渡すことになる。村を離れることなく退去する方法があった。すなわち、男たちは自らの姓を子供たちに伝える権利を放棄して、優勢リニージの諸家族に婚入することがあり得たのだ。19世紀の欧文の資料によって、弱者が吸収されていく過程は、単に姓を変えさせることによって行われることもあった。

　強力なリニージはよそ者を小作人とし、雇われた小作人たちは絶大な政治力、経済力をもつ主人に従属した状態に置かれ、衛星村落を形成した。戦いの時、支配者のリニージを助けるため、地主を通して徴税（多くは地主の懐に入った）のため、召集を受けた。ある場合には、従属した小作人は奴隷的な家族の状態に押し込められていた。広東省のある地方では、全人口約一万人のうち、1930年代にそのおよそ30％が下戸（広東語は下伕、隷属民家族が存在する）であった」（フリードマン 1987：17-18）。

　こうして華南地方では改姓する、あるいは改姓させられる事態がかなり多くあったことが明らかになった。改姓の理由はすなわち、筆者がすでに別稿で論じたように、「改姓をさせられた人々はほとんど現地で経済基盤もなく、土地も持たない貧しい人々である。貧しい人々は改姓することによって働く場所を取得でき、ある程度安定した生活の場を持つようになる。改姓させる宗族にとっては、その人の従来の宗族を否定し、新しい宗族に帰属させることによって、経済的にだけでなく精神的にも支配するという関係が成り立つことから、両者は互いに利益が得られたと思われる」（陳 2013：47）。

　もちろん、改姓することが父系血縁関係を重要視する中国人の考え方に反することは明白であり、一度改姓した異姓養子が復姓し、生まれ出た宗族に戻るということは原則として許されないとされる。しかし、現実には「異姓養子にとっては父系血縁原理に復帰する力とメカニズムが常に働いており、社会状況が彼らに有利に変われば、彼らは復姓や帰宗の行動をとる」（秦 2002：72-4）といった指摘があるように、なんらかの理由で改姓した人々の心中には、機会

があれば自分の宗族の姓に戻りたいという意識は常にはたらいている。張研は、宋代の范仲淹が復姓の行動をとった典型例とされている。張によると、「范仲淹は蘇州に生まれ、二歳のころに父親を亡くした。その後母親が山東省の朱という人と再婚したため、范仲淹も母親と一緒に山東省に行き、朱の姓を名乗り、一緒に生活した。学問に励み科挙に合格し、官になった後、母親を故郷の蘇州に迎え、朱姓から実の父親の范姓に復姓しようとした。彼の行動に疑問をもつ族人がそれに反対したが、彼の意思は固く、最終的には范に復姓した。その後宗族のために范氏「義荘」を設立し、范一族の結束のために貢献した」（張　1991：6）とのことである。

　また、蔡志祥の研究でも、清代に「多くの人々が遷界の間に他人の保護を求めたり、養子になったりして改姓を行なった。……しかし、多くの科挙合格者は本来の姓に戻りたい」（蔡　1999：45-51）と論じている。これらの事例から、中国人にとって実の父親の姓はきわめて重要であり、機会があれば、かならず復姓を望んでいたことが分かる。

　ただし、清代に「通譜」が多かった広東省でも、「自己の族名であることを強く意識している宗族では、逆に多少血縁があることが分かっても、なかなかこれを同族として承認しないこともあり、通譜は普通の場合は容易に行い得るものではないようである」（牧野　1980a：130）ともいわれている。そのほかの研究から、奴僕と家人を主家の姓に改めるのを禁じる条例を出した宗族さえあった。その理由は、「奴僕家人。各有本姓雖有貴賎之分。然而各有宗支世系功。不可改為我姓。不但絶彼後裔。倘年漸久遠。生子繁多。未免以偽雑真。乱我世系矣。」（使用人との間に、身分の高い、低いという違いがあるが、彼らも自分の姓を有し、宗族や支派などの系譜があり、我らの姓に改めることをしてはいけない。彼らの後継ぎがいなくなるだけでなく、年月が経ち、子孫が多くなると、本当に我らの子どもか、どうか分からなくなり、我らの宗族の系譜関係を乱す恐れがある。筆者訳）（小山　1992：266）と語り、宗族内に決して他の者を入れてはいけない、との強い意志をもっている。

　以上の事例と分析から、中国人は血縁を強く意識し、自分が生まれた宗族を非常に大事にし、宗族に帰属する意思も強い。改姓するのは自分の父系血縁関係を否定することと捉えていることが分かる。また自分の宗族に血縁関係のな

い人が入ってくることに抵抗感を抱く。改姓をした人々は、あくまでも一時的な利益のため、あるいは生存のために選択した一つの手段にすぎない。したがって、同じ姓を名乗り、同じ宗族に属することは中国人にとってはきわめて重要な意味をもつのである。

第2節　族譜編集の目的

　宗族構成員を記載するものは族譜で、家譜や宗譜と呼ばれることもある。なぜ族譜を作成する必要があるのかについて、族人はこの族譜から自分の血統の由来と親族の範囲を明らかにし、親族との遠近を区別し、族内での位置関係をはっきりさせることができる。また、族譜は族人の共属と相属意識を認め、宗族に対する依存感情を高める役割を果すものであるといわれている。族譜のもつこれらの役割から、従来、多くの研究者は族譜を宗族の物的な証拠と見なしていた。

　宗法制度が盛んであった社会では、人々は血縁関係の親疎、世代の高低を非常に重視し、これを明確に記録するために族譜を考案し、これが族譜を作る本来の目的であった。清水は、宋代に族譜は族統合すなわち「収族」の手段として広まったが、特に欧陽修と蘇旬が創立した族譜の形式が後世の手本になり、収族の役割を果したといわれているが、しかし、欧譜と蘇譜の族譜に書かれた族人の範囲をみれば、族結合が一段と強化されたとは考えられない。むしろ親々の原理の反映である（清水 1942：218）とみている。その理由について清水は次のように詳しく述べている。

　　「族譜の書き方には主に二通りある。一つは「欧譜」で、序、図と伝からなり、図は族譜の中の系譜図である。もう一つは「蘇譜」で序、表と後録上・下からなり、表が系譜を記録する。両者の違いについて、欧・蘇譜両譜はともに五世にして遷る小宗の形式に則り、譜図の世数を高祖から玄孫にまでかぎる点で同一であった。しかるに欧譜が、玄孫を高祖とした再別の五世代をも横に記して諸房を一譜に収めしめるのに対し、蘇譜は高祖の父を遷すとともに譜を異ならしめ、一譜は自己の高祖と高祖から出た親族にかぎり、

しかも世代ごとに各房の譜を作らせている。故に譜の範囲からいえば、欧譜は蘇譜より広い」（清水 1942：219）。

宋代、族譜は族統合いわゆる収族の手段として広まり、収族の役割を果たし、族結合が一段と強化されたと一般的にいわれているが、欧譜と蘇譜の族譜に書かれた族人の範囲をみれば、九族範囲外の族人を記したことはなく、あくまで五服範囲内の族人であり、欧譜にしても蘇譜にしても、族人の親疎、世代の位置関係をより明確にするためのものであったことが分かる。九族・五服範囲は付属資料1を参照されたい。

先ほど述べた通り、族譜を宗族の物的な証拠と見なしているが、すべての宗族が族譜を所有しているわけではない。福武直は、「華中には族譜や家譜も農村居住者のものではなく、筆写のものすら彼等は有しない」（福武 1976：125）と指摘している。また「華北の農村にも家譜はあるが、農村同族のすべてが所有するところではない」（福武 1976：344）ともいう。ただし、族譜をもたない宗族でも、「かれらは同族を「本家」・「本族」・「一戸下」や「院裡」（その内容には多少の広狭があるが）等と呼び、同族内の尊長から人格識見の高い有能者を族長として選び、一つの同族の組織になっている」（福武 1976：339-40）と述べているように、宗族として結合し、秩序がないわけではないのである。

筆者が調査した山西の段村にも族譜をもっている宗族は少ないが、しかし、彼らは血縁関係があること、同じ祖先であることを強く意識している。また、族長もいて、冠婚葬祭の時には宗族全員が参加する。族譜がある馬氏宗族では、馬氏が族譜を編集する目的は、一つには、一族の人々は同じ祖先をもち、血のつながりがあることを心に刻み、宗族帰属の自明性を高めることであり、もう一つは、系図関係を明確に記録することにより、親々と尊々を経緯とした宗族内部の人々の血縁の親疎、輩分（世代）・排行（出生順）関係に規律をもたらすことにある（陳 2013：27）。

他方、中国南東部、特に広東や福建には族譜をもっている宗族は多い。しかし、先行研究によると、明清に入ってから、宋代のような五服内の成員を記入する族譜よりも「通譜」あるいは「連譜」のようなことがかなり行われたようである。「通譜」や「連譜」について牧野巽は、「通譜或いは連譜といわれるの

は、二個以上の宗族或いは一個の宗族へ他の個人が相互に共通の祖先を有していたことが判明したという口実の下に合同して、一個の宗族となる」（牧野 1980a：129）ことであり、このような宗族は「合同したいために、真の血縁でないことを意識しつつ通譜する場合が少なくない」（牧野 1980a：129）ことを指摘している。

「通譜」や「連譜」までさせた理由は、中国の東南地方では宗族間の紛争が絶えなかったことから、「通譜」を通じて強い宗族と聯合を結び、他の宗族より優位に立とうということが目的となっていた。これは宗族の利益と存続のために選択した結果であることが分かる。したがって、血縁を重視する宗族が族譜を編集する目的は、宗族内部の結束を強めるためであるのに対し、利益を重視する宗族は外部の他の宗族と対抗するために「通譜」をするわけで、それぞれの目的が異なっていた。

ただし、華南地方において、「確実な血縁関係のある親族しか記載しない宗族もあれば、異姓養子等の異分子を族譜に書きいれるが、本当の同宗親族と区別できるように工夫し、父系血縁原則が極めて厳密に表示されている宗族もある」（石田 199：535）。成立根拠としての父系血縁関係を強く意識し、成立動機が自然的な宗族もあることも忘れてはいけない。

第3節　宗族の成員資格の獲得

「宗の範囲は共同祖先をどこにとるかによって、あたかも同心円のように、幾重にも、そして理論上は無限に観念しうるものであり、絶対的な限界というものはない。共同の祖先から分かれ出たことにおいて何らかの記憶の存在するかぎり、いかに世代を隔てても同宗者たることを失わない」（滋賀 1981：20）という指摘にあるように、宗族の範囲は基本的には父系血縁に基づくものであり、先述したように「出生が宗族の成員たる資格を確保する」（カルプ 1940：187）というカルプの指摘を待つまでもなく、同じ祖先をもつ人々は同じ宗族集団に属し、その成員になる。ただし、先述したように、周代から遠祖を祭祀できるのは諸侯や士大夫など支配階級のみで、それゆえ彼らの宗族の範囲が広かったのだが、庶民の祭祀は高祖までで、宗族成員の範囲が狭かった。後の南

宋から庶民にも遠祖の祭祀が許されるが、一般的な宗族はやはり血縁関係が近い高祖までとしているのである。特に北方地方において、ほとんどの宗族がこの範囲内の人々を成員とし、この範囲を超えると、他人と同然だと考えているのである。この範囲は通称「本家」あるいは「五服」である。

華南地方において、瀬川昌久は、広東省の中小宗族について、「この地域では海外への移住などで村を去り、連絡がとだえて久しい者も少なくない。これらの親族を宗族の成員として認めるか、族の共有地に対する権利はあるかとの質問に対し、村人たちは当然権利があると答えた」（瀬川 1991：180）と述べている。当地域では一般に宗族への帰属関係を判断する際、居住地域という地縁関係ではなく、血縁関係を最も重視していることが分かる。

一方、鄭が研究した福建省の依附式宗族の場合は、成員が異郷や海外に移住すると、仮に血縁関係があっても成員としての資格を失い、血縁についての意識が弱まっているとみることができる。合同式宗族の場合は、「同姓であれば血縁関係が不明であっても成員になることができるし、「株」で成員の資格を購入することもできる」（鄭 1992：101-2）と述べていることから、成員は必ずしも血縁関係を有することにとらわれず、成員になれるかどうかの条件は、かなりゆるやかであったことが分かる。この場合、宗族成員の間に血縁関係があるということの意味が失われ、むしろ利益関係が優先されているといえよう。

第4節　宗族成員間の親疎と尊卑関係

中国人は血縁の親疎を強く意識する。このことについて、清水盛光は、「周代の血縁社会は、族外者の疎に対して宗族の親があり、宗族の疎に対して大功以上の親があり、大功以上の疎に対して親子兄弟の親があり、そうして親疎のこのような集団的区画が、それぞれ行為の行動を媒介とする集団化範囲の層位性に規定されたという構造的関連において示される。この層位的関連は、中国血縁社会の特質として後世まで残存していた」（清水 1942：110）と分析している。

この親疎関係を表すのが「五服」制度で、現在でも血縁社会の特質として残存している。この「五服」は自分と他人との関係をはかるバロメーターである。

中国において喪中に着る衣服については、死者との血縁の親疎と世代の高低の関係により五等の差を設け、それぞれ着る服が異なり、この五種類の服を「五服」という。五服の名前は、それぞれ斬衰（ざんさい）（3年）・斉衰（しさい）（1年）・大功（9か月）・小功（5か月）・緦麻（しま）（3か月）（　）内は喪に服する期間である）という。この「五服」は本来血縁の親疎、世代の高低によって決められた喪服の制度であるが、同時に親族関係を示す指標としても広く用いられる。たとえば、自分と血縁関係にいちばん近い父親が亡くなった時に着る喪服は斬衰といい、着る期間は3年で最も長く、祖父、曾祖父、高祖父の順に着る喪服が変わり、期間も短くなる。自分を含み、五世代を超えると、喪服を着る必要がなくなる。

また、中国では高祖父から玄孫までの九世代を本宗九族といい、その範囲は直系親族と傍系親族を含む。実際に喪服を着る対象がこの九族の親族である。したがって、九族以外の親族は、他人だと見なされるというのが一般的な考えで、この意識は庶民層にまでかなり浸透している。五世代以上の関係を人々は普通「出五服」という。血縁関係を重視する宗族はこの範囲内で助け合い、祖先祭祀を行い、親疎の原理に基づき結合しているのである。

「五服」以外に、中国では、同世代の人の名前に一字を同じくする慣習がある。この字を「輩名」といい、現在でも多くの宗族に継承されている。筆者が調査した段村の闇氏宗族も「輩名」を継承し、使用している。この闇氏宗族の家譜の序に「祖先の遺言によって十一代目から「人丁」の名前は鐘・生・家・世・永・澤・蜀・学・士・川の十文字を順に使い、子孫代々に伝え、守るようにしなければならない」と書いてある。そのため、宗族成員の名前をみれば、すぐその人の世代が分かる。「輩名」の決まりに従って名前を付けるのは、輩行を明らかにし、宗族間の秩序を正しくするためだと闇の族長がいう。

さらに、中国社会では、宗族の族長も族内の「輩分」によって決まるのが一般的である。族長とは宗族のリーダーであり、福武直は、華北農村ではほとんど例外なく、族長は最高輩の最年長の人が担っていたと述べた（福武 1976：368）。つまり、宗族の家長は成員から選出するのではなく、宗族内の最高輩の最年長者がなるのである。筆者が調査を行った段村の六つの宗族は現在でもこのような伝統的方法で族長を決めている（陳 2002：108）。このような選出方法

は、清水盛光が指摘するように、中国において輩分と年齢は社会的地位を示す強力な指標だからである（清水 1942：476-7）。

　しかし、鄭振満が調査した福建省の事例では、成員の権利と義務は貧富によって異なり、それに伴って宗族内部に支配関係と従属関係が認められる。貧者は従属者になり、富者は支配者になる。族内には族長をはじめ、士紳（知識人で地方の名士）および経理、董事（理事・重役）など有力者が支配者集団を形成し、科挙の高名者や文武官僚の族人、士紳は宗族の中のおもな立法者と決定権をもち、宗族の指導者となる。経理、理事など専門的な肩書きをもつ管理人員は族人の中の「富者」、「賢者」であり、族産の管理と族内の事務処理をする（鄭 1992：81-9）。

　さらに、成員は公共事業に対する共同出資者であり、投資額は株に換算され、経営管理と権利分配は合同出資した「株」組織の性質をもっている。成員は自分のもっている族産の権益を子どもに継承することができるだけでなく、場合によっては転譲あるいは売買することもでき、成員間の権利と義務は持ち株によって異なる（鄭 1992：104）。

　以上の事例から、血縁関係で結ばれた宗族は血縁の親疎、輩分と年齢の上下によって関係づけられ、中国人の伝統的な価値観が温存されていることが分かる。「五服」とは血縁関係の親疎を表し、「輩名」とは輩分の高低、つまり尊卑を表す。これがいわゆる宗族の中における親疎関係と尊卑関係を構成している。親疎と尊卑の違い以外は、族員たちの権利と義務は基本的に平等である。人々の宗族内における行動と役割は血縁の親疎関係と輩分の尊卑関係によって決まる。

　一方、利益関係で結ばれた宗族は経済的条件や学識などを重視し、契約関係、合理的な価値観が芽生え、それに従って宗族成員の関係を決定する。血縁型と利益型の両者の成員間の地位と配分の原則は、全く異なることが分かる。

第5節　祖先祭祀の目的と対象

　仁井田陞は「中国旧来の信仰では死んだ祖先―鬼―は子孫（男）の供養を受けるものであり、供養がなければ飢えるとさえされた。祭られない鬼はこの世

に、否、子孫に災厄を興し得るという俗信の由来は古い。……しかしその祭祀は祖先のためというより、祭られぬ鬼から災厄をまぬかれ、幸福のさまたげとならぬようにしようと子孫自らのためでもあった」（仁井田 1957：240）と、中国人の祖先祭祀の信仰の由来と目的について語っている。

　祠堂とは祖先祭祀を行う場所である。もともと春に祖先を祭祀することを祠といい、堂は墓の上の建物であったが、現在一般的には敷地を含め建物全体を祠堂と呼ぶようになった。祠堂の分布からいうと、北方地方には祠堂が全くないこともないが、あっても規模が小さい。その実態について、福武直は、「同族は性質上、祖先祭祀を中心とするものであるが、農村にあっては祠堂或いは宗祠という様なものの存在は極めて稀である。こうした祠堂は収族機能を営む点で重要なものであるが、この様な建物をもつ同族は城鎮居住の富者であって、農村一般には全く存在を欠くのである」（福武 1976：125）としている。また、「祠堂は、聚居する農村同族によって家譜以上に同族意識を喚起するものであるが、その例は一層乏しく、祠堂を有する様な農村同族は、当て秀才等を出した同族、族産をもつ富強な有力同族に限られる。即ち一般農村同族には祠堂などを建設する資力がないからである」（福武 1976：345）と、華中と華北地域の祠堂の少なさを語った。ただ、福武は、祠堂の有無にかかわらず、正月や清明節には、族長主宰の下に祖先祭祀が行われ、祖先の祭祀が同族集団の本質とするところである（福武 1976：354）とも付け加えている。

　また、永尾龍造の調査研究からも「祠堂のない者でも、必ず祖先の系譜を掛けて祭るのである。家系を重んずる中国では、その系図たる家譜を非常に大切にする」（永尾 1973：251）ことが分かる。さらに、筆者が調査した山西省の段村にも清代に建てられた一つの小さな祠堂が残っており、その一族の成員は毎年そこに集まって祖先祭祀をする。その他の宗族には祠堂はないが、成員の家に祭事場を設けて祖先祭祀の行事をしている。祖先祭祀は同じ祖先の子孫であることを自覚させ、子孫間の融和感情を促すための契機なのである。

　それに対し、華南、華東の地域には大きく豪華な祠堂が多い。ただ、このような立派な祠堂を所有するのは真の血縁関係がある宗族よりも、同姓を理由に結合した宗族の場合が多い。このような宗族が祠堂を建てる理由について、たとえば牧野巽は、「このように大きな資金が集められ、大きな建築が作られる

のは、祖先崇拝の純粋な感情から発するところももちろん少なくありませんでしょうが、一つにはこれが同族の栄光ともなり誇りともなるわけで、この光栄や誇りはさらに感情上の満足を得るに止まらず、一族の力と団結とを他族へ誇示し、もって他族の軽蔑をふせぎ、進んでは他族の尊敬を獲て自族の利益を軽々しく侵害する念を起さしめず、自族の利益を尊重させるという実利的の利益を含んでいた」(牧野 1980a：128)と指摘する。

祭祀の対象は一般的には、始祖をはじめその宗族門下、あるいは支派門下のすべての男性である。婚出した女性は除外されるが、婚入してきた女性は祭祀の対象となる。しかし、牧野巽が「広東省ではかなり規模の大きい宗族は単に始祖の位牌のみならず、同姓各族の有力者の位牌を祭る場合が多い」(牧野 1980a：128-30)といっているように、宗族成員であっても有力者以外の成員は祭祀の対象にならないケースもかなりあった。

以上のことから、血縁型宗族が結合する本質は祖先祭祀を行うためであり、祭祀の対象は宗族門下のすべて成員であるのが一般的である。他方、利益型宗族は同じ祖先を口実に祠堂を作り、祖先を祭祀する気持ちがないことはないが、宗族内部の有力者のみを祭祀の対象とする場合が多く、実利的利益を守るのが本来の目的であることが分かる。

第6節 贍族(ぜんぞく)の目的と対象

中国社会において、兄弟、族人の間に助け合いをする道義的な責任があるが、費孝通が指摘しているように、「経済的な貸し借りはさほど多くない。むしろ、避ける傾向がある」(費 1998：73)。理想と実生活の上でかなりの隔たりがあるのが現状である。というのは、宗族は一つの共同生活の単位ではなく、宗族成員にはそれぞれ自分の家族があり、家族は一つの経済単位だからである。したがって、相互扶助することは望ましいことではあっても、おのずと限界がある。そこで考案されたのは「族田」である。

族田は、元々北宋の范仲淹氏が設立した「義荘」に由来する。貧しい族人を救済・扶助する財源は主に族田からくるため、族人を救済・扶助することも宗族の重要な機能だといわれてきた。この救済・扶助のことを「贍族」という。

明清時代には族田の設置が盛んになり、特に清代になってから、族田は主に一族の共有財産である土地を表すようになり、族産とも呼ばれるようになった。

　仁井田陞の研究によると、華北地方にも族田があるが、面積は小さい。それに対し華南、華中地方の族田の広さは華北地方と比較できないほど大きい。広東省では、同省の全耕地面積の三割が族田であり、珠江デルタ地帯の県では五割、六割にのぼる地域もある。その他、福建、浙江、江蘇も多い（仁井田 1983：68）とされる。福建省では、新中国初期の土地改革の時、地域によっては土地の90％が「郷族共有地」であるとの報告もある（鄭 1991：259）。

　一般的に、范仲淹が「義荘」を設けた本来の目的は族人の救済・扶助だとしているが、井上徹は、「范氏義荘を設立した官僚（地主）は、マックス・ウエーバー、中村哲夫、西川喜久子等の諸氏が指摘した宗族の一機能としてではなく、まさしくそれ自体を本来の目的として科挙及第者、官僚の輩出を重視し、世襲的に官僚を送り出す「世臣」の家系の確立を志向したと考えられる」（井上 1989：85）と述べ、義荘が族人の救済・扶助という目的のためというより、むしろ宗族自身の繁栄のために創設したと思われる。

　また、張研は、南宋に入ってから、地主階級が義荘を利用する事例もあると指摘する。たとえば、『希墟張氏義田記』には、「富と貴を保ち続けるためには、范仲淹が設立した義荘を模倣すべきだ」（張 1991：17）と救済・扶助の目的でなく、自らの一族の富を守る手段として義荘を利用したと分析している。

　そして、鄭振満の研究によると、福建省の大宗族は、族法・族規を定め、規定には族産の管理、祖先祭祀の方法および「済困扶危」等貧困者の援助等の項目を設けているにもかかわらず、宗族の支出は、特に祭祀活動に多く使われ、貧困者の援助にはほとんど使わなかったとの調査結果が得られている（鄭 1992：94）。

　さらに、珠江デルタ地域における族産形成について、松田吉郎は、「郷紳は自らイニシャチブをとって進めた沙田開発の完了後、沙田を「太公」（族産）名義、あるいは「旁的名義」（別の名義）で「占有し」、その結果、族産支配権も獲得した。族産の管理運営において、族産は祠堂の建設、祭田の設置、祭祀や同族内での科挙受験者に対する援助費に当て、同族の相互扶助機能をもち、同族結合の紐帯となっていた」（松田 2002：53-4）と指摘する一方、「族産は

宗族成員の扶助において役割を果たしたこともあるが、扶助の目的は同族結合を利用し、郷紳支配と経済基盤を確立させることであった。族産の管理と運営は表面上、族内の有力者によって行われていたが、実質的には郷紳の支配下にあった」（松田 2002：54、63）と分析している。

　松田吉郎は、郷紳たちがなぜ「沙田」を族産名義にしたのかについても触れている。それによると、「此種沙田在明清時代大概都是没有税的、因為官府大概不管理及此、所以無従知道抽起税来」（このような沙田は明清時代におそらくほぼ税金を払わない。というのは役所の管理はここまで行き届いてなく、もちろん税金を徴収することなど知る余地もない。筆者訳）（松田 2002：53）とある。この記述から、郷紳たちは自主的に族人を扶助するために「沙田」を族産にしたのではなく、あくまでも税金を逃れるため、より多くの富を手に入れるためであったといえる。

　その他では、張研の研究によると、江西省では、族田を設置し始めた頃には族人が結集したが、一族内の権力者が族田を「借公肥私」（公の名目を借り自分の利益にする）の手段とし、権力を乱用したため、結果的に族人を結集するという目的は長く続かなかった。むしろ宗族内の矛盾を深刻化させ、宗族を融和するどころか、族田は宗族内部を分裂させる要因となったと指摘している（張 1991：87）。

　族田のこのような実態から、井上徹は、郷紳を中心として成立した宗族などの諸集団が、郷紳の死後、急速に崩壊していき、その持続力に脆弱さがあったという。長期にわたって存続した義荘は多くなく、多くの義荘が設立後まもなく解体するという事態が展開していたことから、義荘を過大評価すべきではないとしている（井上 2000：56-7）。

　そればかりでなく、「創設者は義荘を自らの家産とみなし、族内の旁系に管理されることを拒否し、自らの直系子孫が管理するように義荘の規定を作った。こうして族産だったはずの義荘は、結果的には家産・房産にすぎない」（費 2003：80）。族田が名目上は宗族のものであるが、実際は個人、あるいはある家族のものだと費成康が指摘している。結局、宗族の共有財産から実利を受けたのは直系親族である。この点についてはフリードマンも認めており、「実際には、基金を創設したり、財産を寄付した人々の観点からは、利益はかれら

91

の直接の父系親族に行くのであり、コミュニティの大きな分節ではない」（フリードマン 1991：184）と述べている。

　したがって、中国人の「愛情の厚薄或いは義務感の強弱が、親族関係の遠近親疎に規定される」（清水 1942：82）と清水がいっているように、すべての族人を扶助するということはあくまでも理想、建前にすぎないこと、扶助の実利を得るのはやはり直系と近親の族人であることが理解できよう。

　中国人は同じ祖先の子孫という認識があるものの、血縁関係の親疎を常に考え、自分の門派、いわゆる自分と血縁関係のより近い族人を重要視する考えを根底にもつ。山西省の霍氏は非常に有名な「敬宗睦族」の一族である。しかし、この一族は「唯譜牒寥寥、五服以外……亦同于陌路矣」（族譜には族人を記載するが、五服以外の人は他人と同然である。筆者訳）（張 1991：55）という考えをもち、彼らにとって大事なのはあくまでも五服以内の族人であり、五服以外になると、基本的には他人だと考えている。

　筆者が調査を行った山西省の段村の宗族の成員間も、冠婚葬祭の時や家を建てる時、農繁期など特定の場合に限って相互扶助をするが、扶助の範囲はいずれも五服内である。聶莉莉が調査研究した東北の宗族の相互扶助についても、個人が「生老病死」の場合は五服の「近門」（より血縁の近い人）もかなり介入するが、主に家族内で解決する。困難な問題をかかえ家族の力だけで解決できない場合は、五服のような近い親族の援助を得て困難を乗り越えようとするのが一般的である。宗族の人数が多ければ多いほど勢力が大きいと見なされ、大きな宗族の人に異姓の人はたやすく手出しができないため、宗族とは一種の安心材料である（聶 1992：64）とまでいわれるほどである。

　香港の新田地区の宗族を研究したワトソンも、「五服内の人間関係はしばしば親密であり、構成員達は多方面にわたり協力し合うものと考えられている。……宗族の貧しい成員に福祉を提供する場合もあるが、家族による扶養をたよるのが一般的である」（ワトソン 2004：63-4）といっている。

　したがって、費孝通が述べるように「親密な血縁関係の親族は密な共同生活の中で、長期に、かつ多方面にわたって助け合いをする。助ける場合もあれば、助けてもらう場合もあり、相互の授受関係は物差しではかることができない。親密な血縁関係の社会の中で商業は存在しない。その意味は血縁社会のなかで、

取引が存在しないのではないが、「情」があるので、人々は互いに人情で関係を維持していて、互いに授受をする」（費 1998：72-3）のが一般的なのである。

　従来の宗族研究の多くは、贍族を宗族の重要な役割の一つと見なしてきた。ただ、以上の分析から分かるように、成員の相互扶助とは、本来純粋な気持ちに発していたものだが、家族が一つの経済単位であること、さらに血縁型宗族の成員は血縁の親疎が重要であることから、すべての宗族成員を扶助することは事実上困難で、限界がある。一方、利益型宗族が族田を設置する理由は、おもに支配階級の利益を保護し、統治的地位を維持するためという政治的・経済的な利害・打算にある。

　以上の分析を通して、血縁型宗族にとって、贍族は自然的感情から発するものであり、ごく自然な行動であるが、それに対し、後の利益型宗族は利益追求のために意図的に擬制した集団であるため、これはなんらかの関係を結べる創設者たちの共同の選択意志の結果である。彼らが族田を設置するのは贍族を口実にある種の目的を達成するためであり、族田はその手段・契機として設けられたものだと思われる。

第6章　宗族結合における南北差異の要因

　第4章では血縁型宗族と利益型宗族の成立動機の差異と変遷を論じ、前章ではその差異の具体性を明確にし、そこからも南中国の宗族は経済的な利益的な繋がりが強く、結合が強固で、北中国の宗族は宗教的要因で結合するが、その際に血縁関係の有無が最も重要視されると両者の特徴を論じた。ではなぜ宗族結合に南北差が生まれたのか。先行の宗族研究をみると、南方と北方で結合の強弱に違いがあるという実態は強調されるが、その理由についての論述が少ないと思われる。本章では宗族研究における南北の違いがどのように扱われているかを紹介し、南北における①宗族間関係ならびに宗族と族人の在り方、②土地所有の在り方、③土地所有者・小作関係の在り方、という経済基盤に着目し、南北差が生まれた要因を論じたい。

　最初に、宗族における南北の一般的な違いを研究者たちはどのように捉えているのかをみておこう。

　「宗族結合、もしくは宗族結合への傾向は、特に南中国には発達して北方においてはさほど顕著ではないというのが、一般の通説である」(清水 1947：334) と清水盛光が述べるように、近年に至るまで、中国の宗族は南強北弱という点は研究者たちに共通した認識であったといえる。このような認識に至ったおもな基準は、宗族の数量的な結集の度合いの大きさ、祠堂あるいは宗祠の数の多さ、規模、共有地の大きさならびに族譜の有無で、そのいずれも南中国が北中国より優位だからというものである。そうであるからこそ、南中国は北中国より宗族結合が顕著で、発達していたと思われているのである。

　南中国の宗族が顕著で発達した理由について、フリードマンは「生態的・経済的要因と社会的・政治的要因」をあげる。前者として「①生産性の高い稲作経済の中で蓄積された余剰が父系親の共同体の発展を促したこと、②堤防建設や沙田の開拓による水田の開発がリニージの発達に導いたこと、③商業の発達による経済的先進性との結び付きで、リニージ組織が発達したこと、そして、

④集中的に灌漑され運営されている水田は共同労働が必要で、共同で労力を投下した結果、土地が不可分の地産として確立され、宗族も強化されたこと」であるとする。また、後者として「①東南中国は辺境にあり、リニージは外敵からの自己防衛と相互扶助の必要性があったこと、②中央政権から遠くに位置し、その直接的介入から比較的自由であったこと」(フリードマン 1988：210-214 要約) であると述べている。瀬川によると、フリードマンが指摘したこれらの原因については賛否両論があった (瀬川 1991：209-218)。否定する側として、たとえば、「水稲耕作の基礎となる灌漑建設や開墾事業一般の労働力は、必ずしも父系出自によってのみ確保されたとは限らない。……宗族の発達はフロンティア開拓の初期には見られず、むしろ初期は雑姓の混住する地域共同体が発達し、それがやがて再編される過程で宗族が発達してくる傾向がある」(瀬川 1991：213) と台湾の例をあげているものがある。しかし、全体としてみれば、当時フリードマンの分析に賛同する研究者の方が多く、以後の議論も肯定の域から出るものは少なかったといえる。

王詢も「中国南北方汉族聚居区宗族聚居差异的原因」という論文で、南北における漢人の宗族居住の差異の原因を、諸研究者の見解を取り入れつつ次のように論じている (王 2007：20-30 要約)。

①漢人の宗族聚集の習慣は古代では北強南弱で、近世では南強北弱である。
②北方と比べ南方の人々の移住時期が早い。早ければ、宗族聚集の密度が高くなり、勢力も強い。
③南方の宗族は北方からの移住者が多く、宗族聚集の慣行を継承した。しかも時期も早いので、定住時間が長くなると、自然に宗族の人数が多くなる。
④南方は稲作地帯なので、人々は運命共同体として、連携の必要性がある。
⑤土地の新規開拓時に必要な協力関係が宗族の発達に繋がった。
⑥外部との衝突時、強力な宗族に属すると庇護を受けられるために宗族が連合した。
⑦水田の生産性が高く、余剰が生まれ、経済力が蓄積し、共有財産を購入する力がある。
⑧南方は商業が発達したため、経済の発展が宗族の発展を促した。
⑨北方の人々は少数民族との融合が多く、南方は少ない。しかも南方に移住

してきた北方の人々は文化的、政治的に優勢であったため、宗族意識が色濃く残った。

⑩中央政府は遠く離れ南方をコントロールするのが困難で、国家と宗族は相互利用の関係にあった。

上記④～⑧と⑩の原因はフリードマンの見解とほぼ同じであるので特に触れる必要はないが、ここでは①～③、⑨について検討したい。

まず、①についてである。①は明らかに④と⑦の記述と矛盾する。王は、南中国の宗族が発達した理由として、そこが稲作地帯だからというが、しかし、北方は古代も近世も稲作地帯ではないにもかかわらずなぜ宗族聚集が全盛を極めていた時期があったのか。そして、①の理由は⑩の掲げた辺境性とも矛盾する。宗族聚集が全盛を迎えた古代の北方は中央政権の近くにあり、政権側からすると、コントロールしやすいはずです。それなのに、なぜ宗族が発達したのか。それゆえ①は④、⑦、⑩とも矛盾しているといえる。

次に、②と③についてである。王は移住時期が早く、定住時間が長くなれば、宗族の人数が多くなり、密度も高くなり、宗族勢力が強くなると論じたが、これも漢人の結合の理念と矛盾する。漢人は「愛情の厚薄或いは義務感の強弱が、親族関係の遠近親疎に規定される」（清水 1942：82）といわれているように、自分の門派、いわゆる自分と血縁関係のより近い族人を重視する考えが根底にある。言い換えれば、移住時期が早く、定住時間が長くなればなるほど、結合ではなく分裂する傾向が強くなり、大規模な宗族にならないはずである。

最後に、⑨についてである。宗族意識が与えた影響についても異なる考えがある。蕭鳳霞と劉志偉は「明以後珠江三角州的族群与社会」の中で次のように指摘する。

「珠江デルタの宗族研究の中で、宗族における祖先の定住の歴史に関する記憶と記述の大多数は疑わしい。これらの宗族の祖先は必ずしも中原から移住してきたとは限らない。かれらの多くは実際には土着民である。これらの宗族の一部の成員は、さまざまな歴史段階で国家権力の象徴を手に入れた。つまり、かれらは「漢人」名を名乗ることで自分たちの身分を帝国秩序の中に「合法」化していき、その他の原住民と一線を画した。これらの宗族は広

大な沙田を手に入れ、墟市（定期市）と廟寺を意のままにし、祠堂を建設し、族譜を編撰し、士大夫と強い結びつきがあるかのようにふるまった」（蕭・劉 2010：3-4）。

珠江デルタの宗族が北方から移住してきたのではなく、むしろ従来ここで生活していた住民が単に漢人の宗族文化の影響を受けたものであるというのである。

さらに例をあげると、叶顕恩・周兆晴は「珠江デルタの各豪族が中原の高貴な血統をひくものであると誇示し始めたのは明代以降のことである。元々は貧しく、少数姓であった人たちは、明代中期、商業が発達するにつれて利益を得、経済が成長するにつれ自分たちの存在価値を自覚し、大きな豪族に見習って宗族組織を作り始めた」（叶・周 2007：75）と指摘する。張小軍はこのような人為的に作られた宗族を、「宗族的文化創造」ということばを使って表現し、地域からみると華南地方が多く、南宋以降に発達し始めたと論じた（張 2011：67）。これらの研究から、漢人の宗族文化は確かに南中国の人々に多大な影響を与え、後に南中国において、宗族の存在が顕著になり、南中国の特色となったことが分かる。その理由については、多くの研究者によって研究されてきたが、なお不十分だと感じる。

そこで、宗族間の関係ならびに宗族とそこに属する族人の関係に焦点をあて、南北の相違がどのような理由から生じたのかを分析する。

第1節　宗族間関係ならびに宗族と族人の関係

まず、宗族間の関係についてであるが、それにはフリードマンも関心をもっていたようで、「詔安県においては、弱小なリニージの耕作地が、強大なリニージの土地の近くにある場合、耕地を後者の誰かの管理にゆだねるしかない。さもなければ、彼らによって耕地が略奪される危険性があった。……弱小なリニージには自らを守る力がなかったし、身の安全の保障もなかった。彼らの財産にも何らの保護がなく、侵害されたり略奪されたりすることがあった。収穫の十三分の一から十分の一を献上する以外に、強大なリニージをなだめる方法

がなかった」(フリードマン 1991：156 要約)と語っている。

一方、朴元熇は、「柳山方氏は河南省から江南地方に移住した後、祭田を購入し、祠堂を建てた。購入した祭田用の土地は元来、方氏より早く江南地方に移住してきた呉氏と潘氏が所有していた。方氏が祭田の土地をさらに拡大しようとした際、呉氏と潘氏は不満をあらわにし、方氏と明争暗闘が始まった。祠堂の近くに住む方氏の旛渓派と蘇村派は力が弱く、呉氏と潘氏に敵わなかった。両派は自らの勢力を強めるために、県内の十の方氏に協力を要請し、協議を重ねた結果、十支派を結成する契約を結んだ」(朴 1997：40-45) と連合の理由を述べた。

フリードマンは「弱小リニージは強大なリニージに一定の利益を提供することで守ってもらう」という弱小宗族が強力宗族に妥協する関係にある事例を、朴は「宗族間は土地をめぐって争い、土地を拡大するために他の宗族と連合をし、全体勢力を強めた」という弱小宗族が他の宗族との連合を通して、強力宗族と抗争する関係にある事例をそれぞれ紹介している。

一方、個人レベルではどうだったのか。たとえば、鄭振満は、「明代以来に実施してきた里甲制が清代になって崩壊しはじめ、清政府は図甲制に変えた際、いずれも重税のため農民の負担がきわめて重く、特に土地を持たない遊民たちは生活の拠点を確保するために、自己擁護のためにやむを得ず改姓をし、他の宗族に属することを選択した」(鄭 1992：32) と個人が改姓してまで宗族に所属した事実をあげている。同様のことは、許華安も「清代に華南地方のいくつかの省の人口が増加し、一人当たりの耕地面積は直線的に降下した。一部の人々、特に遊民(他所から移住してきて、経済基盤、土地のない人たち)たちは生活のため、改姓をし、同じ祖先であると偽って宗族に帰属した」(許 1992：26) と述べている。また、松田吉郎は、「清代に広東省香山省のある郷紳宗族は人身売買によって労働力となった僮僕を「帰宗」させ、郷紳宗族と擬制的な血縁関係を結んだ」(松田 2002：56) 事例もあげている。

これらの研究事例から、改姓をした人々はほとんど現地で経済基盤もなく、土地ももたない貧しい人々であることが分かる。貧しい人々は改姓することによって働く場所が得られ、ある程度安定した生活の場をもつようになる。宗族にとって、その人の従来の宗族を否定し、今の宗族に帰属させることによって、

経済的にだけでなく精神的にも支配関係が成り立つことから、両者は互いに利益が得られたと思われる。

　このような土地をもたない小作人が有力な宗族にとどまった理由について、フリードマンは、「東南部の階層分化したリニージの成員であることから得られる利益は経済的なものだけではなかった。……強力なリニージの下層成員として留まることによって、法的政治的利益を得ることができた……貧しい小作農は、栄達した身内の父系親族にたいしては、敬意を表しへりくだっていたが、外の世界に対しては、一般に通じる威信と影響力を持つ集団の一員としてふるまった。……訴訟沙汰や、行政、財政上の事柄で、紳士がリニージを代弁してくれるなら、農民たちは、この棄てがたい保護と利益を享受した」（フリードマン 1991：185）と分析している。

　このような土地を所有していない小作人が改姓までして、宗族に従属するという現象は、筆者が調査した山西省や、聶莉莉が調査した東北地方（『劉堡』1992）といった、いわゆる北中国ではやはりみられない。したがって、土地をもたない小作人が宗族に帰属すること自体は利益型結合であり、この現象は利益型宗族が南中国において顕著になった重要な原因ではないかと考えられる。そこで次に、南北宗族が所有する土地に注目してみたい。

第2節　宗族が所有する土地の比較

　「福建・広東の土地所有の特色は、リニージやその分節の団体的所有が重要な役割を果たしていたという点にある」（瀬川 1991：210）と瀬川昌久が述べるように、清代以降の南中国において、宗族が多くの土地を所有しているのは周知の通りである。そこで、南中国では、宗族はどのぐらいの土地を所有していたのか、北中国の状況はどうだったのか、この点をもう一度詳しくみてみよう。

　南中国の宗族の所有地について、陳翰笙は、「1930年代、80％の農家は宗族に属し、族田は珠江デルタ地域の土地総面積の50％を占めている」（陳 1984：38）と述べた。また、張研の研究によると、「民国時代に江蘇省、浙江省の族田が多く、すでに「一種の特色」となっており、……土地改革時に、江西省の族田の面積は全耕地面積の10から15％を占めていて、40％以上、時には85％

以上を占める県もあった。福建省と広東省の族田の規模はさらに大きい。広東省の 63 のすべての県において族田は全耕地面積の 30.27％を占め、内 50％を超える県もいくつかあった。福建省北部の族田の面積は 50％以上に達し、沿海部の地域でも 20 から 30％を占めていた」（張 1991：45-51）。さらに、渋谷裕子は清代に「宗族の所有の山林は徽州において大きな割合を占め、土地改革前の休寧県においては山林の九割が宗族の所有地であったという報告がある」（渋谷 2000：215）と論じた。それに加え、仁井田陞は「広東省では、同省の全耕地面積三割が族田であり、珠江デルタ地帯の県では五割多いのは六割までにのぼる。続いて、福建、浙江、江蘇も多い」（仁井田 1983：68）と、また、安徽省の宗族研究をした趙華富は「安徽省の自作農の土地の所有面積は全国平均より遥かに低く」（趙 2004：104）、「宗族の共有地は全耕地面積の 14.32％（土地改革前）を占め、39.96％を占める県もある。山林のほとんどは宗族が所有していた」（趙 2004：268）と述べている。

　このような南中国に対し、北中国の宗族が所有する族田の面積はきわめて貧弱である。福武直は、広汎な研究資料を欠くので明瞭ではないと断りながらも、「華北農村の族産（族田）は規模が極めて小さい、一千畝以上というような特例もあるが、全般的には百畝以上にも及ぶものは稀で、四、五〇畝なら多い方の様である、……このように華北農村同族の族産は零細であるので、その収入はほぼ祖先の祭祀にのみ用いられる」（福武 1976：347-8）と述べている。また、陝西省の族田について、秦燕は「南方に比べて、陝西北部の宗族の公産は規模が小さく、主に土地であり、収入は祖先の祭祀に使われ、族人の経済生活に直接な影響はない。明清時代の南方地域のように、共有財産が増え、宗族の経済的な機能が日に日に増し、営利目的の経済実体に変わっていくような状況は、陝西北部地区ではほとんど存在しない」（秦・胡 2004：145-6）といっている。さらに聶莉莉は、東北においては「祖先祭祀を行なうために、「墳搭子」と呼ばれる組織がある。……1920 年代劉氏宗族は「銀元」百円を使って、十畝（66.7 アール）の土地を買った。この僅かな共有財産の土地を使用する族人は地租を払わない代わりに、毎年の祖先祭祀の費用を負担する」（聶 1992：39-40）と述べている。

　以上、南北宗族が所有する土地の規模から、南方において、宗族は所有する

土地が多く、北方においては、宗族は所有する土地が少ないことは明らかである。宗族が多くの土地を所有すると、自然に土地をもたない小作人が増え、先ほど述べたように宗族に帰属する小作人が出てくる。次には土地所有者（宗族）とその土地で働く小作人（族人）の関係について検証したい。

第3節　土地所有者と小作人の関係の比較

　清水盛光は、南北における小作人の数と小作地について「広東省における四分の三、浙江省における五分の三、乃至二分の一の農民が小作人であり……小作地の比重に関しては、福建省の小作地は耕地面積の半ばであるが、江蘇省の揚子江の北部地方の小作地は耕地面積の十分の七乃至十分の八にも達し、南部地方では十分の九までが土地所有者階級に属している」（清水 1947：273）とジェーミンソンの1888年の調査報告を根拠に、中国の南北には耕地の階級的帰属状態に若干の類型的差異が認められると論じた。その後、仁井田陞も「近来、小作地は華中華南の水田地帯に多く、その内でも広東省が最も広く全耕地面積の六割七割に及んでいた。従って借地農家の割合も広東省が最も多く八割を超えていた。これに対し、華北の耕作地帯には小作人が少なく、河北、山東、山西などでは全耕地面積の一割二割に止まったということである」（仁井田 1957：299）とロッシング・バックの調査を引用し、この事情を述べている。この二つの事例からも、南北における小作人と小作地の一般的な違いが理解できる。

　そこで、南中国の宗族における土地の所有者と小作人の実態について、少し長い引用になるが、清水盛光が次のように説明している。

　「同族部落においては、共同所有の族産が全村落民の共同利用に充てられるが、同族部落に私有所有地も存在し、農村の階級分化が進んでいて、私的所有地を同族員に出租させるということが広東省に見られた。このような現象は同族部落のより多く存在する南中国において顕著である。……共同所有の族産が階級的目的に転用され、氏族外の者に貸し出されるとともに、氏族内の土地無き者も小作人として有している。族産は形式的に共同所有の性質

を保存しているが、事実上階級的所有物になっている。これは明らかに血族全体性崩壊の兆候である。……最下層の貧困者は相互扶助の旧習を保存する家族制度の組織と理想との庇護の下に日常生活を忍んでいる」(清水 1947：287-8 要約) という。

　また、広東省の事例として、「省内千二百六十万ムの太公田 (族田) が社会の一少数分子の手中に帰している。太公田が分割耕作に附され、全族員がそれに協力することもあるが、多くの場合、土地なき農民が太公田を租入して、自己の家計を維持している。……太公田の出租は、大部分がまず同族員に対してなされ、彼らに田租の割り引きを行なう場合も見出されるが、多くの地方では、太公田の出租に族姓の制限なく、租額にも特別な差が設けられていない。同じく広東省の番禺県下の呉姓を有する同族部落は、数千弗の価値ある同族共同の土地を有し、それらの土地は悉く小作に附されている。規定上では、その収入が貧窮族員の扶助、血族防衛施設、血族祭祀などの用に充てられ、また地租の徴収などは、公共事業のすべてが、同族会議の執行を受けることになっているが、しかし、現実には、村政の実権が最も裕福な族員の手に握られると共に、他方土地なき八割の農民は、族産や裕福族員の土地を小作しなければならないという境遇にある。小作条件は県内の一般の奴隷的条件と何等の相違ない。また二千人よりなる王姓の部落は、四千ムの土地を有し、その中の 800 ム分の収入が、族員の養育、学校、冠婚葬祭、老人の扶養、道路の維持、民団の経営などのために使用されるとの規定はあるが、権力と金銭の処分権が二、三裕福の勢力家に帰して、族員の七、八割は土地を持たぬ農民で、彼らはここでも極めて苛酷な条件下に借地し、高利貸の圧迫に苦しめられている」(清水 1947：290-2 要約)。

　以上から、小作人の困窮ぶりが伺える。そして、清代の広東省珠江デルタにおける宗族の族人支配については、片山剛は図甲制の分析を通して、こう論じた。「総戸 (納糧戸) を持つ同族は、その総戸の下に同族内の子戸を附し、その子戸の納糧額を把握し、徴収する。総戸を管理する同族組織は、これによって、子戸を、そして窮極的には総戸、子戸、爪などの下に丁として位置している族人の土地所有者を支配している。また、総戸をもたない同族は、総戸をも

つ同族の下に子戸として附され、総戸をもつ同族組織に税糧額を把握・徴収されることを通じて、支配を受けている」（片山 1982：15）。また、当時「同族内、あるいは相異なる二つの同族間で田地が売買される場合、官に対する税糧負担者の名義の書き換えは行われていない。……売主が、買主より、その田地の税糧を徴収して官へ納入する。……このことについて、同族組織が何らかの関与をしている」（片山 1982：5-7）と田地の売買まで宗族が関わっていることが理解される[1]。

　さらに、安徽省の宗族研究によると、「宗族内部には地主など裕福な階級もいるが、族人の多くは佃農（小作人）で、彼らは地主から土地を借りて生計を立てている。佃農は土地所有者と契約を結び、収穫後に平均的に50％から60％の地租を納付する。契約書に、もし佃農が納付できない場合、土地所有者は相談なしに土地を他人に貸し出すことができる」（趙 2004：102-118要約）と明記されていた例がみられる。また、「安徽省で宗族の土地を借りる農民は佃農といい、住みついて働く農民は荘僕という。安徽宗族の多くは荘僕を所有している。荘僕は宗族のために耕作をし、宗族の労役として働く人のことを言う。荘僕の歴史は遡ってかなり古いのであるが、明清時代に荘僕制度がさらに大きく発展し、名門宗族はすべて荘僕を擁する。荘僕は世襲制なので、胡という姓の荘僕は叶家のために耕作し、服役する時間は6世紀にも達し、民国時代にも大晦日になると、叶家の宗祠に来て祖先祭祀の準備に従事した」（趙 2004：338）ということから、佃農たちと宗族との関係について理解できる。

　これらの地域においては、宗族の共有地が多い上に、名目上は共有地が宗族全員のものであるが、実際は宗族内部の地主階級のものになっていたことが分かる。貧しい族人は自立的な生活ができないため、宗族に頼らざるを得ない。時には宗族の些細な恩恵を受けることもあるが、多くの族員は裕福な族員の小作人、佃農と荘僕として働き、従属的な地位にあることも分かる。このように宗族内部で「裕福な人々が権力と権威を持っていて、貧しい人々は従属的な地位にあった」（秦 2005：85）事実は、湖北省の宗族も同じである。

　それに対し、北方の農民は土地をもつ自作農が多いため、宗族と小作人の関係も南方と異なっていた。福武直は、華北同族の統属関係の特質について、「中枢が動揺的で、同族の統制従属関係は脆弱である」（福武 1976：368）とし、

また、東北の劉堡村を研究した聶は、「小作人は地主や雇い主に対し、社会的従属関係にはない」（聶 1992：142）と論じている。筆者が調査した山西省の村も、宗族内地主と小作人の間に従属関係はなく、互いによりよい条件の相手を探し、自由に契約できる関係にあるとされている。

　華北農村を研究した内山雅生によると、沙井村の地主と小作人の関係について、地主と小作人の紛争は、ほとんど発生しない。地主と小作人の身分的隷属関係が希薄であり、自由な契約というイメージをいだかれやすい（内山 2003：128-9）とのことである。この「自由な契約というイメージ」も土地所有者と小作人との関係にみられる中国南方と北方の大きな差異である。

　史志宏は「二十世纪三、四十年代华北平原农村的租佃关系和雇佣关系」の中で「租佃関係は中国の封建制度下において一種の基本的な搾取関係である。しかし、「清苑」農村の租佃関係は、華北の他の地域と同様に普遍的ではなく、南方ほど発達していなかった。四つの村（東顧庄、何橋、固上、李羅候）の1930年、1936年、1947年の調査統計によると、農地の借り入れ農家と貸し出し農家の総数は、全戸数のそれぞれ7.8％、4.7％、4.7％で、借入農地は、全耕地面積のそれぞれ2.2％、1.7％、0.8％で、貸出農地は全耕地面積のそれぞれ3.8％、3.1％、1.5％であった。それに対し、労働力を雇用する側、雇用される側の総数は、全戸数のそれぞれ61.9％、55.9％、37.8％であった。以上の統計から、租佃関係がこの地域において普遍的だとは言えない。「清苑」農村の最も基本的な搾取関係は雇用関係で、租佃関係より遥かに一般性をもっていた」（史 2006：1-7要約）と述べている。

　したがって、「租佃」（小作制度）関係は中国において伝統的な土地制度下の基本的な搾取関係であるが、華北農村では、南中国と異なって、小作人と土地所有者の関係は雇用関係が基本であることが分かる。雇用期間について史志宏は「三分の一の貧農は農繁期に短期労働者として雇用され、長期雇用される貧農は1930年、1936年、1947年にそれぞれ16.5％、15.4％、8％であった」（史 2006：6-7）という。内山雅生も、華北地方では「この雇用関係は短期的なものが多い」（内山 2003：128）と述べている。そこから、華北地方は仮に小作人だとしても土地に縛りつくことがなく、かなり自由である。他方、南中国では、「永佃田」制度が盛んであり、小作人は土地の使用権があっても、所有

権がない。小作人は永遠に土地所有者に小作料を納付しなければならないのである。

　ここで「永佃田」について簡単に説明しておきたい。「永佃田」は文字通り、永遠の小作地の意味である。というのも、南中国の土地は「一田両主制」（土地の権利者と土地の使用者の二重所有権）の慣習があり、土地の権利者は使用者から「租」を徴収する権利があり、言い換えれば使用者は「租」さえ払えば、土地の使用権はいつまでも自分にあり、さらにその使用権を他人に譲ることが可能である。ただ、もしその「租」を払えなければ、使用権は剥奪される。土地の使用者は同じ宗族に属する族人であっても同様であり、小作人であれば、いつまでも従属的な立場にあることに変わりはない。

　以上の分析から、土地の所有制および土地所有者と小作人の関係において、南北中国は明らかに異なることが分かった。本書は、南中国の土地所有制度の慣習が小作人を宗族に従属させることで利益型結合が強化され、中国における社会結合の南北の違いを生み出したと考える。したがって、「土地を持たない小作人が宗族に帰属すること自体は利益型結合であり、この現象は利益型宗族が南中国において顕著になった重要な原因である」との先に示した仮説は以上の議論をもって検証され、妥当だと判断された。

　この帰結をさらに強める論拠を示しておこう。利益型宗族がみられる南中国について、叶顕恩は次のように述べている。

　「清末から宗族倫理の中に、商業の功利性が現れた。功利を目的として虚像の祖先を作り出すのみならず、宗族員の関係も伝統的・道義的経済関係から、商業行為的なものへと変化した。宗族内部では利益は均等に分配されるようになり、宗族は日々営利目的の経済事業にいそしみ、宗族内部にも投資と賃貸関係が現れた。たとえば、債務を返済できない宗族員は自分の家財を抵当として差出し、返済しなければならない。抵当が不足する場合は、本人、及び子孫を「革祭」（除名）する。宗族員の間にあるべき温情がなくなり、あるのは商業関係のみである」（叶 1997：4-5）。

そこでは宗族間の親族人情が完全に失われ、人情が除外された経済的な利益

関係のみみられることが分かる。

　注
1）後に論じるが、趙の研究によると、南方において、土地は「永佃制」が主流で、田地を田骨（所有権）と田皮（使用権）に分けている。数百年の歳月を経て、田皮はすでに一種の権利となる。田皮の所有者は使用権、譲渡権があり、遺産として子孫に継承させることもできる。譲渡は何回もできる。しかし、明清時代の官方は田骨の所有者のみを税糧名簿に載せ、納税者も田骨の所有者のみである。田皮の所有者名簿はなく、納税する義務もない。田皮の所有者は「佃戸」という。
　　片山は「田地が売買される場合、官に対する税糧負担者の名義書き換えは行われていない。……売主が、買主より、その田地の税糧を徴収して官へ納入する」と指摘するが、ここでいう売買された田地は田皮なのか、田骨なのか、明記されていない。いずれにしても同族が関与したのは違いない。

終章　結　語

　通覧すると、時代、生活環境、社会状況や経済基盤などが変化すれば、その結合形態も変化し、多様な存在形態として現われる。多くの研究者は自らがみた宗族集団に対し、過去に変化を経験し今後も変化するであろうと予測しつつも、その結合形態があたかも普遍的なものであるかのように捉えがちである。だが、集団としての宗族の成立根拠と成立動機に着目し、これまでの多くの研究成果ならびに筆者自身が実施した調査結果などを踏まえて検討すると、中国村落社会において、さまざまに描かれた宗族の中に、根底に根強く存在し続けている血縁型宗族と時代の変遷と共に変化し続けてきた利益型宗族と呼べる二つの類型があり、これが中国南北における宗族集団の布置状況と一定程度の対応関係にあることを、本書は論証しようと努めた。中国における宗族集団の相違を生み出した要因の一つは経済基盤の相違であり、それが成員の結合の本質を規定した要素だといえよう。

　以上の検証を経て、先行の宗族研究をめぐって筆者が提起した問題の所在も解決できたと考える。その結論として

　①従来からいわれてきた南強北弱という通説は、社会環境や時代の経過と共に、宗族の成立動機が変化してきたことをやや等閑に付するが故に出てきたものだといえる。本来は、北方では宗族の成立動機である血縁関係が、その後も長く維持されてきたのに対し、南方では、利益を優先するがためにもともとの成立根拠である血縁関係が弱まったり同姓に変わったりする、あるいは宗族の成立動機そのものが利益目的であったりするようなものが出現することで、結果的に南北に違いが生まれたとみるのが正しいのではなかろうか。したがって、南北の宗族を単純に強弱で比較するのではなく、その結合の本質を見極めることが重要だと考える。

　フリードマンは、中国南方が経済の発展により余剰が生まれ、宗族が発達したとの見方を示したが、そればかりでなく、南方が利益関係を重視する傾向が

あり、結果的に利益型宗族が発達したと思われる。

　②新中国が成立以降に行われた土地改革は、宗族が所有権を有する土地を農民に分配し、宗族の経済基盤がなくなり、「族権」は剥奪され、宗族結合は中国から消滅したともいわれていた。しかし、1980年代以降、宗族慣行への回帰現象が目立つようになってきて、国内外の研究者が宗族復興の理由を探り、研究をしてきた。筆者は、土地改革時に経済基盤の変化によって消滅したのは利益型結合の宗族だと考える。つまり、利益関係の変化に伴って、利益型宗族の結合関係も解消したのである。逆に、利益関係が一致すると、利益型宗族が再興することもあり得る。したがって復興後の宗族を考察する時にも、その結合が血縁的なのか利益なのかを見極めなければならない。両者を決して混同してはならない。

　③中国人は自分の宗族との血縁関係をきわめて大事にする思いが強く、宗族への帰属意識も強い。宗族に対しては特別な気持ちと感情をもち、自分の祖先を擬制することは祖先への不孝であり、宗族を裏切る、不名誉なことだとの認識が多くの中国人の精神の根底にある。特に、改姓することは自分の父系血縁関係を否定するものだと思っている。清代の南中国において自らの意志で改姓をする、あるいは強要を受け改姓させられるという現象は、一時的な利益のため、あるいは生存のために選択した一つの手段であり、一旦、機会があると自分の宗族に戻りたいという思いを常に心の底に秘めている。

　もちろん、血縁型宗族も分裂する。理念上は何世代が経過しても同じ宗族に属するが、中国の宗族は個人との血縁の親疎によって決められた関係であるので、血縁関係が遠くなると、関係も解消するのが一般的である。これはいわゆる宗族の中に、支派、分派に分かれた要因でもある。宗法社会になる前から現在まで庶民の間に存在し続けてきた近い血縁関係に有する者たちは強固かつ永続的な絆で結ばれており、だから、血縁型宗族は中国から消え去ることはないであろう。これは中国南方も中国北方も同じである。実際に華南の先行研究からもその実態が明らかである。たとえば、清代末期に南方において多くの連宗した利益型宗族が立派で大きな祠堂を建てたが、これらの祠堂は「合宗祠」と称され、自分と血縁関係の近い祖先を祭る祠堂＝祖祠と区別され、混同されることはなかった。

従来から機能モデル、系譜モデルの論争があったが、血縁型と利益型という観点に立って考えると、利益型は人為的に作った利益優先の集団で、当然に機能を重視する。血縁型は自分との系譜関係が明確で、血縁関係の近い宗族成員との関係を大切にする。理念からいえば、自分の宗族の歴史が長ければ長いほど「歴史感」を感じ、誇らしく感じられるが、現実社会において、身近にいて、血縁関係の近い宗族成員が重要だと考えるのが普通であろう。したがって、機能か、系譜かの議論ではなく、現実社会において両方とも存在しているのを認めるべきであろう。

④宗族の自然性を否定し、秩序を守るための道具と文化的創出物、文化価値を伝承する担い手、権力文化のネットワークの一部、創造された文化として、宗族を捉える研究者がいると第1章で触れたが、これは明らかに血縁型宗族の存在を否定するものである。

社会がつねに変化と発展を遂げているので、宋代に支配者階級が人為的に新しい形の宗族を作り出したのが事実であるが、しかし、これは社会の底辺に存在している血縁型宗族を否定するものではない。従来の宗族研究において、庶民層の実態を研究する姿勢が弱く、今後は改める必要があるのは学者が指摘する通りである[1]。

かつて、「郷族」[2]の存在が地主─佃戸間の「等級厳重な階級対立に温情脈々たるベエールを被せ」、「搾取関係を隠蔽」すると指摘した研究者がいた[3]。「階級対立」と「搾取」を隠蔽するのに、同姓・同宗を利用するということは、宗族関係を有するのが人々の心の中にいかに重要であるかは明白であろう。

いずれにしても、宗族は中国の歴史上に重要な役割を果たした。改革開放後に宗族が農村社会において、さまざまな面で影響を与えたことは研究者たちの研究によってすでに明らかにされている[4]。繰り返しになるが、その動機は自然的か、人為的か、つまり血縁的か、利益的かを見極めなければならない。現在および将来にわたって、宗族はどのように変化し、どのような社会的な役割を果たすのか、注目しなければならない。

第一部を終えるにあたって一言付言しておきたい。筆者は中国南方の中の宗族がすべて利益型だと捉えているのではなく、一部の強力な宗族の中に利益型に傾く傾向が中国北方より顕著にみられることを強調するのであって、中国南

方の宗族にも血縁型と利益型の両方がみられることを否定するものではない。いずれにしても、宗族だと名乗っている以上、中国人はやはり父系血縁関係があるということは社会関係の中で最重要な関係だと考えている。この考えがあるからこそ、結合形態が変わっても、宗族が中国社会で存在し続け、しかも重要な役割を果たしている要因である。

　もちろん、他の多くの研究者と同様に、筆者自身が実際に目にすることができた宗族集団は限定的なもので、ある意味、これまでの研究者が陥った陥穽に自ら入り込みかねない。これを避けるために、本書では多くの先人たちの研究成果を検討してきた。しかし、幸いなことに社会学的な立場に身を置くものとして、比較的自由な見地からそれらに接することができていると考えている。これまでの多大な成果を前に、血縁型と利益型という類型設定から語ったりみえたりしてくるものは、おそらく語れなくなったりみえにくくなったりするものより、より多いと考えている。

注
1）温鋭・蔣国河、2014「20世紀90年代以来当代中国农村宗族问题研究管窥」。「我们认为：应摒弃自我文化优越意识为特征的贵族思维，克服"封建宗族论"和农民政治意识落后论等思维惯习，正视城乡社会生存方式与社会利益的多元选择；把农村宗族的研究和它的利益主体农民紧密相连而不是割裂与农民的关系，从而克服用静止的眼光看待农村宗族问题」。
　　日本語要訳：我々は、自分らの文化が優越しているという貴族的な考え方を捨てなければならない。「封建宗族論」および農民の政治意識が遅れているといった従来の思惟を超越し、都市と農村という生存方法および社会利益において多様な選択肢があることを直視すべきである。農民との関連を断ち切るのではなく、農村の宗族研究とその利益の主体である農民とを密接に関連づけるべきで、静的な目で農村の宗族問題をみることを改めるべきである。
2）閩南（福建省南部）では人々が聚族して住んでおり、姓によって郷の名としている。遂に宗族と郷村とが結び付き、血縁と地縁とが一体となって、その力量はさらに大きくなっている故にそれを「郷族」と呼ぶ（三木 2002：56）。
3）三木聡は、明清福建の社会的・経済的実情に即して抗租の問題を理解しようとする場合、必然的に、福建・広東・江西などの華南農村社会に広汎に存在していた同族的結合、すなわち「郷族」との関連を検討しなければならないであろう。そして「郷族」の存在が地主―佃戸間の「等級厳重な階級対立に温情脈々たるベエールを被せ」、「搾取関係を隠蔽」していた。「郷族」それ自体が地主の収租を保証する「搾取機関」としての側面をもつと傅衣凌の指摘を引用し、説明した（三木 2002：50）。

4）詳細は肖唐鏢・史天健編、2002 年『当代中国農村宗族与郷村治理』を参照されたい。この書は、「当前中国農村宗族与郷村治理学術シンポジウム」で発表した内容の中から選ばれた 15 本からなる論文集である。著者たちは長年農村の宗族研究と郷村自治を研究している研究者である。

それ以外に、潘宏立は、福建省を対象として、宗族の実態、機能およびその変容過程について詳細な分析を行い、政治的要因や中国の開放後の経済政策が宗族の分裂・統合、さらに再統合などに影響を及ぼすことを示している（潘 2002：307-331）。

第二部
山西省農村における
宗族と社の歴史的変遷と現状

第1章　対象地域・調査方法および調査概要

第1節　山西省の概況

　中国の地方行政組織は、省―直轄市―地域級市―県級市・県―郷鎮の政府組織と自治組織としての村民委員会より成り立っている。山西省（さんせいしょう、中国語発音：Shanxi）は、中国の行政区分の一つで、省都は太原市で、略称は晋である。

　北は万里の長城を挟んで内モンゴル自治区と、東は太行山脈を挟んで河北省と、南は黄河を挟んで河南省と、西は北上した黄河を挟んで陝西省とそれぞれ接している。山西高原は黄土高原の東部に当たり、北部では海河水系の滹沱河や桑乾河が東へ流れ、中部から南部は黄河水系の汾河が貫いている。主要都市は太原以外には大同がある。

　春秋時代には晋の領域であり、晋分裂後は大部分が趙、一部が韓および魏に属した。秦代以降太原郡、河東郡等の管轄とされた。西晋の時代になると并州、司州、幽州が設置され、五胡十六国時代の前趙・後趙・北魏がいずれも大同を国都と定めた。南北朝時代になると北魏により并州・汾州・恒州・肆州・建州・晋州・泰州・東雍州の8州が、隋代には太原、上党などの13郡が設置された。隋末になると李淵が山西省で騎兵し唐朝を建て、山西地区は河東道と称された。宋代には河東路とされたが、大同周辺は燕雲十六州の一部として遼朝の支配地域となった。元代になると山西地区は中書省直轄とされ山西道宣慰司が設置され、これ以降明代では1369年（洪武2年）に山西行中書省（1348年に山西布政使司と改称）、清代では山西省と「山西」の名称が使用される。

　中華民国成立後も山西省が設置されたが、1914年（民国3年）に省北部に察哈爾特別区域（後の察哈爾省）が設置され、1952年まで山西省から別行政区画とされていた。行政区画は11地級市（地区クラスの市）を設置し、下級行政単

115

第二部　山西省農村における宗族と社の歴史的変遷と現状

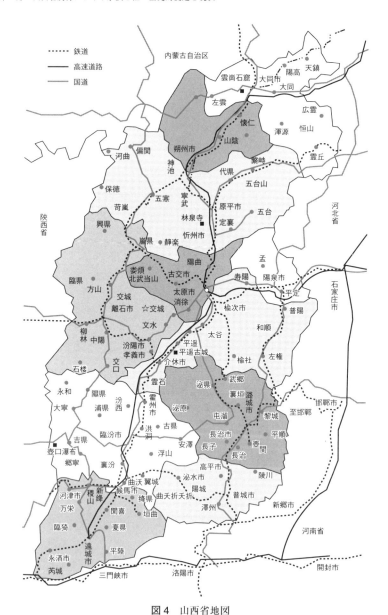

図4　山西省地図
出所 http://www.allchinainfo.com/
注：☆は調査地の位置である。

位である23市区、11県級市（県クラスの市）、85県を管轄する。

　沿海部の省に比べると、かなり貧しい地域だが、大同や太原には大型の炭鉱がある。中国経済史上、山西商人（晋商）は全国に勢力を伸ばし、中国の金融を支配した。近年では経済発達に伴い、山西資本が沿岸大都市部の不動産投資を積極的に行っているといわれる。

　主な産業は鉄鋼、重機、自動車、化学工業である。主要な農作物は麦、トウモロコシ、高粱（モロコシ）、柿、葡萄である。観光地としては世界遺産登録物件である雲崗石窟（大同）と平遥古城が有名である。

　山西商人は中国の山西省出身の商人・金融業者の総称である。山西は古くから鉄の産地として知られ、五代以降商人の勢力が形成され始めたが、最も活躍したのは明清時代である。明代には北辺防衛の糧餉を確保するため開中法を施行したが、地の利を得ていた山西商人は米穀商と塩商をかねて巨利を得た。さらにその資金をもとに金融業にも進出し、活動範囲を全国に拡げ、新安商人（安徽商人）とともに経済界を支配した。明代には塩商を典型とする政商として利益を得ていたが、清代には票号（為替）・銭舗（両替）・炉房（貨幣銭造）・当舗（質屋）の経営など金融業を主とするようになり、その富で官界に影響力をもち、土地に対しても積極的に投資した。山西商人は徒弟制度を通じて同郷性を固守し、組合組織を固め祭祀や取引を共同にして、各地に山西会館を建てて活動の根拠地とした。19世紀後半には全国の為替業務をほとんど独占するほどであったが、新式銀行の発達や国際経済の中国浸透と共に衰退した。

　三国志に出てくる同郷の関羽を信仰し始めたのはこの山西商人であり、現在では中国全土はおろか、華僑のいる世界各地に、関帝廟が祭られるようになっている[1]。

第2節　調査村の概況

　調査地の段村は呂梁市に所属する。呂梁市は山西省中部の西側に位置し、名前の由来は呂梁山脈が境域を貫通しているところにある。1971年に行政区域として設置され、2003年に市となった。総人口は347万人で、面積は21,095平方キロである。現在は2市（県級市）10県1区を管轄し、全部で161の郷鎮

117

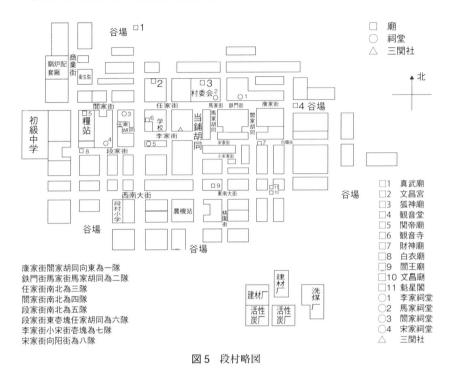

図 5　段村略図
注：本地図は村民委員会が提供してくれた地図と民国時期段村古建示意図（段村鎮志、p.183）を参考に現地協力者と筆者が共同で作成したものである。

があり、郷鎮の下に 3,109 の行政村がある[2]。段村は行政村の内の一つである。

『段村鎮志』によると、段村は東経 112° 16′、北緯 37° 33′ に位置し、海抜は 752m ほど、村は清徐県と文水県に隣接していて、交城県城から西 10 キロの地点に位置している。2 本の道路が村を貫通しており、交通の便もきわめて良好である。

村の総面積は 1 万 1,394.6 ムー（約 760 ヘクタール）で、土地は平坦かつ肥沃である。耕地面積は全面積の 80％、おもな農作物は小麦、トウモロコシ、高粱、粟と綿花である。村民の多くは農業のほかに工業、商業と運輸業に従事する兼業農家である（山西省史志研究院編 1994：5）。

2011 年には村民の精神活動と文化素養を高めるために政府、村および村民は 50 万元を共同で出資し、「村民文化活動広場」を建設した。また村民の生活

環境を改善するために幅5メートル以上の道路を全部アスファルトにする計画がある。

2012年7月の最新統計によると、村の戸数は1,262戸で、在籍している農業人口は4,003人、その他非農業人口は300から400人前後である[3]。村には村民委員会があり、最高責任者は村長で、村民投票で選出される。現職の村長馬WXは2008年12月に選出、2011年に再任されて、現在2期目である。

1 行政区画と村内組織の沿革

『段村鎮志』によると、現在の段村は西漢文帝元年（179年）には印駒城と呼ばれ、後年、黄河の支流である汾河の氾濫によって印駒城が東城と西城に分断された。以降、印駒城は廃墟になって、民居に変わり、段村の村名はそれに由来している（山西省史志研究院編 1994：1）。

漢代、唐代、元代はそれぞれ晋陽県、清源県、交城県の管轄下にあった。明清時代は交城県鄭段都の管轄下になり、民国6年（1917年）は一区二段、民国29年（1940年）は五区、民国30年（1941年）は一区に管轄されていた（山西省史志研究院編 1994：2）。民国時期に段村は山西省政府が実施した「村本政治」[4]に従い、段村の内部に「閭」と「隣」を設置した。「閭」と「隣」は政府の行政命令下に設置した行政末端組織である。

1949年に新中国が成立した後、1950年に八区に所轄され、1952年に「互助組」が組織され、1953年から所属が段村郷に変わり、段村が段村郷政府の所在地となった。その後、「初級合作社」、「高級合作社」を経て、1958年に段村は東方紅人民公社が管轄下に置かれ、1961年に公社の名前が東方紅人民公社から段村公社に変わり、段村がその下の生産大隊の一つで、大隊の下に八つの生産小隊が組織された。この生産小隊は人民公社が解体されるまで一つの集体所有制単位として存在した。1984年に人民公社が解体され、段村公社から段村鎮に変わり、段村は鎮政府の所在地となっていた（山西省史志研究院編 1994：3-4、197-8）。2001年に夏家営鎮の管轄下の行政村となり、現在に至っている。1984年から従来の生産小隊は、村民委員会下の「区」となり存続している。現在でも村の多くの活動はこの「区」を単位に行われている。

写真1　段村の入り口　　　写真2　旧村民委員会　　　写真3　新村民委員会
2012年8月23日　　　　　2005年2月22日　　　　　2012年8月23日

2　経済

『段村鎮志』によると、清代の光緒から民国26年（1937年）までに、段村内には多くの商業施設があった。飲食店から酒蔵、薬局、生地屋、質屋、散髪屋など13の業界で、23軒の店があった。民国26年（1937年）に日本軍の侵攻によって半数以上の店が閉店し、1945年に一軒の酒蔵だけが残り、他の店がすべて閉店した。この最後の店も翌年に閉店した。新中国以降から文化大革命まで国の制限があったために店がなかったが、1979年以降に商業が再び繁栄し始め、1990年に26軒の個人経営の店が開店していた（山西省史志研究院編1994：145-7）。

1980年代から郷鎮企業の創設が盛んになり、段村にも工場が建てられた。『段村鎮志』によると、個人と村の共同経営の工場が三つ、村営工場が二つ、鎮営工場が一つあった。個人と村の共同経営の工場の従業員数はいずれも10人から40人に満たない小規模なもので、村営工場の従業員は80人から110人までとなっている。鎮営企業は30人前後で比較的小さいといえる。鎮営工場が1990年代に倒産し（山西省史志研究院編1994：125-136）、その他の共同経営の工場や村営工場もほとんど個人に売却され、私営工場となった。

2014年8月に調査した時点には、村に私営工場は16軒があり、業種は活性炭、耐火建材、鋳物、加工などである。商業店舗は38軒で、食品、日用雑貨、地元土産などを販売している。

3　教育

『段村鎮志』によると、段村に教育施設の私塾が創設されたのは、光緒11年

写真4　幼稚園
2012 年 8 月 23 日

写真5　小学校
2012 年 8 月 23 日

写真6　中学校
2012 年 8 月 23 日

(1885 年) であり、民国の初期まで継続していた。当時、村に五つの塾があり、120 名余の学生が教育を受けていた。民国 8 年 (1919 年) に武海川が義務学校を開設し、貧しい農民の子どもが無料で勉強できた。民国 9 年 (1920 年) に国民女子学校が開設され、校舎は李家宗祠内に置き、後任家宗祠に移した。民国 19 年 (1930 年) に初級国民学校が成立し、6 クラス、200 名余の学生がいた。翌年の 1931 年秋に初・高級クラスに分け、民国 37 年 (1948 年) まで続いた。1948 年秋に交城県が解放され、段村の学校が正式に小学校となった。1958 年には幼稚園から中学校までの一貫制教育施設となり、1973 年に高校ができた (山西省史志研究院編 1994：165-8)。その後高校が移転され、現在の村に幼稚園一つ、小学校と中学校が一校ずつある。幼稚園と小学校が村営で、中学校は鎮営である。2014 年 8 月に在園児童は 126 名で、小学校と中学校の在校生はそれぞれ 195 人と 256 人である。

4　特性

段村には、寺や廟などの宗教的な建物が多い。古くから真武廟、関帝廟、文昌廟、財神廟、狐神廟、白衣廟、閻王廟、観音堂、観音寺、文昌宮、魁星閣があったが、文化大革命の時に壊され、残存しているのは観音寺、文昌宮と白衣廟のみである。観音寺は小学校として利用されていたが、小学校が新校舎に移ってからは幼稚園として今も利用されている。文昌宮は筆者が調査し始めた 2001 年にほとんど形がなくなっていたが、2004 年に村人の寄付によって新しく建てなおされた。白衣廟の敷地内に小さな飼料を作る作業場があるが、建物は老朽化が進み、一部を留めているだけである。

写真7　文昌宮（旧）建物
2003年8月13日

写真8　文昌宮（旧）内祭壇
2003年8月13日

写真9　文昌宮（新）入口
2004年8月19日

写真10　文昌宮（新）建物
2004年8月19日

写真11　文昌宮（新）神像
2004年8月19日

写真12　白衣廟外観
2006年8月16日

写真13　白衣廟内部
2006年8月16日

段村のもう一つの特徴は姓の種類が多いことである。現在は馬、張、李、閻、任、王、梁、曹、陳、賀、劉、康、宋、武、賈、牛、趙、田、呉、翼、韓、何、成、潘、鄭、呂、周、楊、尹、高、喬、孟、杜、路、薛、左、霍、郝、温などの姓の村民が住んでいる（山西省史志研究院編1994：39-41）。姓の多さから、この村は典型的な復姓村であるといえる。

村には閻家街、任家街、馬家街、鉄門李家街、康家街、李家街、大宋家街、小宋家街、段家街と呼ばれる古い街（通り）があり、これらの姓の村民は古くからこの村に住んでいたといわれている。これらの古い街以外に、新開北街と新開南路、桃園路と康寧路の三つの「路」があり、これらは1970年代と1980年代に村の拡大によって新しくできた通りである。したがって清の時代から1970年代ごろまで村の規模と居住スタイルはほとんど変わらなかったといえる。

第3節　調査方法と調査概要

調査方法は、おもに直接村民の自宅を訪れる形の聞き取りによる調査である。2001年1月の予備調査を含め、2014年8月まで14年にわたり、延べ70人近くの村民を対象に聞き取り調査を行った。聞き取りに協力した被調査者名簿は表1に示す通りである。

現地調査以外に、聞き漏らしたことについては、ファックスを利用して、協力者の元村長に質問をし、回答を得たこともあった[5]。調査内容を検証し、分析する際に、調査村が所在する地域の県誌、鎮誌の書籍資料も利用した。その他村民の家に保管している族譜、帳簿などの民間資料も利用した。

調査対象を選定するにあたって、筆者はまず、2001年1月に予備調査を実施した。予備調査から得た情報を考え、宗族の調査対象は閻氏宗族、鉄門李氏宗族と宋氏宗族と決めた。その理由は、①閻氏宗族は、現在も先祖が決まった同世代の人が同じ字を使用するルールを守っていて、しかも村内に唯一祠堂が残っている宗族であること。②鉄門李氏宗族は、村内では比較的大きな宗族の内の一つである。宗族成員が多く、戸数も多いこと。③宋氏宗族も村に小宋家街と大宋家街があるほどの大きな宗族であること。長老の宋YJは『段村鎮志』の編集にも参加した元小学校の教員で、村の中では文化人であり、物知りだったことからである。

本調査に入ろうとしていた時に、予定していた宋氏宗族の長老が重病にかかり、ほとんど話ができない状態となった。そこで協力者の提案で、馬氏宗族を調査の対象にした。村民たちとの会話を通して、閻氏宗族と馬氏宗族の内部に

表1　聞き取り調査者別の職業・年齢と調査年

氏名	職業	年齢	調査年
李 GP	農業科学所勤務。定年後村に戻る	74（2001）	2001,1,8,2003,8,2009,1,2014,8
李 BS	2000年から区長、2008年から副村長	30（2001）	2001,8,2005,2,2009,1,2012,8,2014,8
李 YS	元区長	59（2014）	2014,8
李 JY	村民、元李氏家長	83（2004）	2004,8
李 SP	元教師	65（2001）	2001,1,8,2009,1,2014,8
李 ZR	村民	80（2004）	2004,8
李 X	村民、現在三官社責任者	45（2014）	2014,8
李 LC	元村書記、村長	54（2003）	2003,8,2005,8,2006,8
李 R	元村長	70（2001）	2001,1,8,2006,8
馬 WF	村民	不明	2003,8
馬 WL	現副村長	54（2012）	2012,8
馬 XH	元村幹部	68（2001）	2001,8,2003,8,2012,8
馬 CL	村民	75（2001）	2001,8
馬 CQ	会社員。定年後村に戻る	78（2004）	2004,8
馬 MG	元小隊長、馬氏B家長	85（2009）	2009,1,2012,8
馬 L	会社員。定年後村に戻り、村の経理担当	70（2001）	2001,1
馬 LS	村民	50（2001）	2001,8,2009,1
馬 LZ	村民	68（2012）	2012,8
馬 RZ	不明	75（2001）	2001,8,2009,1
馬 WD	元書記、元村長	57（2001）	2001,8,2005,2,2012,8
馬 XC	村民	49（2001）	2001,8,2009,1
馬 WX	現村長	不明	2014,8
閻 JG	元村長	57（2005）	2005,2
閻 SL	会社員、定年後村に戻る。元閻氏東股家長	80（2001）	2001,1,8,2003,8,2005,2
閻 Z	元小隊長	67（2004）	2004,8
閻 ZT	元小隊長、閻氏西股家長	65（2001）	2001,8,2003,8,2009,1
任 R	不明	70（2004）	2004,8
任 S	村民	65（2006）	2006,8
任 ZX	元国家幹部、定年後村に戻る	70（2001）	2001,1,8,2006,8
任 Y	元小学校教師	66（2004）	2004,8
任 Y	現区長	67（2004）	2004,8,2005,2
任 YR	元村長、現企業家	48（2001）	毎回

第1章　対象地域・調査方法および調査概要

任 R	元小学校教師	70（2006）	2006.8
宋 RZ	元小隊長	80（2004）	2004.8
宋 YJ	元村経理、小学校教師	80（2001）	2001.1
鄭 RS	元段村信用社経理	67（2001）	2001.1
尹 J	元小隊長	84（2001）	2001.1
田 GL	村民、元三官社責任者	不明	2005.2
韓 XR	会社員、定年後村に戻る。	80（2001）	2001.1

注：1）氏名欄の英字は名前の頭文字である。2）年齢欄の（　）内は調査年である。筆者作成。

は一つではなく、いくつかの支派があること、村に昔ながらの宗教的な建物が多いこと、新中国以前から社があることなどを知ることができた。そのため、社についても詳細に調査を行った。おもな調査内容は次の通りである。

①宗族の変遷と現状。宗族については閻氏（二つの支派）、馬氏（三つの支派）、李氏という宗族を対象に聞き取り調査を行った。村に李という姓を名乗る宗族は二つある。一つは鉄門街に住む李一族で、通常「鉄門李」と呼ばれ、もう一つは李家街に住み、「二甲李」と呼ばれる。二つの李氏宗族は全く血縁関係のない宗族であると双方の族員が主張している。筆者が調査したのは「鉄門李」であり、以下鉄門李氏と称す。主に宗族の結合形態、活動内容、族員関係、宗族間関係、機能をたずねた。

②社の変遷と現状。社については、県誌と鎮志の編集に協力した長老数人、元村長を対象に聞き取り調査を実施した。段村の村民は族ごとに居住しており、社の名前も族の名前が付けられていた。段村の社は新中国成立以降もしばらく存在していたこと、現在一部復活したことを調査から知った。そして社の組織形態と役割などについて調査し、社と人民公社時代の生産小隊との関係などについても、聞き取りをした。

③村に現存している古い廟や寺院の跡にて、建物内部の遺物などから、祭祀対象、管理者などに関する情報を集めた。また、新しい文昌宮が建てられた経緯と現在の管理状況も聞き取りができた。同じく 2005 年 2 月 23 日には村で行っている唯一の子授けを祈る行事も観察し、主催者、参加者から話を聞くことができた。

なお、詳細な調査日と調査内容は付属資料 2 を参照されたい。

注

1) 山西省の概要が下記 URL のウエブサイトの情報を元にしている。（取得：2013 年 10 月 20 日、出所：http://ja.wikipeDia.org/wiki/%E 5 %B 1 %B 1 %E 8 %A 5 %BF %E 7 % 9 C%81）
2) 呂梁市の概要は下記 URL のウエブサイトの情報を元にしている。（取得：2013 年 10 月 20 日、出所：http://www.lvliang.gov.cn/noDe/noDe_10860.htm）
3) 中国の戸籍制度では農業人口と非農業人口に分かれており、村民委員会は農業人口のみ管理しており、非農業人口の人数を把握していない。
4) 村本政治は「村治」ともいい、中華民国時代に山西省が実行した村自治の政策である。自治の基層単位は村であり、村民が自己管理の習慣を身に付け、治安のよい村を作り、裕福な家庭を作るよう促すことを目的としていた。
5) ファックスを受け取った日時は 2001 年 10 月 1 日、2004 年 2 月 7 日、2005 年 8 月 31 日、2006 年 6 月 6 日である。

第2章　血縁集団——宗族の歴史と現状

第1節　宗族の起源と現状

　華北農村の宗族の起源に関して、その多くは山西省洪洞県から移住してきたと伝えられている。しかし、ほとんどは伝説で、はっきりとした根拠がない。筆者が調査した宗族も同じで、祖先の出身地については言い伝えによって語られてきた。村に住んでいる宗族はほぼ18世代前後にわたって継続していて、始祖から現在までの間にいくつかの支派に分かれたのが一般的である。村民は同じ支派に属することを「一股子」といい、支派に分かれることを「分股子」という。それ故、「どの支派に属しているか」と質問をする時に「你是哪个股子的人？」と尋ねると、だれでもすぐ答えることができ、当人の所属もはっきり分かる。筆者が調査した三つの宗族の内では閻氏宗族と馬氏宗族も支派に分かれている。唯一李氏宗族は分派することがなく、一つの宗族集団として継続している。以下で、各宗族の起源と現状をみていく。

1　閻氏宗族

　言い伝えによると、閻氏の始祖である閻湯は洪洞県から交城県田家山に移住し、その後、現在の平地——段村へ移住してきた。そのため毎年の旧正月1日に祖先を祭祀する時には西北方向、つまり田家山の方向に向かって祭祀する決まりがある。閻氏は支派に分かれており、いつ頃から分かれたのか、どのような理由で分かれたか、族員たちもはっきりとは分からないようである。彼らは支派のことを「股」と呼び、閻氏には東股・西股・南股・北股という四つの支派がある。ちなみに筆者が調査したのは東股・西股である。

　閻氏は、段村の中で唯一祠堂が残っている宗族である。祠堂は東支派の裕福な商人が出資して建てたもので、閻氏宗族の共有財産である。文化大革命中に

写真14 閻氏祠堂の外観
2001年8月2日

写真15 閻氏祠堂の建物
2001年8月2日

村の倉庫として転用されたが、改革開放後に閻氏に返却され、現在は閻氏が管理している。普段は物置で、旧正月1日に祖先の祭祀行事はここで行う。祠堂は閻家街の道路沿いにあり、外観的には普通の民家と変わらない。閻氏宗族の多くの族員は祠堂にある閻家街に住居を構え、そこに住んでいる。その他に、閻氏宗族が共有する「老神子」[1]があり、また東股に「小神子」[2]と族譜と帳簿があり、西股にも「小神子」がある。両支派の「小神子」は1980年代以降に族員からの募金で作ったもので、東支派の帳簿は1986年から記録し始めた収支簿である。共有する「老神子」は古いもので、緑のシルクの生地に黒文字で亡くなった族員の名前が書かれている。これも文化大革命の時に押収され、舞台の幕として利用されたが、その後返還されたと聞いている。保存状態は良くなく、かなり傷んでいる。東股が現在所有している族譜は「老神子」に書いてある名前を参考に新しく作ったもので、系譜関係は書かれていない。

　閻氏宗族の東・西支派の成員は自分たちが同じ祖先の子孫であるという共通認識をもち、祖先祭祀は一緒に祠堂で行うが、その他は支派ごとに活動をし、交流はほぼない状態である。そして、祖先祭祀に利用される「神子」は、東支派は1980年代に、西支派は1990年代にそれぞれ新しく作ったものであり、東支派の始祖は6代目、西支派の始祖は5代目である。両支派とも15代目まで継続している。

2 馬氏宗族

　段村に馬という姓をもつ村民は多く、彼らはほぼ同じブロックに住んでいる

写真16　馬氏A族譜表紙
2012年8月23日

写真17　馬氏A族譜
2012年8月23日

ことから、馬家街と馬家胡同ができた。馬氏は「南馬」と「北馬」に分かれており、人々は自分がどちらに属しているかをよく理解している。

調査によると、「北馬」の人は少なく、二つの支派に分かれ、活動はあまり活発ではない。一方「南馬」に属する人は多く、四つの支派に分かれている。ただいつ分かれたか、なぜ分かれたかなどについて知る人はいない。調査では「南馬」の三つの支派が対象となった。便宜上、本書ではこれら三つの支派を馬氏A、馬氏B、そして馬氏Cと記す。

三つの支派の内、馬氏Aには族譜があり、族譜に馬氏宗族の起源と移住の歴史が記録してある。族譜のはじめに「馬氏旧跡於陝西美次県蒺針坡自始祖能与暁翁遷於段村属交邑鄭段都」と書いてある。この記録によると、彼らの始遷祖は馬能と馬暁で、陝西省美次県[3]蒺針坡から交邑の鄭段都に属する段村（現在の段村）に移住してきたと考えられる。

移住してきた時期についての記録はないが、この族譜を編集した年代と族員の世代から逆算すると、およそ500年前、明代の後期に移住してきたと思われる（族譜図は付属資料4を参照されたい）。族譜に馬能と馬暁は兄弟だとの記述がある。馬氏の族員のうち「南馬」に属している人は、自分たちは馬能の子孫であり、「北馬」に属している人は、自分たちは馬暁の子孫だといっている。

また、馬氏A、馬氏B、馬氏Cいずれも「神子」をもっている。すべて1980年代以降に作られたものである。馬氏Aには祖先祭祀復活後の一族の収入と支出を記録した帳簿がある。

馬氏の三つのA、B、C支派はともに「南馬」に属し、馬能の子孫であると

表2　被調査宗族2001年の実態

宗族	家長	年齢	世代	戸数(約)	「神子」を保管する場所		
					名前	年齢	世代
閻氏（東股）	閻SL	80歳	12世	26戸	閻SL	80歳	12世
閻氏（西股）	閻ZT	65歳	13世	45戸	祠堂		
鉄門李氏	李GQ	38歳	11世	60戸	李BS	30歳	13世
馬氏（A）	馬XH	68歳	16世	19戸	馬XH	68歳	16世
馬氏（B）	馬RZ	75歳	17世	32戸	馬XC	49歳	18世
馬氏（C）	馬CL	75歳	15世	18戸	馬LS	50代	15世

注：聞き取り調査より。筆者作成。

の共通認識をもっている。ただ、共同で祖先祭祀を行うこともなく、支派と支派の交流もない。馬氏Aの族譜に基づいて族譜図を描いたところ、この支派の始祖は8代目であると分かった。

　馬氏Bには族譜がないため、族員に「この支派の始祖は何代目ですか」と尋ねたが、「分からない」という。「神子」の記入欄から、この支派が始祖としているのは9代目であることが分かった。

　馬氏Cも族譜がなく、「神子」に支派の始祖が何代目であるかを明記していない。「神子」を保管している族員に「この祖先は何代目ですか」と尋ねたが、やはり「分からない」とのことである。馬氏Aが所有している族譜に同一人物がいるかどうか調べてみたが、いなかった。ただし、馬氏Aの8代目と同じ排行字「尚」が使われているから、始祖としているのはおそらく8代目であろうと推測され、当時に同じ排行字が使用されたと考えられる。

　馬氏三つの支派はいずれも、現在の支派の始祖以降は分派することなく続いており、19代目までの子孫がいる。ちなみに現在の村長の馬WXはこの馬氏Cに属する。

　「なぜ支派の始祖とされる世代が異なるか」と馬氏宗族の人に尋ねたところ、「分神子」[4]の後、父親を始祖とする場合と祖父を始祖とする場合があり、そのため支派の始祖の世代のずれが生じたとの回答を得た。したがって、宗族が分派した後、各支派のつながりがそれだけ薄くなることが分かる。

3 鉄門李氏宗族

李氏宗族の始祖は元々山西省交城県城内の李家巷に住んでいたが、明代の末に家族全員を連れて段村に移住してきたといわれている。始祖の名前は李執中で、李氏宗族の族員からは太祖と呼ばれている。李氏は村の中でも珍しく始祖から現在まで支派に分かれたことがなく、子孫は現在 15 世代まで継続している。しかし、ある族員が自分の祖父（9代目）以下の子孫を記録した家譜を筆者にみせてくれた（付属資料 5 を参照されたい）。それによれば、李氏宗族に支派はないが、内部的には血縁関係の近い人々がより強く結合する傾向があると思われる。

写真 18 銀銭流水帳①　2012 年 8 月 23 日

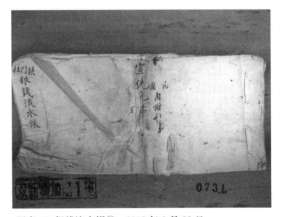

写真 19 銀銭流水帳②　2012 年 8 月 23 日

李氏宗族の古い族譜は文化大革命の時に没収され、紛失したが、各世代の名前だけ書いた簡易な族譜があったため、これを参考に 1980 年以降に族員がお金を出し合い、新しい「神子」を作った。しかし、この「神子」も破損したため、その後再び作りなおした。「神子」のほか、李氏宗族には 1898 年から 1964 年までの「銀銭流水帳」という出納帳簿 3 冊、「李家戸」、「人工雑記帳」と「輪留社首帳」という帳簿各 1 冊も保存している。文化大革命で古い記録類が焼失した中で、革命前の帳簿類が保存されているのはきわめて貴重である（「銀銭流水帳」の収支内容は付属資料 3 を参照されたい）。また、1991 年から祖先

写真20　銀銭流水帳③　2012年8月23日

写真21　輪流社首帳　2012年8月23日

写真22　人工雑記帳　2012年8月23日

祭祀などの収支が書かれたノートもある。

村には60戸の族員世帯が住んでおり、15代目の子孫がいる。前述したように李氏宗族は村の中でも珍しく、始祖から現在まで分派することがなく、一つの大きな宗族として現在まで継続している。祖先祭祀活動も宗族全員が集まって行う。

2001年の調査時における閻氏、李氏、馬氏宗族の族長と戸数の構成は、表2（130頁）に示した通りである。

第2節　宗族成員間の関係と宗族機能

1　宗族成員間の関係

(1)宗族族長とその役割

宗族にはそのリーダーとしての族長がいる。従来の華北の宗族研究の中でも、族長についての分析はあるが、その役割については見解が異なる。福武直は華北農村の族長について、次のように述べた。

「一般には、貧富も賢愚も

問われず、ただ最高輩の年長者たるにすぎない。この故に結合の中枢は常に不安定であり、動揺するものである。……このように結合の中枢が動揺することは、同時にそこに権威が発生しないことを意味したが、それは他面、同族の統制従属関係を脆弱にし、統制者と従属者間に特に緊密たる関連を発生せしめない。勿論そこには上下関係が生ずるのではあるが、それは特別の権威を背景とせず輩と年齢の差以外には殆ど上下の差がない対等関係になるか、さもなくば富力や能力による実力的な支配関係となる」(福武 1976：368-9)。

他方、ドアラは20世紀初頭の華北農村の族長について、「寺北柴村では、族長は宗族の中の最高の権力者である。仮に裕福な人も族長に従わなければならない。また、族内の人が養子をもらう時、財産を分割する時など多くの場面において族長の承認を得なければならない。役人も族長の権力を認めている」(P・ドアラ 2003：61-67 要約) と、福武とは異なる見解を示していた。

段村の宗族も族長がいる。彼らは族長のことを家長と呼んでいる。分派していない李氏宗族の家長は一族の族長であり、分派した閻氏宗族と馬氏宗族の家長は支派の族長であり、その上位の宗族全体を統合する「門中」[5]の族長はない。家長となる人は族員から選出されるのではなく、族内の最高輩の最年長者がその地位に就く。しかも、その人の経済的状況や社会的地位とは関係がない。ただ、輩分も年齢も同じであれば、威信の高い人がなるのが普通であり、これが昔からの伝統であり、現在でも守られている。

閻氏と馬氏の人の話によると、旧中国社会では、この地域の慣習として、族員が土地を売却する時に家長の同意を得なければならない。また、男性が結婚する時や兄弟**分家**[6]や家族のもめごとを解決する時には、家長と「本家大叔」[7]を呼ばなければならない。結婚する時には、もちろん家長と「本家大叔」を招待するが、特に「**分家**」する際には必ず家長と「本家大叔」に立ち会ってもらい、家の財産が全部公開され、家長や「本家大叔」が全権をもって配分の仕方を決める。当事者本人たちの意見は無視され、たとえ不公平だと思っても反発することはできなかった。現在なお、結婚する時や**分家**する時、もめごとを解決する時には家長と「本家大叔」を呼ぶ慣習がかなり残っているが、人と場合によるようである。一方、旧中国の社会と異なり、現在、多くの場合、**分家**や

もめごとを解決する時には当事者本人たちの意見が尊重される。家長と「本家大叔」は単に証人として呼ばれ、また喧嘩になりそうな時に調停役を務めてもらうだけになりつつある。

　日本には跡継ぎがない場合は養子をもらう制度があるが、この地域でも養子をとる慣習がある。叔父の家の男の子を「頂門人」[8]として迎えるのが一般的なやり方である。李氏と馬氏Aの族譜からこのような養取りの例が何回も記録されている。この時も家長や「本家大叔」に相談し、了解をとる必要があり、特に「本家」[9]でない家の子ども、つまり宗族以外から子どもを「頂門人」として迎える時には必ず許可を得なければならない。そうでないと家譜に記載することは許されない。また「招女婿」[10]を迎える例もあるが、婿の姓は実家の姓のままで、生まれてきた孫の姓を族の姓にするのが一般的である。「招女婿」の時にも家長に報告する義務がある。特別な理由がない限り、その家の意思が尊重され、家長もそれを認める。筆者が聞き取りをした村民任氏は、いまから30年ほど前に李氏の一人娘と結婚をし、2女2男の子どもを授かったが、本人は姓を変えず、子どもの内1女1男に李の姓を名乗らせ、李氏の後継ぎにした。この時もやはり家長などに報告したとのことである。

　中国では輩分と年齢は社会的地位を示す強力な指標である。だから、族長に最高輩の年長者がなるのは、高輩者、年長者がつねに上位にあるからである。この特徴は中国社会における尊々主義の表れであると思われる。高輩者・年長者が上位にあることは、中国における彼らに対する敬愛の情からであり、東洋の家族的要素に起源する（清水 1942：478）という指摘は、ここ段村でも証明されたといえる。段村の宗族調査から、現在では家長の権限は以前に比べると弱くはなってきたが、しかし、尊々主義が宗族内部の関係を規制し、高輩者、年長者を尊敬する伝統的な規範意識がまだ残っており、家長の存在意義は依然としてある程度存在しているということがいえる。

(2) **宗族内成員間の関係**

　中国の村落社会における宗族内の関係は、個人と個人、世帯と世帯の間の様相がそれぞれ異なる。

　個人と個人の関係は、基本的に尊卑と親疎に基づいて決まる。尊卑は縦の上

第2章 血縁集団——宗族の歴史と現状

下関係のことで、高輩者、年長者は尊で、低輩者、年少者は卑である。親疎は横の血縁関係のことで、血縁関係が近ければ親で、遠ければ疎である。したがって、宗族内部において血縁が近ければ近いほど、関係が親密で、遠ければ遠いほど関係が疎遠である。疎遠になる最終的な結果は分派である。

段村で、尊卑を重視する慣習をごく普通にみることができる。村民の間では、年齢が上で輩分（世代）が下であれば、年齢が下でも輩分（世代）が上の人を伯父と呼ばなければならない。男女が結婚相手を選ぶ時にも相手の輩分（世代）をかなり意識し、男女の間に輩分（世代）が異なると、村民に笑われると聞いた。特に宗族内部では上下関係が決まっていて、族員たちは自分の族内の位置を常に意識している。この上下関係は、人の社会的地位の高低や経済的勢力の強弱によって図られる社会的な階級、階層の意味の上下でもなく、またそれに左右されることもない。あくまでも、輩分（世代）と年齢によって決まる縦の上下関係のことである。したがって、輩分（世代）が上の人ほど上位にあり、下の人ほど下位にある。年齢も同じである。

具体的な例として、閻氏宗族の東支派には、11代目から男の子に名前を付ける時、鐘・生・家・世・永・澤・蜀・学・士・川の文字を世代ごとに分けて使わなければならないとの決まりがあり、世代間の縦の関係を重要視していることが分かる。また、李氏宗族を調査する時にはおもに60代、70代の年配者から聞き取りをしていたが、族長は30代の人であった。こんなに若いのに「なぜ族長になれるのですか」と尋ねると、彼の世代が上だからと語ってくれた。

親疎関係を重視するのも同じである。閻氏宗族、馬氏宗族の場合はこのように血縁関係が疎遠によっていくつかの支派に分かれた。現存の支派も世代が深まるにつれ、血縁関係が遠くなると、さらに分派するそうで、馬氏Aの内部にすでに分派する動きがあると聞いた。分派後の成員たちは同じ祖先の子孫だという意識はあるが、日常生活の中においては宗族ではなく、隣人同士と同様に日常的な付き合いをする程度である。

その一例として、2004年8月19日に現地で調査を行った際に、ちょうど馬家街に葬式があって、亡くなったのは馬氏宗族の男性の母親であった。その時に聞き取り調査をしていた馬氏の男性に「葬式行事の手伝いをしますか」と尋

ねた。男性は「彼らは私の**本家**ではないので、手伝いに行かない」と答えた。さらに「参加しますか」と尋ねると、「隣人として参加する」と答えた。

　もう一つ例をあげると、たとえば、馬氏Aに族譜があるが、族譜に記載しているのは馬氏宗族全体の始祖とA支派の始祖8代目から現在までの子孫であり、B、C支派の子孫についての記載はない。また、閻氏宗族も東支派に、男の子に名前を付ける時には世代ごとに使うべき字が一字決まっているが、西支派にはこのような決まりがない。したがって当初、同じ宗族あるいは支派に属しても、血縁の親疎によって内部は分派する。しかも、その後に支派と支派の交流はほぼない。このことは支派ごとに決まりや慣習が異なっていることからも分かる通りである。

　世帯に関していうと、段村では世帯を戸と称する。この戸とは、男性が結婚し、経済的に親から独立し、新たに設けた新しい世帯のことをさす。戸と戸の関係を祖先祭祀からみることができる。まず祭祀の場所であるが、祠堂が残っている閻氏宗族を除き、宗族成員の家で祭礼を行うことは、各宗族にみられる共通のルールである。次に、宗族の祭礼の世話役は戸を単位に輪番制をとっている。この輪番制は、その戸の経済的状況、社会的地位とは全く関係がない。戸が設けた時点に親からすると、男性はすでに一人の成人男子として独立したことを意味する。宗族集団からすると、宗族の一人の成人男子として共同祭祀の世話役の責任が負わされ、その任務を果たさなければならない。この祖先祭祀に関する決まりから、戸と戸の間に上下関係がなく、平等であることが分かる。宗族成員であるということは、その人の社会的地位の高低や経済力の強弱とは関係ないだけでなく、戸と戸の間でも互いに平等な資格を有するという横の関係のあることが分かる。

　個人と世帯の関係以外に、宗族成員の義務・権利をみても、その関係性が分かる。段村の宗族の場合、男性は生まれつき宗族の成員となり、祖先祭祀は男性の責任であると同時に義務でもある。かりに村から離れても、自ら連絡を断たない限り、その責任と義務は一生続くもので、剥奪されることはない。その代わり、自分が死亡した後に「神子」に記入される権利があり、祭祀の対象となることができる。その外、祖先祭祀にかかる費用負担という点でみると、負担金額は世代、年齢、そして個人の経済的な貧富とは無関係に、全員平等に負

担をする。このことからも、宗族門下に属するすべての男子宗族成員の権利と義務は平等であるということがいえる。

2 宗族機能
(1) 祖先祭祀

　従来の研究によると、宗族にはさまざまな機能があるが、最も重要なものは祖先を祭祀することである。中国の東南地方の宗族には、大きな祠堂と多くの「族産」[11]があり、祭祀費用は族産から出費をし、祠堂で祭祀することが一般的で、牧野は「祠堂を特別に建造することは中国の宗族の理想であり、実際にも広く行われている」（牧野 1980：189）と指摘している。しかし、華北地方の宗族をみると、周知のように、そこには族産も少なく、ほとんどの宗族に祠堂もない。段村の宗族も、閻氏宗族だけに祠堂があり、閻氏宗族はここで祭祀をするが、他の宗族は族員の家で行うのが慣例である。

　村人の話によると、文化大革命中に「神子」が押収され、祭祀活動は禁止されていたが、各宗族はこっそり祭祀を行っていたとのことである。改革開放後、「神子」が返還されたケースもあれば、紛失したケースもあったが、1980年代からは各宗族が「神子」を作り、祖先祭祀を復活し、しかも年々盛大に行われるようになったと聞いた。

　中国人の多くは人が死んでからも霊が生き続けていると考え、亡くなった祖先は正月に村へ戻ってくると信じている。民俗学者永尾龍造の研究調査にもあるように、旧暦の年末に祖先の霊を迎え、家族とともに年を迎える風習が中国全国にある。旧正月になると、家譜と呼ばれる一枚の掛け軸に代々の祖先の名を書きつらねたものを掛けて、線香を焚き、供え物をならべ、拝むのである。この風習は祠堂のない者でも、必ず祖先の系譜を掛けて祭るのである。家系を重んずる中国では、その系図を記した家譜を非常に大切にする（永尾 1973：251）。

　段村の各宗族にも同じく旧正月1日に祖先祭祀の慣習がある。村人たちは人は死んでからも霊が生き続けていると考え、亡くなった祖先が正月に村へ戻ってくると信じている。慣習として、大晦日の夜、宗族の代表が村の外で祖先を迎える「迎神」の儀式をし、村まで迎え、祭場に「神子」を掛ける。正月1日

の午前中に一族の者が祭場に集まって、共同で祖先祭祀をする。その時、線香が焚かれ、供え物がならべられ、爆竹をならし、祖先を拝む。そして、夕刻に「神子」を下ろし、村の外で祖先を送る「送神」の儀式をして、祖先祭祀の行事が終了する。供え物をならべ、款待し、鄭重に祭ることによって、祖先を永く安らかに眠らせ、祖霊が村から無事に帰り去ることを祈る。祖先祭祀行事の様子から、中国人の祖霊観が分かる。

　また、祖先祭祀の時に掛ける「神子」という呼び名から彼らは、祖先を神格化していることが分かる。亡くなった祖先が神となり、将来自分が死んでからも神に昇華でき、子孫が自分を祭ってくれるという期待感をもっている。

　筆者が祭祀の儀式を目の当たりにしたのは2009年の春節の時で、閻氏宗族、李氏宗族、そして馬氏宗族の儀式を観察することができた。ただ、馬氏宗族は合同祭祀ではなく、支派ごとに祭祀をし、しかも各支派はほぼ同じ時刻に儀式を行うので、馬氏Bの様子しかみることができなかった。その詳細は第3節にゆずる。

(2) 相互扶助

　同じ宗族の成員として、日常的にどのような付き合いがあるのか、宗族ごとに尋ねた。閻氏宗族の東支派の族長の話によると、同じ支派の成員が一堂に集まるのは旧正月1日に祖先祭祀をする時だけである。その時は相談ごとをしたり、また、各戸が他の宗族成員に知らせることがあれば、知らせをしたりする。祭祀が終わり、普段の生活に戻ると、付き合いはほとんどなく、結婚式と葬式の時以外に支派の宗族成員が集まる機会はめったにない。

　成員に知らせる内容は、おもに男性の結婚予定についてである。たとえば、自分の息子は今年何月何日に結婚式をあげることを告げて、式への出席を要請する。それは、族内の男性が結婚する時には宗族内の男性を呼ばなければならないし、また族員がその手伝いに行かなければならないという伝統的な決まりがあるからである。結婚以外にも、族員が死亡し葬式をする時には一戸から一人の男性が手伝いに行くとか、男の子が生まれた時には祝いに行くといった決まりもあると語った（女性が結婚する時、あるいは、女の子が生まれた場合にはこの決まりに従う必要はない）。ただ、これらの決まりは口頭のもので、はっきり

文書として示されるわけではない。

このような冠婚葬祭の付き合いは支派内に留まっており、東支派の人が西支派に行ったり、西支派の人が東支派に行ったりすることはない。つまり、冠婚葬祭の付き合いも「神子」を共有する支派の範囲内に限られるのである。その他の付き合いとして、だれかが重病になり、どこかの家に何か不幸が遭った時には、援助する場合もあるが、それも「五服」以内に限定し、それ以上の血縁関係が離れると、まして支派を超えてすることはない。閻氏宗族は祠堂があるため、各支派は祠堂に集まって祖先祭祀を行うので、他の支派の人たちに会うことができるが、挨拶を交わす程度である。

李氏宗族の成員のほとんどは鉄門街に住んでいるが、彼らも普段は近隣同士のつきあいをする程度である。ただし、冠婚葬祭に関して、李氏宗族には昔から伝承してきた慣習がある。それによると、李氏宗族の男性が結婚する時には、その家が招待状を出して客を招く。この方法は「倒請」という。この意味とは招待された人は結婚式に参加できるが、招待されなかった人は参加できないことを意味する。

葬式の場合には、結婚式の時と違って、喪主の家から知らせも出さないし、特別に連絡することもしない。族内のだれかが亡くなったと知れば、族内の男性が自主的に手伝いに行かなければならない。一戸から一人が行くのは普通であるが、数人が行っても差し支えない。この冠婚葬祭に関する慣習は李氏宗族の「不成文的規定」（文章化されない決まり）であり、現在でもこの慣習が守られている。

金銭的な貸し借りについて一部の村民に尋ねたてみたが、その内の一人から「私は宗族の人と金銭の貸し借りはしない」との回答を得た。「普通は族員や近い親族から貸し借りは多いのではないですか」と質問を続けたが、それは違うとの返答があった。なぜかというと、「近い人に貸すと長い間貸しっぱなしになることや、場合によっては返してくれないこともある。その場合も無理して返せとは言えないし、言ったら喧嘩になる心配がある。だからこのようなトラブルを防ぐため、族員間や近親間の貸し借りは避けるようにしている」とのことである。ただ、成員間は全く助け合いをしないのではなく、子どもの就学や就職のことで互いに世話をすることが多いとも語ってくれた。

馬氏宗族からの聞き取り調査からも、支派内の人たちは冠婚葬祭以外に日常的な付き合いはほとんどないことが分かった。馬氏Aに属する人の話によると、始祖の8代目から現在まで200年以上が経っており、血縁関係も遠くなっている。また支派内部に分派する動きもあるため、近年になってから冠婚葬祭の付き合いもより血縁関係の近い親族だけに知らせるようになった。つまり、支派内の付き合いから、支派内のより近親者の付き合いに変わっていく傾向のあることがうかがえる。また、かつて家を建てる時にはおもに族内の人たちの助けで建てたが、近年は建築専門の「工程隊」[12]に委託することが多く、族内の「幇工・換工」[13]も少なくなってきた。中には、「現在の若者は私たちと比べて宗族の意識はたいぶ希薄になってきた」と語る老人もいる。

第3節　祖先祭祀からみる宗族の一体感と分節化

宗族の最も重要な機能は祖先祭祀であることは前述した通りであるが、この節では祖先祭祀からみる宗族の一体感と分節化について論じる。

1　祭祀の参加者と目的

一般に祖先祭祀に参加できるのは、その宗族門下の男性のみで、女性は祖先祭祀に参加できない。段村も同じで、宗族あるいは同じ支派に属する男性が祭祀行事に参加し、共同で祖先祭祀を行う。これは、宗族の永続は男性のみによって維持されるという考え方から由来する。村には、結婚して1年未満の男性と新生男児が生まれた家は、祭祀の際、祖先に「喜喜銭」[14]を納める習慣がある。新婚の男性は男の子が授かるように祈り、男の子が生まれた家は授けられた感謝の気持ちを込め、「喜喜銭」を納めるのである。中国人の間では、昔から祖先や親に対する一番の不孝は、男の子がいないことといわれている。男の子孫がいないことは後継ぎがいないと共に、祖先祭祀もできなくなり、これこそ祖先に対する最大の不孝であると思われている。この考えは儒教思想から由来し、祖先を祭祀することは男としての祖先への尊敬・孝行の行為である。ただ、李氏宗族は近年、女性にも祭祀活動への参加を許容するようになった。詳細は第5章で論じる。

宗族成員は同じ村に住んでいても、日常生活の中での付き合いは少なく、時には摩擦やトラブルが起こる場合もある。特に村から出た族員とはめったに会うことができない。そこで族員は年に一度の祖先祭祀の機会を利用して全員が集合し、話し合いの中で摩擦をなくし、仲よくなろうとする。また、男性の族員の人数を確認し、族内の長晩、尊卑、親疎の位置関係を若い世代に知ってもらいい機会と捉えるむきもある。つまり、祖先祭祀は、宗族帰属の自明性を高め、日常生活の中での不愉快なことを忘れ、非日常的なひと時を楽しむ場であると同時に、親々と尊々を経緯とした宗族内部の人々の諸関係を律する場でもあると考えているのである。

2 祭祀の対象

中国人の祖先祭祀の対象は基本的には始祖とその男性子孫だが、ただし、だれを始祖にするかについては、さまざまな考え方がある。牧野の研究によると、中国の族譜に現れる始祖は次のようなケースがある（牧野 1980：148-149）。

a. 世系をできる得る限り遡ってその終点に当たる人を始祖とする。
b. 始めて現在の姓氏を名乗った者、或いは名乗るに至った原由をなした者を始祖とする。
c. 祖先中の偉人を始祖一世としてそれから世数を数える。
d. 最も一般的な場合としては、初めて現住地に移住した人、或いはそれ以前において顕著な移住をした人を始祖とする。
e. また単に支派の最初の祖先を始祖とする。

段村の宗族はだれが始祖であるかは、「神子」をみれば一目瞭然である。したがって、李氏宗族はdのケースに当たり、閻氏と馬氏はeに当たる。これらの宗族は始祖を「老祖宗」、「太祖」あるいは「祖宗」と呼ぶ。「老祖宗」と「太祖」と呼ばれる人たちは、初めて現住地に移住した宗族の創設者で、いわゆる一族の始祖であり、「神子」には一般的に「一世祖」と書く。一族が分派をし、支派を形成した後、新たに「神子」を作り、そして支派の始祖をたて、その始祖を「祖宗」と呼ぶ。

「太祖」門下にしろ、「祖宗」門下にしろ、始祖以降の男性族員を「神子」に書きならべる。したがって、彼らの祭祀の対象はその宗族門下あるいは支派門

下のすべての男性を意味する。ちなみに、閻氏宗族の東支派の祭祀対象は6代目以降、西支派は5代目以降、李氏宗族は1代目以降、馬氏Aは1代目と8代目以降、馬氏Bは9代目以降、馬氏Cは8代目以降のすべての男性がそれに該当する。また、中国では男性の家に嫁いだ女性も宗族成員になるため、男性の妻も「神子」に書かれ、祭祀の対象となる。そして、結婚しなかった男性、あるいは結婚しても男の子が生まれなかった男性、つまり後継ぎのない男性も「神子」に書かれ、祭祀の対象とする。この時は、当該男性の直系子孫ではなく、他の宗族成員が彼らを祭祀することになる。

3 祭祀時期と場所

　筆者が調査した六つの宗族はいずれも、現在、年に一度旧正月1日に祖先祭祀を行っている。

　祠堂で祖先を祭祀するのは一般的だと思われており、それが理想とされているが、華北農村には祠堂がある宗族は少ない。段村に祠堂が唯一残っているのは閻氏宗族で、2001年の聞き取り調査時に、四つの支派が共有する「老神子」と支派が所有する「小神子」を掛けると聞いたが、2009年の調査でみたのは、東・西支派の「小神子」だけで、東と西支派が祠堂で合同の祖先祭祀を行った。「神子」の掛ける場所は決まっており、正面から見て、左側は西支派の「神子」で、右側は東支派の「神子」である。ただし、供え物や爆竹などの物は各支派が準備し、共同購入ではない。

　馬氏宗族の三つの支派には共有の「神子」がなく、また彼らの宗族に祠堂があったかどうかも定かではない。老人たちの話によると、彼らの記憶している限り、祖先祭祀は宗族成員の家で行われたとのことである。このような方法を「串家戸」[15]という。旧正月1日に族員が「神子」を掛けている族員の家へ行き、祭典に出席する。

　2009年の場合、馬氏Bの祭場は民家の一室に設けてあった。部屋の壁に「神子」が掛かっていて、その前に祭壇がある。祭壇の上に肉、饅頭や果物などの供え物がならべてあった。祭祀は昼12時ごろに行われ、人々はその前から続々と祭場に集まり、春節の挨拶をしていた。12時前になると、責任者は「もうすぐ祖先祭祀を始めるので、皆さん並んでください」と声をかける。す

ると「神子」が掛かっている部屋で、前に年長者、後ろに若者が並び始めた。12時になると、責任者が「今から祖先祭祀を開始します」と掛け声をかけ、人々はそろって「神子」の前に跪き、3回拝む。前列にいる何人かの長老はバケツのようなものに紙銭を入れて燃やし、地面に酒を散らす。これは、祖先にあの世で使う金を送り、酒を捧げるという意味である。儀式が終わると、一族の人々は歓談し、子どものこと、家庭のこと、儲け話などの話題で盛り上がり、そしてやがて散会となる。

　支派が共同で祖先祭祀を行う以外に、個人の家でも自分たちの祖先を祭祀する。馬氏Aの村民馬XHは自分の家で祭っている祖先の位牌をみせてくれた。支派の祭祀の対象は始祖以下の子孫であるが、家で祭っているのは馬XH自身から三世代前の祖先まで、つまり曾祖父、祖父と父である。自分が死亡すると、自分の名前が書き入れられ、曾祖父の名前が外される。

　本書第一部の中で、大宗の祭祀範囲が遠祖まで遡ることができ、小宗の祭祀範囲が高祖父までだと紹介したが、馬XHからみると、高祖父よりさらに血縁が一世代の近い曾祖父までとなっている。しかし、彼の息子からみると、高祖父までとなっている。馬XHに、この位牌をどの息子に守ってもらうかと尋ねたところ、「長男です」と答えた。したがって、現在の村民たちの意識の中に、小宗の範囲がきわめて重要な意味をもち、その範囲もきちんと守られ、彼らが中国の伝統的な慣習を次から次へと伝承していることが分かる。

写真23（左側）閻氏西支派「神子」と供物、写真24 正面、写真25（右側）閻氏東支派「神子」と供物、2009年1月26日。

写真 26（左）馬氏 A の「神子」2001 年 8 月 2 日、写真 27（中）馬氏 B の「神子」2009 年 1 月 26 日、写真 28（右）馬氏 C の「神子」2001 年 8 月 6 日

写真 29　馬氏 B 祖先祭祀の様子
2009 年 1 月 26 日

写真 30　馬氏 B「神子の保管箱」
2001 年 8 月 6 日

　李氏宗族の「神子」は、かつては家長の家で保管されたが、現在は族員の家で一年ごとに輪番で保管されている。また、祠堂がないため、祭典は族員の家で行われる。祖先祭祀の儀式が終わった後、祭宴があり、祖先祭祀に参加した宗族全員が参加できるのが伝統的な慣習で、いまでも継続されている。前述したように、李氏宗族は近年、女性も祭祀活動に参加できるようになり、祭宴にも出席できる。

　2001 年の各宗族の神子の保管場所については、表 2 にて示した通りであるが、閻氏の西支派が祠堂で保存している以外、各宗族の「神子」は族員の家で

第 2 章　血縁集団——宗族の歴史と現状

写真 31　馬氏 A の村民馬 XH の家の位牌
2012 年 8 月 23 日

写真 32　馬氏 A の族譜と神子の保管箱
2012 年 8 月 23 日

保存している。ただし特定の族員の家ではなく、輪番で保存するのである。また、「神子」を保存する人はその年の祭祀の世話役も担当し、世話役の家で祭場を設け、祭祀を行うのが一般的である。世話役は 1 年ごとに交代し、儀式が終わった後、来年の世話役に祭祀用の「神子」など支派の共有財産を引き渡し、1 年間責任をもって保管してもらう。支派内の世話役は「戸」を単位に輪番制でなされ、戸主男性が担当に当たる。一般的に「戸」というのは男性が結婚した後に親の戸籍から転出し、経済的に独立した家庭を意味する。つまり男性は親から独立した後に、祖先祭祀の世話役を担当する義務が発生する。

　輪番の順番であるが、彼らの言葉でいうと「按長晩老幼排」となっている。「長晩」というのは輩分の長輩と晩輩を意味し、「老幼」というのは年齢の上と下を意味する。つまり祭典の世話役は輩分の高い順から低い順に、同じ世代は年上から年下の順に廻ることとなる。

4　祭祀費用

　祭祀にかかる費用は基本的に宗族成員から徴収する。現在、李氏宗族、閻氏宗族の東・西両支派、馬氏宗族の A、C 支派は「丁」から徴収する。B 支派は「戸」を単位に徴収する。

　具体的にみると、閻氏宗族の祭祀にかかる費用の分担方法について、東支派の家譜の序には、「今後、長晩老幼の順で祖先祭祀の祭典の世話役を担当し、必要な資金、費用は 15 歳以上の人丁が分担する」とある。

第二部　山西省農村における宗族と社の歴史的変遷と現状

写真33　鉄門李氏の「神子」と供物
2009年1月26日

写真34　祭宴を準備する様子
2009年1月26日

　15歳以上の「人丁」が分担すると書いてあるが、実際にこの「人丁」は男性だけを指し、女性は「人丁」に加算されず、当然負担金を払わなくてよい。一人当たりの負担金額は家長と族内の年輩者が相談した上で決め、世話役が事前に集め、祭祀当日の必要品の購入に当てる。その年の状況によって負担金が変動することはあるが、「長晩老幼」に関係なく、同じ金額を負担するのが原則である。西支派の規定は東支派とほぼ同じである。宗族は決まった負担金以外に寄付することもできる。寄付するかしないか、寄付する金額も決まりがなく、本人の自由である。

　馬氏Aと馬氏Cも閻氏と同様に、祖先を祭祀する時に供え物等を購入する必要経費は15歳以上の「男丁」が分担する。ちなみに馬氏Aの帳簿によると、1983年に一人当たり0.2元を負担し、45人から9元を集めた。1992年には44人から88元を集め、一人当たり2.0元であった。2001年になると、一人当たりの負担金は10元になり、49人から490元集めた。

　馬氏Bは、馬氏Aと馬氏Cと異なり、「戸」を単位に費用を集める。1戸の男性の人数や、その家の経済的な事情とは無関係に、同額の費用負担が求めら

れる。なぜ人丁ではなく、戸を単位に集めるのかを尋ねると、この支派は従来から男性が多く、戸数も多い。「戸」を単位に集めた金は祭祀費用を十分賄えるからだと語ってくれた。

　李氏宗族の祭祀に必要な費用は、2000年までは「男丁」のみ負担したが、現在は女性からも「丁銭」を徴収するようになった。また、李氏の帳簿から費用の徴収金額は時期によって異なっていたことが分かった。1898年から1914年までの帳簿に祭祀費用の出所についての記録はないが、祭祀が行われたことは書かれている。したがって、その費用は族員から徴収したのではない。1915年以降に「人丁銭」と「喜銭」の記録が出るようになったことから、この時から現在に至るまで、祖先祭祀費用は族員が分担するようになったと思われる。なお、その詳細は第4節で論じる。

　個人あるいは「戸」から費用を徴収するということは、ある意味で強制的に行われるが、それ以外に、結婚して1年以内の新婚男性の家と男児が生まれて1年未満の家は、祖先に報告する意味で、加えて感謝の気持ちを表す意味で、「喜喜銭」を寄付する慣習がある。これは各宗族の間に共通する。この寄付行為は決して強制ではなく、金額についての決りもない。馬氏Aの帳簿には、男児が生まれた家と結婚した男性の家から寄付があったとの記録がある。たとえば、1980年代には0.4元を寄付した家もあれば、2元を寄付した家もある。1990年代以降になると、大体10元〜20元を寄付し、最高額は50元であった。これらの族員から寄せられた金は祭祀に必要な品物を購入するために使用され、残った金は翌年に繰り越す仕組みになっている。

　以上、祖先祭祀に関する各項目から宗族をみたが、各宗族とも同じ祖先の子孫で血縁集団であるという意識をもち、祖先祭祀の目的も同じであることが分かる。しかし、血縁が遠くなるにつれ、分派をするのが一般的で、分派以降に各支派の始祖の決め方や、祭祀に関するルールにも差異が生まれ、結合が支派に留まる傾向があることも分かった。1代目から現在まで500年近く分派していない李氏宗族は、むしろ珍しい。

第4節 「銀銭流水帳」にみる祭祀の変遷——李氏宗族の場合

前節において、宗族の祖先祭祀に関する現状をみたが、本節では「銀銭流水帳」の記録から李氏宗族の祭祀に関する歴史的変遷を検証する。

李氏宗族の「銀銭流水帳」は、現在三冊残っている。一冊目は光緒24年（1898年）から光緒35年（1909年）まで、二冊目は宣統元年（1909年）から新中国が成立後の翌々年1951年まで、そして三冊目は1952年から1964年までのものである。二冊目中の1911年と1912年の記録、および三冊目の1959年から1963年までの5年間の記録はなく、その理由も分からない。

1 祭祀時期

1898年から1964年（記録のない年度を除き）まで、帳簿には必ず祭祀に関する記録がある。それは「年節祭祀」[16]、「清明祭祀」[17]、そして「正月15祭祀」[18]の三種類である。「正月15祭祀」は祖先祭祀ではないので、第4章で論じる。

「年節祭祀」は旧正月1日に行う祖先祭祀であり、「大年（正月）祭祀」や「過年（春節）祭祀」と記録された場合もあれば、「大年劇祭祀」・「大年羊児」と記録されたこともある。「大年劇祭祀」とは祭祀行事を盛り上げるために劇団を招いたことを意味し、「大年羊児」とは盛大に祭祀行事をする場合、羊を1頭まるまる買って供えたことを意味すると聞いている。このような記録から、正月に行った祖先祭祀行事の形や規模に多少の違いがあるが、1898年から1964年までの70年近く毎年欠かさずこれらの行事が続けられていたことが分かる。

現在、李氏は宗族の行事として「清明祭祀」をする慣習をもたないが、帳簿には1940年まで毎年清明祭祀の支出があった。したがって1940年以前は清明祭祀も年節祭祀と同様に宗族の行事であったと思われる。「清明上墳」と記録されたこともあることから、清明祭祀は宗族の墓参り行事だったことが了解される。しかし、支出金額を清明祭祀と年節祭祀とで比較すると、清明祭祀にかかった費用は年節祭祀より少ない年が多い。そのことから、李氏宗族は年節祭

祀をより重要視し、清明祭祀は1940年以降に宗族合同で行わなくなったと思われる。詳細は付属資料３鉄門社（李氏宗族）流水帳簿を参照されたい。

[2] 祭祀に使われる「神子」

　祖先祭祀は「神子」を掛けて一族が集まって行うのが慣例である。1980年代以降、李氏宗族が族員から二度金を集めて「神子」を作ったことは、先述した通りである。1905年の李氏の帳簿に「画神子」という支出項目があり、支出した金額は8,000文である（この地域では「神子」を作ることを現在でも「画神子」という。「神子」とは宗族成員が死亡した後にその名前を書き入れる大きな布で作ったもので、その上に人物や、風景が画かれていることから「画神子」という）。しかし金額の記録しかなく、「画神子」にかかった費用の由来に関する記録を欠いていたため、現在のように族員からそのお金を集めたかどうかは不明である。それ以降、「神子」に関する支出がないため、文化大革命の時に紛失したのは1905年に作った「神子」であると思われる。いずれにしても「神子」は祖先祭祀に欠かせないものであることが分かる。

[3] 祭祀費用

　祭祀行事を行うには費用がかかる。その費用のもととして多くの研究者が注目したのは族産、おもに族田である。「族田はおもに義田と祭田があり、義田とは宗族の贍養或は救卹のために設けられた田産であり、祭田は祖先祭祀の用に供するための田産であって、祭祀そのものの費用はもとより、祠墓の祭掃および修茸、祭の後で行われる族宴或は演劇などの費用も同じく祭田の租の収入に求められる」（清水　1983：5-11）という分析があり、「華北農村の宗族は族田が少ないため、不足は族員から徴収することもある」（福武　1976：354）という。したがって、祭祀にかかる費用は族田の収入や族員から徴収するのが一般的であったといえる。李氏宗族の三冊の帳簿を精査したところ、祭祀費用は時期によって異なることが分かった。

　①祭祀費用の出処が明記されない時期。1898年から1914年までは、祭祀についての記録はあるが、費用の出処についての記録がない。帳簿の収入を調べたところ、1898年、1900年、1901年、1902年に「租地」[19]という項目の収入

があり、金額は4年とも2,520文であった。同じ年に「良塩税」[20]、「皇差」[21]といった項目の支出があった。李懐印の研究によると、「清朝の末に差徭等があり、支払う金額は政府の必要に応じ、またその年の収穫によって決め、所有する土地によって攤派される」(李懐印 2001：81)とある。一般的にいうと、土地は各家族が所有するものであり、各種差徭も家族単位に納付するものである。李氏宗族が共有する帳簿に「租地」の収入と「糧塩税」、「皇差」等の支出が記録されたことから、この土地は個人のものではなく李氏宗族の土地である可能性がきわめて高い。「租地」とは田を人に貸出し、収入を得ることであり、祖先祭祀に必要な費用の一部はこの収入から支出したと思われる。

ほかに、帳簿の収入の項目に多く記録されていたのは「利銭」[22]と「本銭」[23]であり、そのうち「利銭」の返済が圧倒的に多い。返済者の内、「外姓人」の名前もいたが、ほとんどは李という姓の人である。その他、「復源長」、「富有泉」、「大泉玉」、「徳興玉」等明らかに人名ではなく、店舗の名前も度々帳簿に出てくる。

帳簿の記入方法は統一しておらず読みにくいところもあるが、入金が上段に、出金が下段に記録されており、収支の区別はつきやすい。祭祀費用に関しても、どの収入から祭祀費用を支出したかは明確に記録されていない場合が多いが、次のような記録もある。

　例1：収　(人名) 利銭×××（金額）文
　　　　出　大年祭祀銭　×××（金額）文
　例2：収　(店舗名)　×××（金額）文
　　　　出　祭祀銭　×××（金額）文

このように、個人から返済された利銭や店舗からの入金から祭祀費用を支出したと明確に記録している年もあった。

この期間の状況を総合的に分析すると、李氏宗族に田はあったが、租入が少ないため、祭祀費用の一部は返済された利銭で不足分を補った。特に租入が完全になくなってからは、すべての祭祀費用は返済された利銭に頼るようになった。時には銭舗から借金をして祭祀を行ったとも考えられる。つまり、その時の宗族の経済状況によって祭祀費用の工面の仕方は異なり、多様な方法で対応したと思われる。いかなる方法で工面されたものであれ、祭祀を欠かさず行

第2章　血縁集団——宗族の歴史と現状

ことが李氏にとって重要なことであったと思われる。

②祭祀費用の出所が明記される時期。1915年以降、帳簿は以前とは異なり、毎年の収入に必ず「人丁銭」と「喜銭」という項目があるようになった。

しかし、しばらくの間、金額しか書いておらず、納め方、人丁の数などを知ることはできないが、族員から集めたことが確かであろう。1943年以降になると人丁数が記録されるようになる。さらに、1951年、1958年、1964年の三年分の帳簿には一人当たり納める金額が明確に記録されるようになった。「喜銭」についてみると、1944年の収入の項目に「10家生子、取媳」という記録がある。「生子」というのは男の子が生まれたという意味であり、「取媳」というのは嫁をもらったという意味である。

聞取り調査の際、李氏宗族のインフォーマントたち

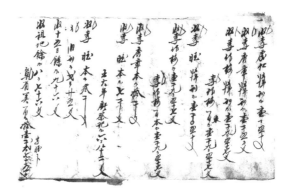

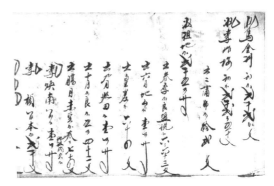

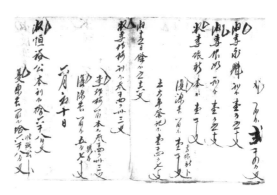

写真35（上）1899年、写真36（中）1900年、写真37（下）1903年の帳簿一部、鉄門李氏銀銭流水帳より。

が「人丁銭・喜銭」を納める慣習は「昔からだ」というが、はっきりいつ頃からかは知らない。しかし、「銀銭流水帳」からこの慣習が1915年以降に形成され、定着したのではなかろうと思われる。つまり、李氏宗族は1915年以降には族員が納めた「人丁銭」と「喜銭」によって祭祀行事を続けてきていると捉えられる。

　1915年から1948年までの帳簿に出てくる「人丁銭」、「喜銭」という項目以外に、1920年から1935年までは「天和厚」という店に「房」を貸し出し、「家賃」をもらったとの記録がある。「「天和厚」は木材を経営する商号である」(山西省史志研究院編 1994：145) と『段村鎮誌』の中に記述があった。1936年と37年には鉄匠から、1939年から1944年までは「広発堂」から、さらに1946年から1948年までは李××という人から、それぞれ「家賃」をもらったとの記録があった。「家賃」以外では、「賃風匣」や「賃響器」という項目の収入もあった。風匣は一度に多くの人の食事を作る時にかまどで使用する風を吹き込み、火力を倍増するものであり、響器は祭祀や冠婚葬祭をする時に山西省農村でよく使われる打楽器である。これらの記録から、李氏宗族は家屋、風匣と響器等の共有財産をもっていて、他人に貸し出し、それで収入を得ていたと考えられる。

　最後に、1949年から1964年までの帳簿をみていきたい。段村は1948年7月5日に解放され、1949年初に土地改革が完了した。一般に、解放後、土地改革運動により、宗族結合の基盤である共有財産が没収されたため、宗族活動もできなくなったといわれる。李氏宗族も1949年以降、それまでにあった家屋、風匣と響器などから得られる収入がなくなった。つまり、土地改革により、李氏宗族の家屋などの共有財産がなくなったと思われる。しかし、そのことがあったにもかかわらず、祖先祭祀には影響せず、「人丁銭」と「喜銭」によって祖先祭祀が続けられた。1950年と1951年には、お金ではなく食糧の粟を出し合う「人丁米」と「喜米」によって祭祀が行われた。解放後、「人丁銭」と「喜銭」以外に唯一記録された収入は、1956年の「売銅錫洋」と1958年の「売生鉄」による収入である。これは供器（錫製）、打楽器（銅製）と鍋（鉄製）を売った収入だそうである。供器と打楽器は祭祀の時に使われるものであり、鍋は祭宴の時に使われるものである。この記録から、土地改革の時になくなっ

た財産は李氏宗族の一部の財産であったが、この時点で、土地改革後もしばらく所有していた供器と打楽器はすべてなくなったと思われる。この時期に共有財産がなくなった背景として考えられるのは、当時「全国上下大煉鋼鉄運動」[24]が行われ、民間にある鉄や銅が収集されたことからである。そのため、李氏宗族が所有していた祭祀用の金属の器具も買収されることになったと思われる。しかし、共有した財産がなくなってからも李氏宗族は祖先祭祀を中断せず、祭祀費用を「人丁銭」と「喜銭」から求め、文化大革命が始まる1964年まで祖先祭祀活動を続けていたことを李氏宗族の帳簿から読み取ることができた。詳細は付属資料3鉄門社（李氏宗族）流水帳簿を参照されたい。

第5節　族譜編集の目的と契機——馬氏A支派の場合

　文化大革命の際、族譜や「神子」はすべて反革命的な「四旧」として批判される中、段村生産大隊も各宗族に族譜や「神子」を提出するように命令を出した。多くの宗族が所有していた「神子」や族譜を強制的に提出させられ、後に破壊され、紛失したが、馬氏Aの族譜は残っていた。2001年8月当時に「神子」と族譜を保管していた馬XHによると、族員の間にも真実を知る人はいないとのことである。一説では、文化大革命の際、すべての宗族の族譜が没収され倉庫に集められたが、馬氏のある族員が一族の族譜をこっそり持ち帰って家で保管し、改革開放後、祖先祭祀が許されるようになってから族員の前に出したとのことである。また一説では、当時宗族の共有物を保管していた族員は「神子」だけを出し、族譜はこっそりと家に隠し大事に保管していたとのことである。いずれにしても、族員の族譜への深い思いから、それは破壊されず、現在まで保存されてきたといえる。

　族譜の記録によると、この族譜を最初に編集したのは乾隆50年（1785年）で、編集者は11代目の瑛、璿と12代目の友智で、撰文と書記したのは12代目の彤芳である。民国28年（1939年）に15代目の継朋と継忠によって再編され、撰文と書記したのは16代目の建功である。1981年に再々編され、編集者は17代目の馬WDと16代目の馬XH、撰文と書記したのは16代目の馬YGで、表紙は民国28年（1939年）当時のものをそのまま使用している。

第二部　山西省農村における宗族と社の歴史的変遷と現状

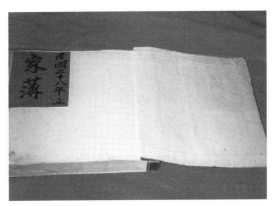

写真38　馬氏A族譜　2001年8月3日

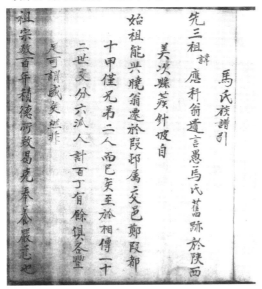

写真39　族譜序　コピー

[1]　族譜の編集に関わる人物と彼らの系譜関係

馬氏Aの族譜を詳細にみていくと、1代目二人、2代目は三人、3代目は三人、4代目は六人、5代目は六人、6代目は七人、7代目は八人いることが分かる。ただし、7代目までは名前しかないので系譜関係は不明である。8代目には五人がいて、その内の一人「尚鰲」は7代目「有」の息子であると記録してある。「尚鰲」には三人の息子がいて、長男、次男、三男の名前はそれぞれ徳、玉、衡で、彼らは9代目である。三人の内、次男の玉の子孫に関する記録がなく、代が途絶えたと思われる。三男の衡の子孫の名前は12代目に止まり、それ以降の記録はない。長男の徳の子孫は現在に至るまで記録は続いている。徳と同じ世代の9代目の中に、系譜関係が不明な六人がおり、名前は星、禎、祥、良、彦、炳である。六人の内、族譜に継続的に記録があるのは祥の子孫である。彼らが一体だれの子孫で、なぜ出自を明記しなかったのか、不明である。しかも馬氏の族員でも、ほとんどの人がこのような事実を知らないのである。いずれにしても、この族譜が主に徳と祥の系統の子孫の族譜であることに違いはない。

154

第2章　血縁集団——宗族の歴史と現状

徳には四人の息子がおり、名前は応吾、応屏、応科、応興である。祥には二人の息子がおり、名前は応亨と応達である。応吾は一人息子の瑔がおり、瑔には二人の息子、長男の友智（母親王氏）と次男の来宝（母親康氏）がいる。応屏には一人息子の瑛がおり、瑛には三人の息子がいる。長男・彤芳、次男・彤標、三男・彤哲がそれである。応科には二人の息子がおり、長男が瑢、次男が瓊という。瑢には三人の息子がおり、名前は来遠、致遠、行遠である。瓊には二人の息子がいて、名前は雲宵と九宵である。応亨には一人息子の駰がおり、駰には二人の息子、福寿と長寿がいる。応達には一人息子の昇がいて、昇には雲程、雲飛と呼ぶ二人の息子がいる。

以上の記録から、この族譜を最初に編集した11代目の瑛と瑢は従兄弟で、12代目の友智は瑔の長男で、瑛と瑢の甥にあたる。撰文と書記したのは瑛の長男、12代目の彤芳であることが分かった。族譜に記録している生年から、当時瑛は57歳、瑢は38歳、友智は45歳、彤芳は37歳であった。

再編したのは瑢の息子、12代目の来遠の曾孫にあたる15代目の継朋と継忠であり、二人は兄弟である。撰文と書記したのは瑔の次男、12代目の来宝の玄孫にあたる16代目の建功である。当時継朋は47歳、継忠は38歳、建功は31歳、建功は継朋と継忠の甥である。

再々編したのは三人である。一人目は建功の息子で17代目のWDであり、二人目は12代目の雲宵の玄孫にあたる16代目のXHであり、三人目は雲飛の玄孫にあたる16代目のYGである。1981年にXHは47歳、YGは42歳、そしてWDは36歳であった。XHとYGは従兄弟であり、WDは彼ら2人からすると甥にあたる。2回目と3回目の編集者はいずれも1回目編集者の直系子孫である。

2 馬氏族譜から読む族譜編集の背景と目的

宗族は族譜を編集する際、その目的や族規などをはじめに書くのが一般的であり、馬氏宗族の族譜のはじめには次のような言葉がある。

马氏族谱引
先三祖 讳　応科翁遺言愚马氏旧迹于陕西美次县蓁针坡自

155

始祖能与晓翁迁于段屯属交邑郑段都

　　　十甲仅兄弟二人而已矣至于相传一十二世支分六派人计百丁有余具各丰足可谓盛矣然非

祖宗数百年积德所致　克奉养严慈也

当烝所以以各申报本之素（言字旁）派可生也顾其始共一宗也已而运有其终其始同一祖也已而各有其祖每于春秋侑享时按图而索之世代非不分明而某兴某系某之高曾某兴某为某之祖父则欲询某自而遗老尽矣本支人共伤感之

严君讳 瑛 字瑞图起而嘱 愚曰 尔烝则膠痒尽为谱以慰诸父昆弟望 愚 应之曰唯唯弟不识其所以为谱者其命意宜何如耳

严君教 愚曰 远年之已失其传者疑以传疑可也近代之确而可按者信以传信可也某系某出则曰某生子某属毛禹里标著代也其本姓继嗣人则曰以某服姪为子某一祖同宗无容讳也其外姓入嗣人则曰某子某为亲者讳存忠厚也至于有德行明望者母溢词焉有功名成立者从实录焉愚受其意而谱之即因之以为序俾后之阅者庶几有所考云

时 大清乾隆五十年岁在乙巳建寅月下瀚 吉日立

经理人
第十一世孙
瑛　璿
第十二世孙
友智
第十二世孙邑　膳生员彤芳撰并书于步云草轩

经理人
第十五世孙　继朋　继忠
第十六世孙　建功 字嵩山撰并謄书于草轩

第 2 章　血縁集団——宗族の歴史と現状

再次经理人
第十六世孙　马 XH　马 XG
第十七世孙　马 WD
第十六世孙马 XG 膳书

本宅身子由于世代动乱于 1966 年被当时村政府毁坏多年没敬奉始于 1981 年本宅后　敬奉起义再造时十七世孙马 WD 捨身子布料而画工洋由本户人丁所湊绘画而成。

注
本宅身子影像由于前身子画工不雅布料不佳 86 年本宅后裔供奉时有本宅第十七世孙马 WD 自愿承当再画影像的重担于 87 年新正月初一已再画完工里面布料画工由十七世孙马 WD 施舍另有十六世孙马 XH 添施人民币二十元整
特此记载[25]

　族譜の冒頭の文章を撰文したのは 12 代目の彤芳であり、内容から馬氏宗族の当時の実態や、族譜編集の目的と背景を読み取ることができる。文章の内容は次の通りである。
「馬氏は始祖の馬能と馬曉以来、交邑鄭段都の段屯（現在の段村）に移住してきた。当時、兄弟は僅か二人だけであったが、族譜を編集する時期に至って、相伝して 12 世に及び、6 派に分かれた。族員は合計百人あまり、共に豊かになり栄えた。しかし、祖宗数百年の積徳のなせるところがなければ、どうして父母への孝養ができようか、できなかった。祖先祭祀によって各々天地祖先の謙が伸び派生している。顧みるとその始祖は同じで、そして各々その子孫に行き着く。春秋に祖先に供え物をして饗宴を催す時、系譜を参考にしてこれを探し求め、世々代々分明でないということはなかった。そして某は某の高祖、曾祖とつながり、某と某は某の祖父であるにもかかわらず、その由来を知ろうとしても生き残った老人もいなくなっている。本派、支派の人はともに残念に思い悲しんでいる」。
　以上の内容から、馬氏宗族がこの地に移り住んで以来、すでに二百数十年の

年月が経ったが、世代が離れても、血縁関係が遠くなっても始祖が同じで、同じ宗の子孫であることに対する編集者たちの強い思いが読み取れる。しかし、現状では、そのつながりを知る人はいなくなっている。このような背景の下、11代目の瑛は、このまま放置しておくと、一族の由来がますます分からなくなってしまうと考え、自分の息子である12代目の彤芳に、「お前はありがたいことに学生であるから、族譜を作って先祖、兄弟の願いを適えるべきである」と、族譜を編集するように促した。

彤芳は父親の話を聞き入れ、族譜を編集することになったが、「族譜をつくる理由は何か、主題をどのようにすべきかわからない」と答え、瑛はさらに、具体的な族譜の記録方法、記録内容まで詳細に息子に指示した。その指示の内容を要約すると次の通りである。

「遠い昔のことで伝記がなくなっているものは、伝が疑わしくとも、それをもって正しいとすべきである。近代のことで正確に調べることができるものは、その伝をもって正しいと信ずるべきである。某の出自がはっきりしているなら某は某の子であるので、その世代を明記すべきである。その本姓の継嗣人（養子）であれば、幾服の甥を息子として迎えたかを記し、始祖が同じで同宗であるわけだから、隠す必要はない。その外姓の人で継嗣人になった場合は、誰が誰の子であると書き、忠孝を厚くしてもらう。徳行名望のあるものでも褒め言葉を述べる必要はない。功名立身者は事実に基づいて記録すべきである」。

このような言葉を聴いた彤芳は、「私はその気持ちを汲み族譜を作成し、ここに序文を書きました。後世、これを見るものの参考となるであろう」と締めくくった。

以上から、族譜を編集する背景としてあるのは、始祖から当時まですでに六つの支派に分かれており、宗族内部の系譜関係、位置関係が分からなくなってしまいかけていることから、このまま放置しておけば、早晩自分の祖先が忘れられ、血縁関係の親疎も分からなくなってしまうのではないかという危機感にかられ、族譜の編集を手がけたと考えられる。

したがって、瑛が息子の彤芳にいった言葉から分かる族譜編集の目的のひとつは、一族の人々に同じ祖先をもち、血のつながりがあることを心に刻み、宗族帰属の自明性を高めるということであり、もうひとつは、系図関係を明確に

記録することにより、親々と尊々を経緯とした宗族内部の人々の血縁の親疎、輩分・排行関係を規律しようとの意図があったと思われる。

3　編集時期と編集者からみる族譜編集の背景と目的

　先述した通り、馬氏宗族の族譜は3回編集されている。それでは、なぜその時期に、なぜ特定の人々が族譜を編集することになったかについて、族譜の記録内容と現在生きている編集者の実像から、族譜を編集する目的と背景を検証したい。

　馬氏宗族の族譜には、その族員を記入する際、おおよそ次のような項目が記録されている。男性本人については、氏名、号（ある人）、父親の名前、父親の何番目の子、生年、没年、埋葬地に加え、時折その人物の性格や多額の資産があることなども記録されている。もちろん、科挙に合格したことや恩賞を受けたことも記録されている。その次は、男性の妻の姓、出身地、生年、没年、埋葬地の他、その妻が出産した子どもの名前、長男か、次男かなど兄弟の順番も記録されている。ただし、人によっては項目のいくつかがないというケースもあり、全体的な統一性には欠けているように見受けられる。

　それでは、1回目の編集に関わった四人の人物からみていく。族譜に記録されている内容は次の通りである。

①马翁　瑛　字　瑞図　貴吾（応屏）翁之子
乾隆53年10月初一日　郷挙耆　授八品衣頂
雍正6年9月初二日申時生
嘉慶9年9月初七日申時悴
享希寿77歳10月十五日葬于村南王家地名祖茔
　妻　　常氏　鄭屯　大俊公之女
雍正5年4月12日已時生
乾隆56年4月23日午時悴　享　寿65歳
嘉慶9年10月15日合葬于王家地名祖茔
生子　長名　彤芳、次名　来聘　改名　彤標、三名　彤哲
継室　孫氏　高白鎮栄翁之女　　无出

嘉庆元年9月15日丑时悴 享寿54岁
9年10月15日合葬于王家地名祖茔
又继室 张氏 武梁村锐翁之女
嘉庆14年3月28日申时悴 享年68岁
4月初4日合葬于王家地名祖茔[26)]

②马翁 璿 应科翁之长子
乾隆12年11月12日 时生
享寿78岁 道光5年9月24日时终 葬于村西北辛地祖茔安葬
妻 宋氏 本屯廷佐公之女
继室 梁氏 高白镇
乾隆18年正月初5日 时生
道光16年10月初8日子时终 享寿84岁 葬于村西北辛地祖茔安葬
生子 长名 来远 次名 致远（来宽） 三名 行远[27)]

③马翁 友智 瑛翁之长子 王出
乾隆5年 月 日 时生
乾隆54年2月19日酉时悴 享年49岁
妻 田氏 阎村
生子 名鸿业[28)]

④马翁 彤芳 字右卿 号兰台 瑛 字瑞图翁之长子
乾隆37年壬辰（1772年）入泮甲午補廪[29)]
嘉庆5年岁次庚申恩贡
乾隆13年10月24日亥时生
嘉庆21年正月12日子时祎
享耆寿69岁 正月24日葬于村南王家地名祖茔
妻 任氏 本村武生镇楼公之女 无出
乾隆14年7月初8日 时生
乾隆36年正月初4日戌时悴 享年23岁

乾隆 36 年初 6 日寄葬于村之西南世不希地名
嘉庆 9 年 10 月 15 日改葬于村南王家地名祖茔
継室　梁氏　高白镇壮公之女
　　　　嘉庆 9 年 10 月 15 日葬于王家地名祖茔
　　　　乾隆 18 年 7 月　日时生
　　　　乾隆 54 年 10 月 24 日卯时悴 享年 37 岁
　　　　于乾隆 54 年 10 月 26 日寄葬于村之东场西墙颇南隅后移葬
　　　　生子　名　鸿授
　　　　生女　长名　兰英　次名　兰馨
又継室　乔氏　东于屯大元翁之女
　　　　生子　名　鸿最　嘉庆 15 年少亡[30]

　以上の内容をみると、瑛と息子の彤芳については本人のみならず、妻のことについても丁重に記録されている。また彤芳の娘の名前が記録されたことも注目すべきである。これは、女の子が記録された初めてのケースである。それと比べ、璿と友智については、やや簡略化されている。他の内容をみても、瑛の両親を賞賛する言葉が書かれていて、そして彼らの兄弟など血縁が近い人ほど詳細に記録されている傾向がある。その他、瑛は乾隆 53 年（1788 年）に郷挙で八品の官位に就いていた。したがって、瑛は下位ながらも清朝の役人だったことが分かる。さらに、彤芳は 23 歳の時に郷試に合格し、族譜を作る 1785 年にはすでに交邑の廪膳生員[31]で、嘉慶 5 年（1800 年）にはさらに恩貢[32]を受けていたことも分かる。そうすると、彤芳が郷試に合格し、役人となったことから、父の瑛および馬氏宗族にとって彼は誇るべき人物となる。したがって、この彤芳の存在こそ馬氏 A が族譜を編集するようになった重要なきっかけであり背景であったのではないかと推察される。族譜の編集者は四人だと書いてあったが、その中心になって作ったのは瑛と息子の彤芳であろう。その理由は、父親の瑛の言葉からも読み取れる。瑛は彤芳に「尔忝則膠痒尽為譜以慰诸父昆弟望」と述べている。その意味は「あなたは学府にいるから、一族の父兄のためにも族譜を作るべきである」となる。

　周知の通り、族譜を作るには相当な学力、人力と財力が必要で、彤芳は当時

すでに「俸禄」[33]をもらっており、学問的のみならず、社会的にも経済的にも力があったと思われる。瑛は、彤芳に族譜を作るように促した目的は、上に述べた通り、一族の人々に同じ祖先をもち、血のつながりのあることを心に刻み、宗族帰属の自明性を高め、系図関係をはっきり記録することで、親々と尊々を経緯とした宗族内部の人々の諸関係を規律しようということであったが、それに加えて、功名を手にいれた息子彤芳を記録することによって、その栄光を一族の次の世代に示し、誇示する目的もあったと思われる。

　1939年に族譜は再編集されたが、族譜にその目的に関する記録がなく、現在知る人もいないので、不明である。1981年の再々編集の主催者である馬WDと馬XHから編集に至る経緯を聞くことができた。彼らによると、文化大革命を経て、族譜はかなり破損していた。改革開放が始まり、祖先祭祀もできるようになり、族譜が残っていることも隠す必要がなく、むしろ一族の誇りであり、みんなに知ってもらいたいぐらいである。先祖が残してくれた族譜だからきれいな形で残こすことが大事であり、加えて自分たちの子孫もこの族譜に記録し続けられると思って、もう一度編集することを決めたそうである。

　しかし、祖先や宗族に対する思いがあるだけでは編集することが不可能で、そこにはやはり編集を提唱する人の社会的地位（リーダーシップ）、経済的な力が関係していることも調査から分かった。

　主要な編集者である17世代の馬WDは、1972年から段村の村営工場に勤務し始め、1975年から1984年まで工場長を務め、1984年以後、個人経営者に転身した。そして、1997年から2011年12月までの間、村長や書記を務めた。このような経歴をもつ彼が族譜を再々編集しようという発案者であった。話によると、族譜を再々編集しようと考えるようになった契機は二つある。ひとつは、当時改革開放政策が推し進められ、伝統的な行事が復活し、多くの宗族が祖先祭祀を再開しようと考え始めたことである。もうひとつは、WDは相当の経済力があったことである。1980年代後半になると、中国では「万元戸」はすでに金持ちの象徴であったが、馬WD本人の話によると、彼の当時の資産はすでに百万元以上あったそうである。彼は経済的な面で編集を支える力をもっていたことから、叔父であるXHや一族の先輩らと相談をし、再々編集することになったのである。ちなみに、族譜を作成するにあたって、WDが

1981年と1986年2回とも一族のために資金を提供したとの記録がある。そのことから、彼には自分が祖先を大事にするだけでなく、族譜を編集するにあたって大きな貢献をしたことを後世に残す意図があったと思われる。

もう一人編集に関わった16世代のXHはWDの叔父にあたり、1949年に解放軍から退役し、村で青年団書記や治安主任を歴任し、1985年にすべての職を辞した。彼は村のことや族員たちのことをきわめて詳細に知っており、村の有力者の一人であるだけでなく、馬氏宗族の中でも重要な人物であった。族譜を編集する際、WDは叔父のXHの協力を必要とし、彼になにかにつけて相談し、さまざまな場面で調整役をになってもらっていたことも調査から分かった。

以上、2回の編集経過をたどることにより、族譜を編集する背景には、内的条件と外的条件が重要であることが分かった。内的条件とは、編集者個人の祖先に対する尊敬の念および宗族結束に対する強い気持ちであり、外的条件とは、編集者には社会的地位と経済力が備わっていなければならないということである。

小結

宗族は、一般には一つの集団と捉えられており、理念上個人は何世代経過しても同じ宗族に属する。ここにみた段村の宗族の歴史と現状から、成員たちが生活上においては、いつも結束しているのではなく、何か機会があった時に、加勢や祝福、あるいは哀悼のために集まってくる。その機会とは、男性が結婚する時、男子が出生した時、族員が死亡した時である。それがいずれも宗族の存続に関わることである。つまり、共通の祖先を有する血族である意識がこれらの機会を通じて表に出てくるのである。したがって、宗族とは生活をともに暮らす集団ではないことをあらためて証明することになった。

中国においては、同世代の人であればその名前の一字を同じくするのが一般的であり、こうしてお互いの輩分を明らかにすることで、宗族間の秩序を正しく維持できる。このことは従来の研究によってつとに指摘されている点であるが、段村の宗族の中でこの決まりがあるのは閻氏宗族の東支派だけであり、同

じ「門中」に属する西支派にはない。西支派の「神子」をみたところ、同輩行の族員の名前が同じ一字を使っているのは兄弟か、従兄弟までである。したがって血縁関係が近ければ近いほど相互の関係を保持し、離れるにつれ、関係も薄れていく。この典型的なのは同じ一字を使わなくなることである。このことは李氏宗族と馬氏宗族にもいえる。しかし、人々は宗族内部における自分の輩分がはっきり分かっており、それによる上下関係もきちっと守っている。宗族成員間だけでなく、村全体でみても輩分主義が浸透している。このことから現在の段村においては伝統的な尊卑関係が伝承され続けているといえよう。

　宗族は個々人間の血縁の親疎によって関係が決まり、血縁関係が遠くなると、関係が解消され、分派するのが一般的である。その後の祖先祭祀も支派ごとに行われ、宗族全体を結集する機会が乏しくなり、それぞれの支派は支派ごとに結合し、各支派独自の決まりや慣習に従って行事を行っている。支派内部の族員の血縁関係がさらに遠くなると、付き合いの度合いもさらに薄まり、そこからさらなる分派の可能性も出てくる。

　馬氏の族譜の編集から分かったことは、自分の支派内部の血縁の親疎関係を後世に伝えるために重要な役割を果たすのが族譜である、ということである。したがって、族譜は祖先や血縁の親疎を重くみる中国人にとってきわめて重要なものである。族譜のもつこのような重要性から、これまで多くの研究者は、族譜が宗族構成員を裏づける物的な証拠である、と考えている。しかし、族譜だけでもって宗族構成員を裏づける物的な証拠とすることはできない。たとえば、牧野は、「合同したいために、真の血縁でないことを意識しつつ通譜する場合が少なくありません」(牧野 1980：129)と指摘しているように、同じ族譜に記録されているとしても、本当に同じ祖先で、血縁関係があると見なすことができない場合もある。東南中国の宗族は外部との競争関係を意識し利害関係から結束することがままあるのに対し、血縁関係を重視する段村の宗族はおおむね内部の関係を強化するための結束である。このような両地域の宗族結合にみられる根本的な違いを、馬氏族譜の編集目的から読み取ることができる。

　この馬氏Ａ宗族は人数がそれほど多くなく、支派の族譜しかないが、支派ごとに結束をし、同じ祖先であることをきわめて重要視し、血縁関係を有することを成員の条件として最優先に考えているのである。この考えは族譜のはじ

めに書かれた族譜を編集する目的からも読み取ることができる。彼らにとって族譜は、清水が指摘するように、「族譜から自分の血統の由来と親族の範囲を明らかにし、親族との遠近を区別し、族内での位置関係をはっきりさせることができる。族譜はまた族員の共属と相属意識を認め、族の全体に対する依存感情を高める」（清水 1942：233-35）役割を果たすためのものである。

族譜以外に宗族間のつながりを確認できるのが祠堂の存在である。前述したことから分かるように、祠堂のない馬氏宗族の各支派は共同で祭祀を行わないため、普段でも他の支派と付き合いが少ないことから、関係は時間の経過と共に徐々に緩くなってきたと思われるが、祠堂のある閻氏の各支派は少なくとも祭祀の時に顔を合わせることで同じ祖先の子孫であることを再確認することができる。

祖先祭祀に関することについて、特に祭祀費用の捻出の問題について李氏宗族の帳簿を中心に論じたが、政治・社会・経済の環境が大きく変化しているにもかかわらず、李氏宗族の祖先祭祀活動は中断することなく受け継がれてきていることも明らかになった。この結果から祖先祭祀は宗族集団にとっていかに重要であることをあらためて確認することができた。そして段村の宗族は血縁関係がある人々が祖先を祭祀するために結合する集団で、一部の人々の利益のために結合した集団ではないことを確認できた。そして、宗族成員間の扶助、助け合いは親和感情に由来し、利益を求めているわけではない。

社会が変化すると共に、段村の族員間の扶助の仕方や付き合い方などにおいて確かに変わったものもあったが、血縁関係のより近い人々が結合する形態はあまり変わっていない。現代の中国社会において血縁関係を有することが人々にとって依然として重要な社会関係の一つであることは間違いなさそうである。

注
1）「神子」とは位牌を立てるかわりに、一族の始祖とされる祖先をはじめ、その男性子孫とその配偶者全員の名前を布に書きつらねた図表のことであり、「神譜」と呼ばれることもある。この「神子」に、前年度新たに死亡した族員の名前を記載し、毎年の旧正月一日に祖先祭祀行事の時に利用する。閻氏宗族全体の「神子」は「老神子」と呼ばれる。老とは「古い」という意味である。
2）東、西両支派の「神子」を「老神子」と区別するために、「小神子」と呼ぶ。小とは「新しい」という意味と「宗族全体に比べ支派の規模が小さい」という意味であ

3）族譜には陝西省美次県と書いているが、美次県は実在しない。聞き取りから陝西省の米脂県であることが分かった。この地方の方言で美次と米脂の発音はかなり似ている。したがって、美次は米脂の聞き違いによる誤字であることが判明した。
4）共通の祖先を有する一族の人々が元々共有する「神子」の元で一緒に祖先祭祀をするが、世代を経るにつれ血縁関係が遠くなると、血縁関係のより近い族員たちが自分たちの祖先を立て、祖先祭祀の新しいグループを作り、分派する。この時新しい「神子」を作る必要があるので、人々はこのことを「分神子」という。それにより支派の始祖ができ、支派ごとに祖先祭祀を行うようになる。
5）日本大辞典によると門中は沖縄本島やその周辺の離島、八重島に存在する父系親族集団である。球陽出版によると、門中とは、沖縄では一族、一門のことを「門中」と呼び、共通の始祖をもつ父兄血縁の集まりをいう。門中で執り行う伝統行事も盛んで、春の清明の節になると一門揃って先祖の墓参りに行き、墓前祭祀を通して一門の絆を深める。筆者の知る限り、中国宗族研究の中で、一族のことを門中と呼ぶ事例を目にしたことはない。しかし、調査村では、父系一族のことを門中と呼ぶ。また、路遥が陝西省北部の農村を題材に書いた中篇小説「人生」にも門中という言葉が出てくる。主人公の男女が結婚披露宴を開き、その席順について次のように書いている。「第一席是双方的舅家；接下来是其他嫡亲；然后是门中人、帮忙的人和刘立本的朋亲」（路遥、広州人民出版社、2001年4月 p.166）。山西省と陝西省には門中という言葉がある。ただし、沖縄の門中と筆者が調査した村の門中の仕組みや役割が同じかどうかは分からない。沖縄と調査地についての比較研究は今後の課題としたい。
6）「分家」とはもともと一緒に生活している家をいくつかの家に分けるという意味である。
7）本家大叔とは父方の兄弟のことを指す場合が多いが、時々父方の五服以内の従兄弟のことも本家大叔という場合がある。
8）一家に男の子がない場合に本家（注9）、あるいは母方の兄弟から男の子をもらい、養子として家の後継ぎにする。全く親戚関係がない人からもらうケースもまれにある。山西省では、息子が結婚すると父親に対し新たに一門になるので、その一門の後継ぎの人を頂門人と呼ぶ。
9）父方の兄弟あるいは五服以内の従兄弟のことをさす。
10）招女婿とは婿養子のことである。
11）族産とは宗族の財産の意味である。田畑を指す場合が多いため、族田と呼ばれたこともある。祖先祭祀の費用などは族田の収益から賄うことが多い。
12）工程隊は建築を専門にするグループのことである。
13）仕事を手伝うことを幇工といい、労働力を交換することを換工という。
14）男の子が生まれる家が宗族に報告をする意味を含め、お金を寄付する習慣がある。そのお金を「喜喜銭」という。その喜びの気持ちは字面からも読み取れる。
15）「串家戸」の「串」とは動詞で、回るという意味である。「家戸」とは家々のことである。特定の族員の家ではなく、輪番で祭祀の世話役を担当するので、世話役の家で祭場を設け、祭祀を行うのが一般的である。世話役は1年ごとに交代し、儀式

16) 旧正月1日に行われる祖先祭祀の行事のことである。
17) 清明（せいめい）は、二十四節気の第5節分である。中国における清明祭祀は祖先の墓を参り、草むしりをして墓を掃除する日であり、「掃墓節」とも呼ばれた。
18) 中国では旧暦の1月15日を元宵節と呼び、小正月のようなものを過ごす習慣があるので、正月15とも呼ぶ。この日に神様にお供えする団子を"元宵"と呼び、一家団欒を願う。江南地方では"湯団"と呼ぶのが一般的であり、地方によっては"湯圓"とも呼ばれる。「正月15祭祀」とはこの日に行われる祭祀のことである。
19) 租地とは土地を借りることである。
20) 良は糧の誤字と思われる。食糧と塩にかける税金。
21) 皇は皇帝のことであり、差は仕事の意味がある。皇差の意味として考えられるのは皇帝のために、あるいは皇帝の命令に支払われた金のことである。
22) 利銭とは利息のことである。
23) 本銭とは元金のことである。
24) 1957年から中国全国で大躍進運動が推進され、各地で鉄鋼を作るために、民間にある鉄で作った鍋などの食器や楽器も集めた。李氏宗族のものも集められたと聞いた。
25) 「民国28年立馬氏族譜引」より。
26) 馬氏族譜より。
27) 馬氏族譜より。
28) 馬氏族譜より。
29) 入泮とは清代に秀才に合格したことをいう。補廩とは補欠で廩生（生員の一種）になったことをいう。
30) 少亡とは成人になる前に死亡したことを意味する。
31) 交邑は現在の交城県である。交邑の廩膳生員とは県から糧食と給料をもらう生員である。生員（せいいん）とは、中国明朝および清朝において国子監の入試（院試）に合格し、科挙制度の郷試の受験資格を得たもののことをいう。生員となったものは、府学・県学などに配属される。また、秀才と美称され、実質的に士大夫の仲間入りをしたことになる。郷試に合格するのは毎回400人程度であるのに対して、諸生は50万人もいたとされている。
32) 明、清代に、毎年あるいは3年ごとに各府学・州学・県学の中から生員を選抜して国子監に送った。これを歳貢と称したため、選抜された生員は貢生または歳貢生と呼ばれた。恩貢は皇帝の即位やその他の慶事があった時に「恩詔の年」として歳貢の枠外で行われた選抜である。
33) 昔の役人の給料を指す。

第3章　地縁集団——社の歴史と変遷

　交城県誌によると、交城県において郷社が区画され始めたのは、宋代のことである。大きな村では「家族」（宗族）を単位に社を設置した。元代の初期には宋代の区画制を継承し、各村において50戸を単位に「勧農立社」の組織が設置された。清代になると、社は「家族」隣里の組織となった（交城県誌編写委員会 1994：第2章7）と書いてある。この記録は交城県全体のことを述べていて、段村のことについて明確に触れたわけではないが、段村が交城県の管轄下にあるため、段村も同じ時期に社を設置したと考えられる。

第1節　調査村の社の概要

　調査村概要で紹介したように、段村には閻家街、任家街、馬家街、鉄門李家街、康家街、李家街、大宋家街、小宋家街、段家街と呼ばれる古い街（通り）があり、『段村鎮志』には、「これらの街は同じ一族が住んでいるという理由からそれぞれの族の名前がつけられ、清の時代には既に形成されていた」（山西省史志研究院編 1994：4）との記述がある。筆者の聞き取り調査から、ほぼこれらの街と同じように族の名前で名づけられた社があったことが判明した。名前はそれぞれ、閻家社、任家社、西任家社、馬家社、鉄門李社、康家社、李家社、宋家社、段家社である。これらの社がいつごろ形成されたかは不明であるが、鉄門李氏宗族が所持している歴史資料から、社が新中国成立以降も存在していたことが明らかになった。そして、鉄門李氏が現在でも、金銭の出納帳に「鉄門社」と書いてある。

　上記の社以外にも、かつて自興社、火社、面社、金銭社、文昌社、太陽社、新生十王社、三官社があった。長老の話によると、これらの社が廟や宮のような宗教的施設をめぐってできたものである。規模的に大きな社もあれば、小さな社もあり、さらに大きな社の下位組織になっているものもある。したがって、

社の組織形態を同じ枠組内で論じるのがきわめて困難である。現在は三官社だけが残っていて、活動を継続しているが、他の社はすべてなくなったそうである。次に社の活動を具体的にみていきたい。

第2節 社の活動と規模

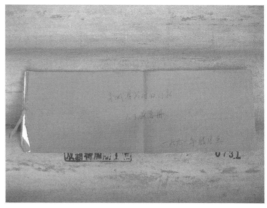

写真40 1991年鉄門社人員名簿　2012年8月23日

写真41 1994年鉄門社募金者名簿　2012年8月23日

1 元宵節

「元宵節」は中国の伝統的な年中行事の一つである。旧暦の新年春節が過ぎ、初めての満月を迎えるので、盛大に祝うのが慣習である。この旧暦の1月15日に元宵（もち米で作った団子。地方によって「湯元」と呼ばれる）を食べる習慣から「元宵節」と呼ぶようになったが、地方によっては「上元節」と呼ぶところもある。また、ランタンを飾る習慣があるので、「灯節」と呼ぶこともある。

元宵節の縁起には諸説があるが、一説では古代中国の漢文帝（紀元前179年—紀元前157年）が周勃氏により諸呂の乱を平定した正月15日を記念してこの日を元宵節と定めたといわれる。元宵節の夜には、色とりどりの灯篭を掛け、元宵を食べたり、飾り提灯に書き張られたなぞなぞを解き明かしたり、花火を楽しんだりする習わしが一般的に知られている。

調査地の段村が所属する交城県の『交城県誌』によると、解放前の正月13

日から5日間の間に、各社は社首[1]の指導、管理のもとで「十王棚」[2]を作る。「十王棚」内には「十王下界」の図を掛け、全社の各家が「十王棚」に行き、線香をあげ、供え物を捧げ、神を祭祀する。各村に20戸から30戸の家が一社となり、一つの村に数社がある村もある（交城県誌編写委員会 1994：740）との記述があった。この記述から、村に社という組織があって、「元宵節」に社ごとに組織され、神を祭祀する習慣があったことが分かった。しかし、多くの人は昔に「元宵節」を主催するのが「社」と呼ばれる集団で、そして、「元宵節」前後に「神」を祭祀する慣習があることはあまり知られていなかった。

『段村鎮誌』にも、明清時代から民国時代まで毎年の正月15日になると、村民たちは各村の街頭に「十王棚」を作り、提灯を飾り、「塔塔火」[3]を積み、「鬧社火」[4]をする。当日に村民は「鉄槓」[5]を担ぎ、村中を回り、多くの村民が見物にきて、とても賑やかである。村民たちは朝食に肉の入ったスープ料理を食べ、昼食に水餃子を食べ、夜に元宵を食べる。しかし、1960年代中期から、伝統的な民間芸能は「復古」・「四旧」だと批判の対象となり、このイベントは全面的に禁止された。1977年から「十王棚」を飾り、神に祈る儀式を除いて、すべて復活した（山西省史志研究院編 1994：234）との記述がある。

イベントの時に「鉄槓」を担ぐ慣習は、元々雨乞いに由来するだそうである（山西省史志研究院編 1994：178）。始まる時期は不明であるが、現在は、旱船[6]、獅子舞、高跷[7]などの踊りも加わり、行事がより盛大に、賑やかに開催するようになった。したがって、社の活動は古来の祭祀に由来し、その後に娯楽的な意味が加わり、村民たちにとって重要な地域イベントとなって、現在まで継承されてきたといえる。

調査地の段村でも県誌と鎮志が示した通り、このイベントは開催されている。いつの時代からは不明であるが、鉄門李氏宗族の1898年の帳簿に「灯節祭」に関する支出記録があるため、当時すでに「元宵節」があったことは確認できる。文化大革命中に中断した時期があって、1977年以降、政府から再開の許可がおりてから、復活していて、現在まで継続されている。ただし、毎年開催するとはかぎらない。筆者は2005年に現地に行って、このイベントの様子を観察した。イベントの詳細は第5節で紹介する。

2 三官社[8]

　正月15日に元宵節が開催されると同時に、段村の李家街には祭壇が作られている。祭っているのは「三官大帝」・「送子観音」・「地蔵王菩薩」だと村民がいう。名前は異なるが、いずれも民間信仰の対象であり、子授けの神様とされている。伝統的にこの「三官社」を主催しているのは李家街に住む人々で、毎年輪番で祭場作り、出費、収入の管理をする。祭壇はこの日のために作られ、行事が終わると、祭壇が解体され、部材などは保管庫に入れて保管する。この街は李家街だが、住んでいるのは全員李姓の人ではない。ちなみに筆者が調査した2005年には、74歳になる田という老人が責任者であった。2014年調査時には、李家街に住む李という村民が「三官社」行事の責任者である。

　正月15日の当日に、日が暮れると、ある人が「糕灯」[9]をもってきて、捧げ、別のある人が「糕灯」を自分の家にもち帰る。「糕灯」をもってくるのは子どもが生まれた家の人で、神に感謝の気持ちを表し、捧げる。もち帰るのは新婚の男性で、もって帰った「糕灯」を家に飾り、男の子が生まれるよう祈る。「糕灯」をもって帰る時に、責任者にお金を渡すが、金額は決まっていない。もし、男の子が生まれたら、翌年の正月15日から三年連続で「糕灯」を神様に捧げにくる。他の新婚夫婦がそれをもち帰って飾り、男の子が生まれるよう祈り、年々これが繰り返される。また、十歳前後の男の子が「糕灯」を新婚男性の家へ届けに行き、そこの家から小遣いをもらうこともある。そして、男の子が12歳になった年にも「糕灯」を捧げにきて、成人したことを報告する。この祈りに村民のみならず、隣村住民たちや、親戚や友人でも自由に参加できる。筆者が調査した年には、大勢の参加者がいて、とても賑わっていた。

　このような神への祭祀活動は文化大革命の間に中断され、現在でも公式には禁止の対象となっているが、黙認され、強制的に止めさせられることはなく、毎年行っている。

　祭壇の両側にこのような対の言葉が書いてある。
　A. 虔誠敬神事業興旺・得子還願永保泰平
　（誠心誠意に神に祈願すれば、事業は繁栄する。男子が授かれば、神に恩返しをすべし、安泰を永遠に保障されよう。筆者訳）。
　B. 子繁孫続蒙神祐・香火燎繞灯火旺

写真42 供えてくる「糕灯」
2005年1月23日

写真43 祭壇
2005年1月23日

（子孫が繁栄するのはすべて神様の加護のお蔭で、だから神様に線香を捧げ続けよう、その線香が絶えることなく永遠に捧げよう。筆者訳）。

　これらの言葉や信者の多さから男の子が生まれてくることに対する願望がきわめて強いと理解できる。ただし、現在では輪番で管理するのが難しくなったようで、その理由はこの社の責任者になりたがらない人が増えたと李家街の老人がいう。

3 その他の社

　聞き取り調査によると、昔の文昌社は「文昌宮」という廟の付近の任家街に住んでいる人々が中心になって作られた社組織であった。祭っている神は日本でいう学問の神様に相当する。文昌社は文化大革命以降になくなったが、文昌宮の建物だけが残った。調査村の概要で述べたように、筆者が2001年に調査し始めた頃は、この文昌宮はかなり老朽化していて、倒れそうであったが、中には何かを祭っている様子があった。2004年に村へ行った時には、文昌宮はすでに新しく建てなおされていた。文昌宮は現在、任家街に住んでいる任という家族が管理しているが、組織までになっていない。

　建てなおしの理由について管理者家族の老人から直接話を聞くことができた。老人は、ある日、宮を建てなおすように神様から託される夢をみた。夢の中で神様は次のように告げたという。この宮を建てなおしてくれるならば、村の人々にご利益がある。ただし、建てなおしただけではだめで、最初の三年間に毎年劇をみせること。でなければ、神はここに住み続けることができない。そ

こで老人は、村民や村の企業家たちから募金を集め、宮を建てなおした。そして、神様にいわれた通りに、県の劇団を招き、三年間村で劇を公演したそうである。文昌宮の中に石碑があり、文昌宮の歴史と出資した人々の名前が刻まれている。現在村の子どもたちは進学する時には文昌宮へ参りにきている。

　その他に旧2月1日に豊作を祈念する太陽社組織、同じく旧正月15日に祭祀し、子授けの神様を祭る新生十王社組織もあったそうである。新生十王社は、主に閻家街の近くに住む村民から組織されたと閻という老人から聞いた。

　これ以外に社については、李という元村長が昔の社のことを話してくれた。彼によると、自興社は60数戸の人々が互助のために組織された社で、自由に入社できるが、「入股」をしなければならない。股というのは株と同意義で、現在の株式組織に類似する。火社、面社と金銭社は李家社の下位組織である。火社とは5戸（5世帯）が一組で、一年ごとに輪番し、おもに「元宵節」が行われる時にイベントを世話する組織である。面社とは社の中のすべての娯楽活動を担当する。たとえば、皮影劇（影絵）、劇団舞台、元宵節などを担当する。面社は火社より組織が大きく、責任範囲も広い。10戸（10世帯）が一組で、一年ごとに輪番する。金銭社はこれらのイベントに必要な金の入金や出金を管理する組織である。残念なのは村の中にこれらのことを知る人がもういなくなって、これ以上詳細な話を聞くことができなかった。

　社の構成員について長老たちは、段村には各宗族はブロックごとに居住しており、社の構成員もほぼ同じ一族の族人より構成するが、しかし、社に加入する条件は同じ一族ではなく、そのブロックに住居をもつかどうかで判断される。だから、宗族の名前で名づけている社でも、その成員のすべてが同じ宗族の人とは限らない。ただし、社にもよるが、ほぼ同じ宗族の人で構成された社の場合に、少数派の外姓人が入社する時には多数を占める宗族から許可をとる必要がある。また、族人であろう、外姓人であろうと、社への加入は強制ではなく、自由意志によるものだという。

　社の活動と構成員から、これらの社は地理的な居住関係を重視する組織で、村には多数存在していたことが分かる。

第3節 「銀銭流水帳」からみる社の歴史と役割の変遷

　調査地の段村で社の存在を知ったのは、李氏宗族の「神子」をみせてもらうべく族員の家を訪ねた時のことであった。「神子」が赤い巾着袋に包まれ、中に六冊の帳簿があった。前に触れたが、その内の三冊は「銀銭流水帳」（収支出納帳）である。その他、「輪流社首帳」「人工雑記帳」と「李家戸」とが一冊ずつある。「この帳簿は神子と一緒に輪番で族員が保管する。これらが鉄門李氏の共有物である」と住人が語った。出納帳の一冊目は光緒24年（1898年）から35年（1909年）までのものであり、表紙には「銀銭流水帳　光緒24年正月立」と書いてある。二冊目は宣統元年（1909年）から新中国成立後翌々年1951年まで、表紙には「鉄門社銀銭流水帳　民国三年正月吉」とある。三冊目は1952年から1964年まで、中をみると1959年から1963年までの5年間の記録はない。表紙に「鉄門社銭米流水帳1952年新正月立」と書いてある。

　これらの帳簿の筆跡からは、記録は特定の人ではなく、多数の人によって随時書かれたと推測される。記録する方法からみても統一性がなく、内容もその年に発生した費用を記録したのではなかろうかと推測する。三冊とも鉄門李社に関する収支を記録した帳簿である。なぜ鉄門社のものを李氏宗族がもっているか、と長老たちに尋ねた。彼らによると、鉄門社の成員はすべて李一族の人によって構成され、通常には鉄門李家社とも呼ばれている。第4章で紹介したように、帳簿に毎年欠かさず祖先祭祀の記録もあることから、鉄門社とは李氏宗族の族人によって構成された血縁と地縁の性格をもつ集団であると考えて差し支えないと思う。ただ、帳簿の記録をみると、外姓人も何度か記録されており、これらの外姓人が集団の成員であるか、どうかは不明である。

1　社房

　老人によると、鉄門李社には「社房」があった。房とは建物のことで、社房は社の建物を意味する。この建物は李家社の共有財産で、解放前に、社の人々が旧正月15日前後に使用していた。土地改革の時に、同じく李家社に属する貧しい村民の手に渡った。ただし、この建物がいつ建てられたのか、だれが出

資したのかを知る人はいなかったという。建物は現在も残っているが、当時の形跡はほとんどみられず、現在は普通の民家として使用されている。

　二冊目と三冊目の帳簿の表紙には鉄門社と書かれて、一冊目には書かれていない。帳簿の内容をみると、社という文字が初めて使われたのが1907年であった。その年の帳簿に「社雨紙」36文（文は当時の貨幣単位）という支出があった。その後、1909年に「買社房掛号」100文の支出があり、「社房流水帳」5,000文の収入があった。1910年に「社房取□」75,763文の支出があり、1919年に「修社房」10,281文の支出があった。また1920年から1948年までに「天和厚」・「鉄匠」・「広発堂」・「李廷」という名前から家賃をもらって、収入になっていたことも記録されている。たとえば、1939年から1944年までに広発堂という店から家賃をもらい、1946年から1948年まで李廷という人から家賃をもらったとの記録がある。1910年の支出金額が大きさ、および後の「修社房」の支出や家賃収入があったことから、1910年に「社房」を建てたと思われる。なぜこの時期に鉄門李社の社に関する収入や支出が度々帳簿に記録されたことは、はっきりとした根拠がなく、帳簿をみるだけでは不明である。王によると、「清代の末に保甲制度の廃止によって、社の役割がますます重要になってきた」（王 1996：23）とされ、王が触れている時期と鉄門李社の社に関する記録が増えた時期と一致していることから、段村の社も清代末期から重要になってきて、社に関する収支が増えたのではなかろうかと考えられる。

2　元宵節

　第2節の社の活動の中において論じたように、社とはおもに旧正月15日に「鬧社火」、祭神を行う集団であり、鉄門李社の帳簿に記載された内容から鉄門社も元宵節に関する支出があった。ただし、1898年から1923年までの帳簿をみたところ、「元宵節」や「鬧社火」と関連するような支出記録があるが、毎年あったわけではないので、毎年に行われたとは考えにくい。それに対し、1924年から1964年までの帳簿の支出項目には「正月15日祭祀」、「祭神」、「社洋」と「灯節洋」という文字がある。それぞれ使用された語句が異なるが、いずれも正月15日に行われる「元宵節」と関連する語句である。したがって、規模まではっきりしないが、この時期に「元宵節」が欠かすことなく行われ

たと思われる。

3 金銭の賃借

李氏宗族の「祖先祭祀」や鉄門李社の「元宵節」に関する収支以外に金銭の賃借があったことも注目したい。

光緒25年（1899年）に例をとってみると、成員からの入金と成員への出金があった。その入金をみると、「24年利」や「本金」と書いてある。出金をみると、「取本」があった。利とは利息のことで、つまり光緒25年に光緒24年の利息を回収したと意味する。「本金」とは元金のことで、つまり成員が元金を出資した。「取本」とは元金の取り戻したことを意味する（表3を参照されたい）。

光緒24年（1898年）から宣統2年（1910年）までの収入は「本金」・「利」および「銭舗」（当時の金融機関）からの入金がほとんどである。銭舗から入金する際に「○○が使用する」と書いてあり、銭舗へ出金する際にも同じく「○○が返済した」と記録していた場合が多い。これはおそらく個人が銭舗から金を借りる際に、その金を一旦鉄門李社に入金し、それから個人に渡し、返済する時も一旦社に支払い、それから社を経由して銭舗へ返済するといった仕組みをもっていたのだと考えられる。社に入金した返済用の利銭は銭舗へ出金した利銭の金額と同額であることから、社は仲介役をするだけで、差額を徴収し、利益を得たとは考えられない。この仕組みをとった理由については、銭舗が個人に金を貸す時に保証人が必要であり、社はその保証人となったのではないか、と筆者は考える。

そう考える根拠として、麻国慶の次のような先行研究がある。麻によると、中国伝統農村社会では農民が貧しく、金銭の賃借がないと、生活はとても成り立たない。そのため、協同的な相互扶助の金融組織が誕生した。華北農村では「合会」あるいは「銭会」という。当時の農村ではこのような「銭会」の存在が多くみられた。「会」はおおむね親族あるいは友人関係で成立していた（麻国慶 1998：8-11）。また、『山西社会大観』によると、清代の末から辛亥革命以降の数十年の間、稷山県に「銀会」、平順県に「弄会」、寿陽県、楡次県に「会」という、いずれも自発的な相互扶助の金融組織があったことが報告され

ている（郭裕懐 2000：193-203）。つまり、山西農村ではこのような金銭的な互助組織の存在は一般的で、段村にあっても不思議ではない。

前に触れたように、「銀銭流水帳」以外にも、同じく鉄門李社のもので表紙に「李家戸」と書いた帳簿がある。内容は、だれが、いつ、いくら借金し、いつ、いくらの利銭、あるいは元金を返済したのかを示した個人台帳である。個人によって異なるが、最初に記録された年代は同治9年（1870年）に遡れる。何ヶ所かに「抄新帳」の字があることから、この帳簿はもっと古い帳簿から写したものであると考えられる。この帳簿には39人の貸し付けと返済の記録がある。内訳をみると、李姓は37人、外姓人は2人である。個々のケースをみると、一人が借金してから、元金を返済するまで、おおよそ数年、長い人では十数年も経過しており、その間は毎年利銭のみ返済していたことが記録されている。また、借金した李姓の5人の名前の横には息子の名前が書かれており、甥の名前が書かれたケースも一件あった。その意味は、父が借りた金は息子が返済する（父債子還）と考えられる。

写真44　「李家戸」帳簿　2012年8月23日

「銀銭流水帳」の収入項目には人名が書きならべられ、だれがいくらを返済したか、返済したのは元金であるか、それとも利銭であるかが記録されていた。さ

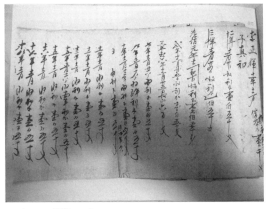

写真45　帳簿コピー

らに何年度の利息を返済したのか、はっきり記録された年もあった。支出項目にだれにいくら貸し出し、利率がいくらだったかを明記したケースもある。

「銀銭流水帳」と「李家戸」にある金の貸し出す相手のほとんどは李姓の族人であるが、「外姓人」に金を貸し出した記録もあった。しかし、外姓人を李氏族人と同じ扱いにはしていない。たとえば、「李家戸」の帳簿に李氏の族人に貸し出す利銭が年息1分5厘に対し、外姓人の利銭は2分であると記録された例がある。具体的には、光緒25年（1899年）に「馬」という人に1万文の金を貸し出し、翌年の光緒26年（1900年）に2,200文の利銭が返済された記録があったが、同じ年に李姓の族人が「馬」と同額の金を借りた記録もあったが、「馬」が返済した2,200文に対し、李氏族人が返済した利銭は1,500文であり、きわめて対照的である。以降の何年間も同様に「馬」が返済した利銭は李氏の族人より明らかに多い。ほかにも、「李家戸」の帳簿に外姓人の横に「李××経手」と書かれており、この記録方法から外姓人に金を貸し出す際に李氏族人が保証人になる必要があり、李氏宗族は族人と外姓人をはっきり区別していたと思われる。

以上の記録から分析すると、李氏宗族が中心に組織した鉄門李社は「銭会」に類似した役割も果たしていたと考える。外姓人よりも族人に対して安い金利で、しかも長期間に金を貸し出すことは、一般の互助組織の「銭会」にみられないことは明らかである。低金利、長期間に金を貸し出す「銭会」を作る目的は、貧しい族人を扶助するためであり、山西省における宗族が族人に対して行った一種の扶助形態であると思われる。

宣統2年（1910年）以降の帳簿には「銭会」と銭舗が個人への貸し出し、および個人からの返済の記録はなくなった。

4　その他

帳簿に清代に糧塩税、皇差、巡田（田んぼの見回り）等を記録した内容があった。民国時代には、盤費（旅費）、差人（人件費）、車費（交通費）、食事貸の出費があった。さらに1908年に広恵渠、1941年に村の井戸掘りの公益事業に出費したと思われる内容もあった。広恵渠は明の万歴年代に作られた農業用水路である。広恵渠が黄河の支流である汾河流域に作った八つの用水路の内の一

表3　鉄門李社（李氏宗族）1899年流水帳

光緒25年（1899年）					
収　入	金額	単位	支　出	金額	単位
李長慶24年利	750	文	李作梅	1957	文
李振新24年利	750	文	李作梅	1957	文
李咸和24年利	150	文	大年劇祭祀	682	文
李龍章24年利	187	文	皁有美	10275	文
李換南24年利	450	文	李楢取本	10000	文
李慶祥24年利	1200	文	上壇村車	400	文
李慶仁24年利	150	文	李禎取本	5000	文
李秀章24年利	1500	文	皁有美	27	文
李作梅24年利	1957	文	清明祭祀	806	文
李旺24年利	1050	文	馬金科	10000	文
李作梅	1957	文			
李秀章本金	10000	文			
李旺本金	7000	文			
李旺本金	3000	文			
李旺利	225	文			
15日余	96	文			
租地余	876	文			
皁有美	806	文			
皁有美	10000	文			

出所：鉄門李社流水帳より。筆者作成。

つである。その恩恵を受ける村は毎年の冬に用水路の整備に参加しなければならない。「段村は5.4日の労役を課せられていた」（交城県誌編写委員会 1994：272-273）との記録がある。鉄門李社の帳簿に糧塩税、皇差、巡田、広恵渠などに関する支出があるということは、当時これらの費用を社ごとに徴収していたと考えられる。また、盤費（旅費）、差人（人件費）、車費（交通費）、食事貸などの雑費支出があるということは、社の活動が村内に留まらず、村外にも及び、しかも集団として活動したことを意味する。

その他に、労役に関連すると思われる「人工雑記帳」も残っている。この帳簿は、成員たちが労役に参加する際、労働日数を平等に分けるために記録したと長老から聞いたが、残念ながら内容は読み取れない。その他、1925年に隣接する馬家社に金銭を寄付したと思われる「馬家社布施」の記載があり、近隣

の馬家社とも交流があったと思われる。また、賃響器（打楽器の賃貸料）、賃風箱（大勢の人の食事を作る時に使用する。火をおこす道具の一種の賃貸料）、賃鍋（鍋の賃貸料）等の記載もあった。これらの記載内容から鉄門李社は家屋、風匣と響器を他人に貸出し、レンタル料金を受けとるほどに社の共有財産をもっていたと思われる。

第4節　「元宵節」からみる伝統の継承と変化

　前述したように、鉄門李家社の1898年から1923年までの帳簿をみたところ、元宵節に関する収支について記録した年もあるし、記録のない年もある。元宵節がどの程度の頻度で行われたかは断定できないが、元宵節があったことは確かである。その後の民国13年（1924年）から1964年までの帳簿には社に関する記録がほぼ毎年なされ（記録のない年を除き）、収入に入社[10]、社洋[11]、あるいは灯節洋の名目で記され、支出には正月15日祭祀、祭神、社洋と灯節洋などの名目で記されている。

　1977年に元宵節は中国の伝統的な祝日として再び開催できるようになった。それ以降の暫らくの間、規模の大小があるものの、それは継続して行われた。ただ、1990年代以降に人民公社が解体され、段村生産大隊が段村村民委員会に変わってからは、村全体の元宵節行事は再び開催されたり、されなかったりと不安定な状況に陥った。2001年から村で調査を始めたが、2004年までの間に開催されず観察することができなかったが、2005年に開催するとの情報を得て見に行った。

1 行事内容

　解放前、段村の元宵節は旧正月13日から17日までの間に行われたが、現在では14日から16日までの三日間である。村の元宵節の規模は大きく、昔からこの地区ではかなり有名で、現在も、県の合同祝賀行事に参加するよう、県から要請があるほどである。

　村のイベントは個々の「区」が独自に行うのではなく、村全体が一体になって執り行う。開催するか、どうかは村長ら村の責任者が決めるが、区の責任者

写真46 塔塔火の前で暖まる村民
2005年2月23日

写真47 祝賀行事は夕方まで続く
2005年2月23日

写真48 「鉄棍」① 2005年2月23日

写真49 「鉄棍」② 2005年2月23日

を集め、村民の意見を聞き、それに資金の調達ができるか、などを事前に調査し、最終的に判断する。開催が決まれば、いろいろと準備が始まる。各区の責任者たちが資金の調達や、区の参加人数、演出内容、服装などを決めて開催に備えると当時の村長から聞いた。

　開催する当日に各区とも午前中に準備をし、午後になると、続々と一ヵ所に集まり、全員が揃って定時になると出発する。1日目は、鉄門街、康家街、宋家街、李家街、段家街、閻家街、任家街の順に廻り、2日目は逆の順に廻り、3日目は1日目と同じである。道中では「鉄棍」、旱船、獅子舞、歌舞隊などが技を披露し、村民を楽しませる。一行が順路を一周すると、解散する。元宵節の一番の見ものは「鉄棍」である。「鉄棍」を担ぐ時に一定の技術が必要で、一般の人はできない。またすべての村がこのイベントを開催するとは限らないために、近隣の村の人々や村民たちの親戚も見物にくる人が多い。このような

第二部　山西省農村における宗族と社の歴史的変遷と現状

写真 50　「鉄棍」③　2005 年 2 月 23 日

写真 51　「鉄棍」④　2005 年 2 月 23 日

写真 52　「鉄棍」⑤　2005 年 2 月 23 日

写真 53　「鉄棍」⑥　2005 年 2 月 23 日

村全体のイベント活動以外に、家の玄関先に提灯を飾る家もある。また、男の子が生まれた家は、イベントの行列が通る道路で「塔塔火」を三年間続けて積み上げる慣習がある。村の責任者の話では、「塔塔火」を積み上げるのは昔からの慣習であるが、強制ではない。

2 組織者と参加者
(1) 組織者
　解放前から元宵節は村の行事で、開催する時に社ごとに組織され、参加する。行事一切を取り仕切るのは「社首」と呼ばれる人々である。一般的に社首は三人が担当し、内一人が中心的な責任者となり、他の人は補助的な仕事をする。社首は特定の人ではなく、毎年社の成員の間で持ち回りされるケースがほとんどであるが、前述した通り、新中国以前の段村では、一人を選出し、残りの人は持ちまわされるケースもある。その時に、社首に選ばれた人は人徳があり、

第 3 章　地縁集団――社の歴史と変遷

写真54　「鉄槓」⑦　2005年2月23日

写真55　「鉄槓」⑧　2005年2月23日

誠実な人、元宵節に熱心な人、組織力がある人である。しかし、多くの場合、社首は毎年変わり、輪番制であったため、組織者が参加者になったり、参加者が組織者になったりすることがある。この輪番制によって互いの気持ちが分かり、協力関係が結ばれ、また、成員の主体性とサービス精神も生まれる。それに当時の元宵節を開催する時に使用する道具は「社」の共有財産であり、社の成員間の一体感が強かったと思われる。

　新中国が成立してから、特に人民公社という集体所有制に変わってから、村は生産大隊となり、責任者は生産大隊長で、人民公社政府から任命され、段村も例外ではなかった。段村生産大隊の下に八つの生産小隊がいて、生産小隊は集体所有制の単位で、村の行事のほとんどは生産小隊が参加単位であった。したがって、元宵節も生産小隊ごとに組織され、生産小隊長の責任の下で行事に参加した。人民公社が解体されてから、生産小隊がなくなった。ただ、それは集体所有制がなくなっただけで、従来の生産小隊が解散してはなく、生産小隊から「区」という名前に変わっただけで、現在もその役割を果たしている。2005年も元宵節は「区」を単位に組織され、区長の責任の下で行われている。筆者の聞き取り調査対象となったある区長は1960年代からすでに生産小隊長で、現在も区長の職にいる。そして、練り歩きながら担ぐ「鉄槓」には第○生産隊と書いている区もあり、区長のことを隊長と呼ぶ人も少なくなく、人民公社時代の名残がまだ完全に人々の脳裏から消えてはいなかった。

183

(2) **参加者**

　解放前、地縁ごとに組織された社への参加は自由意志によるものであった。したがって行事への参加も自由であったと長老たちは語る。新中国成立以降、社の共有財産が生産隊のものとなり、村民もその一員となり、そして行事に参加することも生産隊の仕事への参加であった。当時、村民が参加したい、協力したいという気持ちがあるかどうかよりも、行事に参加することは生産労働に参加したと同じ扱いにされることから、参加しなければ、その日は欠勤扱いとなって収入が少なくなる。そのため強制参加ではないが、実質的には強制参加と同じだったと村民は語る。人民公社解体後、生産小隊がなくなり、村民は自らの意思で区長を選ぶことができ、自分の意見もいえるようになった。集体労働の時代と異なり、強制的ではないので、村民が参加するかしないかは自由に選択できる。

　伝統的な娯楽や祭祀活動を組織し、それに参加するのは男性であり、女性、子どもは見物客であるのが慣習で、長年のルールであった。しかし、生産請負責任制以降、特に近年では、若い男性の参加者が少なくなっている。2005年の参加者の内では、40代、50代前後の男性が一番多い。

　男性参加者、特に若い男性参加者が少なくなったことで、さまざまな障害も出て、組織者たちを悩ませている。元宵節の一番の見ものである「鉄槓」はこの地方の伝統文化財の一つである。「鉄槓」を組み立てる時に、技術が必要で、担ぐ時にみんなが歩調を合わせて歩き、子どもの安全を守り、かつ高く上げるにはある程度の訓練をしなければならない。しかも力仕事なので、男性の参加者がいなくなると、伝統技術の担い手もいなくなってしまう恐れがある。

　男性参加者が少なくなった理由について、いろいろあがるが、まず、祭祀の必要性がなくなったことである。中国の民間では多くの信仰がある。元宵節に神々を祭祀することおよび「鉄槓」の練り歩き、雨乞いのような祭祀活動もこのような民間信仰に由来する。山西省の気候は乾燥しており、年間の降雨量はわずか500mm前後である。特に用水路が未発達の時代において、豊作は雨水に頼るしかなく、したがって雨乞いの信仰も発達していて、雨乞いの行事の際の結束力も強かった。しかし、社会の発展に伴って雨乞いの必要性が徐々になくなり、従来の祭祀行事は村民たちの娯楽的な意味が強くなってきた。次に、

伝統行事に対する関心度が低くなったことが考えられる。従来の農村社会では娯楽が少なく、元宵節は年に一度の楽しみであった。しかし、現在、娯楽が増え、多様化した結果、伝統行事に対する関心度が低くなり、行事への参加意欲も薄くなったと思われる。また、働く環境が変わり、参加できなくなることも考えられる。いま農村では出稼ぎに行く人や企業で働く人が増えている。現在、ほとんどの農家は兼業農家で、特に若者男性が都市部や企業で働くようになっているため、仕事を休んでまで参加することは困難というのが現状である。

3 財源の確保と用途

(1) 財源

鉄門李家社の1898年の帳簿に元宵節に関する支出記録があることから、当時すでに元宵節が行われたことが確認できた。また「社」の帳簿に支出記録があったことから、元宵節に必要な金は「社」が出資したと捉えられる。ただ、1944年までの帳簿にその金がどこから入ってきたかの記録がない。ある老人は、灯節祭の提灯に自分の伯父の名前が書かれていたとの記憶がある。伯父は商人で経済的に裕福であったので、寄付金をし、そのお礼として名前が提灯に書かれたと話してくれた。その他の老人も、灯節祭に必要な金銭は社に属する成員から寄付されることが多く、特に裕福な成員から寄付される金銭の占める割合がかなり大きい。各社の成員は「有銭出銭、有力出力」[12]の原則に基づき、社の行事に参加する。時々、村から出て遠くへ商売に出かけた人にも連絡をとり、寄付金を出すように頼むこともあったと長老たちから聞いた。以上の話から、灯節祭に必要な費用は社の成員の寄付で賄われたことは間違いないであろう。

鉄門李社の1958年の帳簿に36戸毎戸1角との記録があり、これは明らかに1戸が1角で、36戸から3元6角の金を集めたことになる。また1964年に38丁（丁とは男性）から3元8角と書いてあり、この時は戸ではなく、成員の38人から金を集めたことになる。つまり、元宵節に必要な費用は戸あるいは個人による寄付であったと考えられる。

元宵節が復活した1977年以降にまだ生産小隊という集体所有制の時期で、個人から金を徴収することはなく、すべて生産小隊が出資した。土地請負責任

制になってからは、「集体」が所有する企業も請負制に変わり、生産小隊の収入が減った。しかし、企業はあくまでも「集体」の財産であるため、行事に必要な資金の一部は強制的に企業に負担してもらい、一部は生産小隊が負担した。1980年代後半に入ると、生産大隊から村民委員会になり、「集体企業」も個人に売却された。したがって、村の財源は政府からの分配金しかなく、行事に必要な資金は再び寄付金に頼るようになった。2005年に村長から聞いたところ、現在は村民個人から寄付金を集めることはなく、村の責任者が直接企業家に会って、寄付金を頼む。これらの寄付金と村民委員会が用意した準備資金を合わせ、各区に平等に分配する。もし、村民委員会からの資金が不足すると、区自身もさらに資金を集めなければならない。どのぐらい集められるのかは、区長の力量と人脈にかかっている。村出身のある企業家から、彼は今年、村民委員会に8,000元、さらに自分の実家と嫁の実家の区に1,000元ずつ寄付し、全部を併せると一万元を寄付したと聞いた。

以上の内容は灯節祭に必要な費用が時代によって変化することを物語っている。

(2) 用途

村の元責任者によると、解放前にすべての社が「鉄槓」をもっていたのではなく、馬家社、段家社、李家社と宋家社の四つの社だけがもっていた。「鉄槓」はそれぞれの社の共有財産であったが、解放後は第二、第五、第七と第八生産小隊の公有財産となった。1977年にこれまで「鉄槓」をもっていなかった第一、第三、第四と第六生産小隊自身は内々で生産小隊の資金から、「鉄槓」を購入し、村のすべての生産小隊が「鉄槓」をもつようになった。「鉄槓」は一度作りあげると、何十年も使えるので、毎年作る必要がない。その他の物については、集体所有制の時代に、損傷して使えなくなったものの買い換えや新しく必要なものはすべて集体の資金で補充したり、購入したりしたため、組織者からみれば金の心配はなかった。また、参加者が着用する衣服、使用する楽器は村から支給されるので、特に購入する必要はない。毎年必要なのは飾り物などの消耗品のみであり、それほど費用はかからなかった。

しかし、現在は以前と違う。責任者たちを一番悩ますのは資金問題である。

表4　2005年「元宵節」に寄付金を提供した企業家名簿

氏　名	寄付金額（元）	企業名称
任 YR	8,000	山西玄中化工実業有限公司
閻 BZ	8,000	山西交城東昌鍋炉設備有限公司
任 BC	3,000	交城県天寧耐火材料有限公司
馬 WX	3,000	交城玄中耐火材料有限公司
任 J	2,000	交城天福福利耐火材料工場

注：元村長から提供された資料をもとに筆者が作成したものである。

　2005年の調査では、各区が村からの分配金と自分たちが集めた資金をどのように使うか、どうすればよい効果が得られ、観客も参加者も満足できるのかに一番苦労したと区長が語ってくれた。というのも、当日、各区とも参加者の服装や帽子、あるいは持ち物を統一したり、他の区ができない技を披露したり、一番の見ものである「鉄槓」を競ってきれいに飾ったりするためには、どうしても金がかかる。さらに、各区は帽子や持ち物など参加者が使用したものを本人に支給することとなっているのに加え、参加者個人に報酬を支給する区もあり、かなり多額の資金が必要である。1960年代から現在まで40年あまり生産小隊長を務めてきた老人に、過去と現在を比べて一番大きく変わった点は何かと尋ねると、金がたくさんかかることと、一部の人が報酬を要求することだと答えた。

　元宵節を開催する時の財源確保の方法をもう一度振り返ってみると、およそ四つの時期にあった。それぞれ清末期から民国時代まで、新中国初期時代、人民公社時代と現在である。その内、人民公社時代を除けば、すべて寄付金に頼っていることが分かる。ただ、清末期から民国時代までの時代と現在は一部の裕福層からの金であり、新中国初期時代はすべての戸あるいは個人からの金である。一部の裕福層だけの寄付金と社の成員が平等に寄付金を出す意味がまったく違う。裕福層の金であると、彼らが金を出すか出さないか、あるいは金額の多少で元宵節が開催できるかできないかが決まり、結局少数の人の意思で物ごとが決まり、大多数の村民の意思が無視されることになる。伝統農村社会において実権を握っていたのは郷紳であるという結論は恐らくこのようなことから導かれたのであろう。しかし、村民一人ひとりから募金するのが難しいと

2005年当時の村長はいう。

　現在の村民たちは行事の開催に賛成しても、金のことになると自分らの力ではなく、村民委員会に任せる。これは人民公社時代の行政任せの考え方を引きずっていると思われる。結局、村民委員会に資金がないため、企業家の寄付に頼ることになる。前にも触れたが、現在開催に当たっては多額の資金が必要で、毎年企業家に資金を提供してもらうとなると、企業が負担しかねることもあるだろう。これは元宵節が毎年開催できないおもな要因である。

第5節　社首の位置づけ

　社の活動が行われる際には責任者は必ず存在し、地元でそれは「社首」という。聞き取りによると、社首とは灯節祭の際に、集金、人手の手配、飾り物の準備等などを世話し、社の入金と出金も管理し、社の資産の管理、社の運営全般も任されている。社首の数は社によって異なるが、一般的に三人の場合が多い。また、社首は特定の人ではなく、社の成員の間で毎年輪番により持ち回りされている。ただし、一人が選出し、残りの人が持ち回りされるケースもあると長老はいう。

　これを裏づけるものとして、鉄門李社に「輪流社首帳」という帳簿がある。民国3年（1914年）から書き始められたもので、歴代の社首になった人の名前が書かれている。ただし、社首になった人の名前はあるものの、いつの社首なのかほとんど記録されていない。そして社首の人数も不定で、二・三人の年もあれば、三・四人の年もあるが、鉄門李社の社首が持ち回りされていることは間違いないであろう。

　県誌によると、社首の持ち回り制度はこの地域の一般的な慣習であり、「灯節行事が終わった後、正月18日に社首から次年度の社首に仕事の移行をする。この移行日は「倒社日」である」（交城県誌編写委員会 1994：740）と書いてある。

　ちなみに「倒社」の「倒」とは移すという意味である。鉄門李氏の「銀銭流水帳」をみると、光緒24年（1898年）から宣統2年（1910年）までの年度の初めての記帳日は正月18日と書かれていた。これは県誌に書かれた正月18日

という日と一致する。したがって、民国3年（1914年）以前から、「倒社」の慣習は存在していたことが分かる。

どのような人が社首になれるかは、村落内の権力構造をみる上できわめて重要なことである。その中「郷社社首の身分は一般的に士紳階層に集中している」（王 1996：24）という指摘があり、つまり、社会的地位が高く、経済的に裕福な人たちに集中しているといわれている。筆者が調査した段村の老人の話によると、社首を選ぶ時には確かに経済的な要素を考えるが、決して経済的な条件だけで社首は選ばれない。人徳があり、誠実な人、灯節祭に熱心な人、組織力がある人が選ばれるそうである。

鉄門李社の帳簿に、社首である人が社から「2塊大洋」の銀元（民国時代の銀貨）を借りたことが記録されていた。この記録からも社首になる人は必ずしも経済的に裕福な人であるとは限らない。したがって、調査村の社首になる人は社の中の権力者よりも行事が行われる際の世話人であり、つまり組織者であると同時に奉仕する人でもあると思われる。

小結

以上をもって、鉄門李社の帳簿と元宵節の開催および聞き取り調査の内容を通して段村の社の歴史と変遷を検証した。その結果、次のことが明らかとなった。

まず、段村に社と呼ばれる集団が多くあったことである。一つは、宗族の姓で命名した閻家社、任家社、西任家社、馬家社、鉄門李社、康家社、李家社、宋家社、段家社がそれである。これらの社が居住地ごとに組織された集団である。他の社の資料がないため、さらに詳細な調査が必要であるが、鉄門李社の帳簿から、地縁の鉄門李社集団が、いわゆる血縁の李氏宗族であり、つまり、血縁集団と地縁集団が重層関係にある。この集団は、解放前までに祖先祭祀をはじめ、祭神・村の娯楽に参加する単位だけでなく、徴税、互助、福祉、地域の公共事業など多方面において役割を果たしたと思われる。現在では、祖先祭祀がおもな活動になっていて、その他機能が衰退しているが、元宵節など村の行事に参加する基本単位になっていることは以前と同様で、血縁と地縁関係で

結ばれていることは変わっていないといえる。

　三官社は李家街に住む人たちが主催し、文昌社は任家街に住む人々が主催し、それぞれ神様を祭る組織である。三官社は子授けの神様を祭り、文昌社は学問の神様を祭り、だれでも参加することができるが、参りにくる人たちが特定の目的をもつ参加者だといえる。つまり、これらの社を、管理、維持する人々の範囲は固定しているが、参加する人々の範囲は可変的である。

　自興社は、自分の資金をもって加入する株式性質のある社で、助け合いの意味があると思われるが、収益があるから参加した人もいると考えられる。したがって、自興社も特殊関心をもつ人々が参加する社であったといえる。

　こうしてみると、段村の伝統的な社は、それぞれ娯楽、祭祀などの精神的な面において役割を果たすものもあれば、経済的な互助性質のものもあり、さらに鉄門李社のような、各方面において役割を果たした社もあり、行政の力が村落社会に浸透する前にはその存在意義が大きかったと思われる。

　その一方、中国の政治、社会および経済環境の変化によって、これらの多様な社がその役割を終え、あるいは禁止されたために、消失しつつあるが、子授けの神様だけは公式に禁止されているにもかかわらず、いまでも信仰する人々が多いため、継続してきた。この信仰が継続してきたのは、やはり人々が自分の血統を継続させていくための願望が強く、家、宗族にとって後継ぎになる男性が生まれてくることは、重要だという意識が根強く存在していると考える。この意識が変わらない限り、三官社は、存在し続けるであろう。

　元宵節は、元々雨乞いから由来し、現在では民間の娯楽行事の一つとしてある。元宵節が継承されてきたのは人々が伝統文化を愛し、娯楽に対する需要があるという側面があるが、行政の力によって押し進んできたことも否定できない。人民公社時代に強制的に参加させられたことは、客観的に伝統芸能の伝承にも繋がったと考える。その分析は次章に譲りたい。

注
1）社首とは社のリーダーである。
2）十人の神様が人間社会へ降りてくるので、彼らを迎え、祭祀するために作ったものが十王棚と呼ばれる。華北平原では、十王廟という廟が多くみられるが、廟は建物であり、棚は臨時に組み立てたテントである。行事が終わった後に棚は解体され、

部品は保管し、繰り返し使用する。
3）正月15日に元宵節の祝い行事をする際に、男の子が生まれた家が三年連続で、祝賀行列が通る道に練炭を積み上げ、燃やす。この積み上げた練炭のことを「塔塔火」と呼ぶ。「塔塔火」は真冬の行事参加者や見物客の体を暖める役割を果たすと同時に、その家族も永遠に火のように燃え続け、旺盛であることを祈願するものでもある。現在では練炭を使用しているが、昔は石炭を使用していた。
4）社火とは来年中に村や社が盛んである意味を含み、木を組み立て、燃やす時の飛び火のことを指す。旧正月期間中、特に元宵節前後に行われる民間の娯楽の一つである。鬧は騒いで祝うという意味である。社火の起源は土地と火の神に対する崇拝にある。現在では、ランタンや大がかりな花火のほかにも、さまざまな民間芸能や出し物などで盛大に元宵を祝い、面白さや楽しさを求める娯楽性の高い催し物へと変化してきた。
5）この地域の伝統文化財の一つである。特注した鉄パイプで作られた棒に女の子の足を縛り高く乗せて、二十数人の男性が担いで練り歩く。歩きだすと女の子の衣装が揺れてとても綺麗である。
6）中国の民間芸能の一つである。人が紙や絹などの材料で作った船をもって、踊りながら歩く。
7）高足踊りのことである。中国の民間芸能の一種で、木製の棒を足にくくりつけて踊り歩く。
8）子授けの神様を祭る組織であり、神様は「三官爺爺」と呼ばれる。毎年旧正月15日に祭る。段村の「三官社」祭壇は建物でなく、臨時に建てたテントのようなもので、祭祀行事が終わると解体され、次の年に再び組み立てる。
9）糕灯は粟餅米で作られ、真中に蝋燭が立てられ、火を灯し、灯りとなる。男の子が生まれた家は神様に恩返しのお礼として三年続けて糕灯を「三官社」へ持ってきて、捧げる。
10）入社とは社に加入することである。
11）洋は金の意味で、社洋というのは社に支払う分担金、あるいは寄付する金のことをいう。
12）字面から見て、「金のある人は金を出し、力のある人は力を出す」という意味であるが、みんなが力を合わせて協力しながら、物事を押し進めることを意味する。

第4章 宗族・社および村との関係

第1節 閻錫山と村治

　周知の通り、中国のどの王朝政権も行政組織を村に設置することはなかった。民国政府になってから、一部の地域ではそれを変えようとする動きがあった。交城県誌によると、中華民国17年（1928年）に山西省に県、区、村、閭、隣の行政システムが設置され、行政村が始めてできた（交城県誌編写委員会 1994：巻一 7-9）。行政村ができたきっかけについて、李景漢は、「民国5年（1916年）に孫氏が山西省長に就任してから、農村自治に力をいれ、一年後、退任されたが、すでに村落自治（以下村治と書く）の種を全山西省に播いた。それは後任の閻錫山省長が孫氏の政策を持続したからである」（李 1933：118）と論じた。では、閻錫山はどのような人物で、なぜ村治に力を入れ、村を変えるといった政策を実施するようになったのかを検証する。

　史料によると、閻錫山は1883年10月10日に山西省五台県河辺村の地主の家に生まれ、1904年に日本の東京振武学校へ留学し、卒業後第6期日本陸軍士官学校に入学した。1909年に帰国し、1912年に太原市で都督の名義で山西省の軍事権力を握る。1917年山西省省長を兼任し、政治、軍事権力を入手する（閻錫山史料専輯より）。1911年に清王朝が滅びた後、中華民国が成立したが、北洋軍閥内部の派閥闘争が激しく、国内政局は混乱状態に陥った。軍閥の一人として、閻は「強力な軍隊を維持するためには、政治的社会的な基盤が重要であることを理解していた」（滝田 1999：33）ので、自分の政治、経済、軍事など各方面の力を蓄えるため、「保境安民」（山西省内の安全、民衆の生活の安泰を守る）のスローガンの下、村治政策を打ち出した。

　閻錫山の村治政策は、1917年10月に公布された『各県村制簡章』から始まった。その主な内容は、戸籍の調査、行政村の編成、村の境界線の区画整理で

あり、そして行政村に村長、村副を置き、村内に閭と隣を設置し、閭長と隣長も置いたことである。さらに同年に「六政宣言」が発表され、後に「三事」も加えて、両方を合わせて「六政三事」[1]と公示したことである。この「六政三事」を遂行するため、閻錫山は官の力という行政手段を使用し、強固に実施させた（孟・肖 2003：2-3）。

実際に、「六政三事」は村政[2]の初期段階であり、村政ということばが正式に公表され、村政の制度が整えられるようになり、農村から着手し政治の起点は村にあるとする、対村政策を至上とする「村本政治」理論を提唱し、村制[3]が確立されたのは1922年であったといわれている（萩原 2001：12-4）。

「六政三事」から、村制制度を整える必要性について、閻錫山はこれまでの村政はあくまでも官による「粗治」であり、これからは「村民自办村政之時代」（村民が自ら村の管理をする時代。筆者訳）でなければならないと考えていた。したがって、1922年に村制を改正し、「村民自办村政」の過程の中、山西省の村の各制度、体制を整備していく方向へと発展した（孟・肖 2003：2）としている。

この間、閻は近代的な国家管理の手段である統計の重要性を認識し、山西公署内に省内の各統計を専属する統計処を設置し、「用民政治」を促すために、1918年に山西省第1次人口統計を実施した（山西省長公署統計署編製 1919：1-2）。こうして閻錫山は、農村の制度、体制を変えることから、近代的な統治を目指していた。

第2節　村治による村の再編と閭の設置

閻錫山は、村制を推進する際に、あくまでも村が政治の基本単位であると主張する。その理由は「村以下家族主義失之狭、村以上之地方団体失之泛、唯村則有人群共同之関係、又為切身生活之根据、行政之村舎此莫由」[4]からである。つまり、閻は、共通の生活基盤をもち、共同の利益を有する村が統治者にとってきわめて重要な存在であると認識したのである。その具体策とは、300戸を一つの行政村に編村にし、25戸を閭にすることである。

ただし、県誌によると、300戸を編村するのは、交城県においてはあくまで

も目安であり、実際に106の編村の中に34戸しかない村もあれば、1,000戸に達する村もある。閭の状況も同じで、25戸は目安であった（交城県誌編写委員会 1994：巻一 11-2）。せっかく編村する政策を打ち出したにもかかわらず、このような規模のバラつきがある行政村になった理由について、「一省以内依土地之区劃与人民之集合、而天然形成政治単位者村而已矣」[5]とあり、閻はこの「天然」の村落を大事にするという思いがあった。

　行政村だけでなく、閭と隣の設置も「天然」を重視した。交城県誌によると、交城県が村政を実施したのは1923年である。同年には閭と隣を設置した（交城県誌編写委員会 1994：大事記15）。隣接する25戸が閭として設置されたが、従来の村に20戸から30戸がすでに社として結合していた（交城県誌編写委員会 1994：740）と書いてある。こうした実情があることから、孟は、閭・隣の設置は中国の伝統的な郷里制度を借用したものである（孟・肖 2003：6）と指摘する。滝田もまた、山本秀夫の研究を引用し、閭隣制は自然発生的組織であったものを、県政府の行政的下位組織の中に組み入れたものである（滝田 1999：34）と述べた。

　周知の通り、これまで、村は行政組織ではなかったので、村長という役職もなかった。村制が実施され、村長がおかれるようになったが、村長は行政命令を各家庭へ「上伝下達」する時に、中間組織が必要であった。この中間組織の役割を果たすことができるのは何かを考えた時に、思い当たるのはやはり村にある伝統的な社集団であろう。その思いが「閭長の責務」からも読み取れる。

　「閭長は、村長、村副の指示に従って閭内の仕事をし、村長、村副に協力すること。閭長は近隣の25戸の管理をするので、常に閭内の状況を把握しなければならないこと。閭長は閭の代表として村の会議に出席し、会議の内容を閭内の人々に伝達すること。閭内に事件が起こった時、隣長を召集し討論し解決する。あるいは村長に報告すること。閭内の各戸の意見を忠実に村長らに報告する」（沈 1973：860-1）ことがその責務である。

　以上の内容、ならびに従来の村に20戸から30戸がすでに社として結合していた（交城県誌編写委員会 1994：740）ことから、閭・隣を設置したのは、既存集団の存在を無視するのではなく、依存することで、行政の意志がより早く伝わり、より円滑的に執行されるためにあったと思われる。

調査村のことについていうと、当時の段村は12の閭があり、閭は従来の社のブロック範囲とほとんど同じであったと村の老人が語ってくれた。したがって、閭は基本的に村の既存集団の状況に応じて設置したもので、結果的には「社」集団を温存し、継承する形になったと思われる。

　さらに、鉄門李社の帳簿からも社を温存したと推測できる。つまり、もし、既存集団の「社」の存在が無視され、強制的に25戸を閭に編制したならば、鉄門李社の帳簿が村治を実施した後になくなるはずである。そして帳簿の記載も継続できなかったであろう。逆にいうと、「社」の組織が存続しているからこそ、社の帳簿があり、収支もあったのである。

　村民によると、かつて村に「一閭三个毛鬼神、提着簍筐拿着秤、到了谁家谁倒运」という「順口溜」（即興の流行り言葉）が流行っていた。直訳すると、「一つの閭に三人の「毛鬼神」がいて、彼らは籠と秤を持って村民の家に訪れ、彼らが訪れた家は不運になる」という意味である。もともと「毛鬼神」とは、他人の財産を運ぶ神様のことであるが、ここでの「毛鬼神」とは徴税にくる閭の責任者のことを指す。つまり、一つの閭に村民から税を徴収する人が三人もいて、彼らは村民から財を奪うので、嫌われる存在であった。したがって、閭と社が同時に存在し、それぞれ異なる役割を果たしたといえる。

　以上から、「閻錫山自身も、自らが実施した村政を山西省の村落を歴史的に組織力が高かったことと結びつけている。少なくとも、村政の背景として完全に無視することはできないだろう」（滝田 1999：32）と滝田が分析したように、近代的な制度を取り入れ、統治を試みたといわれる閻錫山も永続性のある基層レベルのメカニズムを活用する点において例外ではなかろう。

第3節　「元宵節」からみる村と社の関係

1　村治による変化

　繰り返しになるが、清王朝までの中国では、県は政権構造の末端組織であり、村は自主自治に任されていた。しかし、閻錫山が村治を実施して以来、特に村制が改善された1922年以降には、村治制度が徐々に完備されることによって、行政組織としての役割が強化され、その権力が村の内部まで浸透し、そこに伝

統とは異なる新たな関係が派生したと思われる。

　従来、村民は自分の意志で村の行事や会議への参加、不参加を判断したが、孟・肖の研究によると、1927年8月18日の山西省村民会議簡章に、20歳以上の村民は村民会議に参加しなければならない、さらに無断欠席した場合は罰金を払わなければならないという規定が設けられ、多くの村民は強制的に村民会議に参加させられることになった。また、強制的に息訟会[6]の会費を払わされたケースもあった（孟・肖 2003：5）。「村民自办村政」はもともと村民たちが自分の意志で村民会議に参加し、積極的に村のことを議論する目的であったが、村民らを動員するための罰則制度を設けたことによって行政の権力が増大し、その結果村民の自由意志、自発性に基づいて村政に参加させるという目的には結局至らなかったものと思われる。そればかりか、「太汾両府県では、村長は、村民に対する「村款」（村の経費）のとりたてが厳しく、神を迎える祭りを行う、上級の官吏が村へ視察に来る経費が必要だなどと口実を作ってはとりたてる」（滝田 2001：4）、行政命令的な形で金銭をとりたてることもあった。

　この一連の村治政策の実施によって、行政の力が元宵節の開催にも影響を及ぼしたと考えられる。では、鉄門李社の帳簿から段村のことを検証する。帳簿の内容をみると、1898年から1924年までに元宵節に関する支出は、ある年もない年もあったが、1924年以降には（記録のない年を除き）元宵節に関する収支記録はほぼ毎年みられるようになった。この記録から規模までは不明だが、元宵節はほぼ毎年行われたと思われる。前述した通り、交城県が「六政三事」と村政を実施したのは1923年であり、同年に閭と隣を設置している（交城県誌編写委員会 1994：大事記15）。鉄門李社の帳簿に元宵節の支出が継続的にみられるようになった1924年は、ちょうど交城県が村政を実施し始めた翌年のことで、これは偶然ではないと思われる。また、民国時代には、春節が過ぎると村長が各社の社首を召集し、今年は何日から何日まで元宵節が行われるから準備、参加するように指示されたことを村の老人は語ってくれた。

　これらの状況を総合的に考えると、伝統的な元宵節の開催は、成員の自発的な意志の下、社首が組織し、成員が任意に参加したが、村制が実施されてからは村長の命令、あるいは行政の命令で強制的に行われるものに変わったと思われる。したがって、成員の行事への参与、参加の自主性が弱められ、結果的に

は閻錫山が実施した近代的な統治制度の村政は行政の力で村治を強力に推進する内に、社集団の自主性は無意識、あるいは不本意に弱められたといえるかもしれない。

2 新中国以降の変化

　新中国が成立して以降、農村改革の政策が次から次へと打ち出された。組織形態からみると、初期には「互助組」の結束を促し、次に、「初級社」、「高級社」、そして最終的には生産大隊へ改編された。この生産大隊は従来の村である。生産大隊の下に生産小隊が編成され、生産小隊が一つの集体所有制単位で、村民は生産小隊に所属する。

　村の組織形態が変わる中、鉄門李社の帳簿は従来通りに収支を記録していた。収支の内、新中国の初期の1949年から1958年までに、毎年の1月15日に入金の記載がある。15日は元宵節で、したがってこの時期にも元宵節に何らかのイベントが開催されたと思われる。その後の1959年から1963年までの記載がなく、不明であるが、村の長老は、この時期には大躍進運動や、1960年からは三年連続の自然災害が続き、元宵節どころではなかったと語ってくれた。そして、1964年の1月15日に社への入金があったのを最後に、帳簿の記載が途絶えた。その後は人民公社時代であるが、文化大革命時代に入り、元宵節は「四旧」だといわれ、中止させられた。

　しかし、1977年には政府が開催を許可したこともあって、再開されるようになった。本来、元宵節は民間行事であり、行政が関与すべきものでないが、第3章で論じたように、段村は解放前に馬家社、段家社、李家社と宋家社の四つの社だけの共有財産である「鉄槓」をもっていたが、解放後は第二、第五、第七と第八生産小隊の財産となった。1977年にこれまで「鉄槓」をもっていなかった第一、第三、第四と第六生産小隊が出資して、「鉄槓」を購入し、村のすべての生産隊が「鉄槓」をもつようになる。したがって、人民公社時代は生産大隊が「鉄槓」をもっていない生産小隊のために「鉄槓」を作ったことで、昔、四つの社が中心になって開催された元宵節が、すべての村民が参加できるようになり、従来自発的に開催する伝統行事が、行政の力で押し進められたといえる。

とりわけ、人民公社時代の生産大隊長は村民が選ぶのではなく、人民公社が任命するので、彼らも当然、行政の意思に基づき、村を管理する。田原史起が生産大隊のリーダーを「国家意思の「代理人」」（田原 2004：252）だと位置づけたように、生産大隊は、行政の一環として、村で他の勢力と比較できないほどの強い権力をもっている。この時の村は、生産大隊の管理の下、生産小隊を設置し、生産と消費のほとんどはすべてがこの集団の中で行われた。商品と貨幣の流通が停止状態におかれ、食糧供給制と戸籍管理制度が設けられたことで、人々は自由に流動することができず、生活は限られた境界の中で営まざるを得なかった。生産大隊がこのような性質をもって村の管理をするので、当然村の伝統行事の開催の可否も行政の指示に従って遂行されたと思われる。

参加についても、前章で論じたように、当時、村民が「参加したい、したくない」のではなく、参加しなければ、その日は欠勤扱いとなって収入が少なくなる。そのため、強制参加ではないが、現実的には強制的に参加させたといえる。ただ同時に、伝統的な民間行事により多くの村民に参加させることで、その伝統を継承させることになったとみることもできる。

1980年代以降には、中国全土で生産請負責任制が遂行されるようになり、生産大隊と生産小隊は農民の生産経営に関与できなくなり、生産小隊を中心とする「集体所有制」の存在意義がなくなったのである。郷鎮企業の発展により、兼業農民が増え、また出稼ぎ労働ができるようになって人口流動が年ごとに激しくなり、村民を経済的な面でコントロールすることができなくなった。また、任命制の生産大隊長に代って、村民が選挙の形で村長を選べるようになったため、行政が村民をコントロールすることができなくなった。現在の村長は村の諸事項を処理する時には強行的な手段や自分の意思のみではなく、かなりの程度で村民の意思を尊重しなければならなくなっている。さらに行政は村民委員会に命令することはできず、あくまでも指導する立場にとどまる。その一例として、2005年の段村の元宵節は村民の提案があり、村長がその意思に沿って努力した結果、実現できたのである。村長によると、村で元宵節を開催することが決まってから、県から県城の所在地で元宵節を大規模に開催するにあたり、段村の「鉄梶」隊も参加するようにと要請があった。だが、すでに村民と村での開催することを約束したので、県の要請を断ったという。このように村長が

村民との約束を守り、県の要請を断ることは生産大隊長が任命制の人民公社の時代では考えられないことであろう。したがって、現在の村民委員会は村民に強制的に元宵節の開催命令を出すことができず、双方が相談し合い、協力的な関係にあると思われる。

第4節　新中国以降の村内部の編成と社の関係

　中華民国時代に実施した村治政策によって、村内部に閭と隣が区画され、行政の力が村まで浸透し、村に変化をもたらしたが、前節で論じた通り、閭と隣は従来の社に基づいて編成された。そして、鉄門李社の帳簿の記載内容をみても社ということばを使用していた。では、新中国以降はどうだったであろうか。同じく鉄門李氏の帳簿をみると、1964年まで変わることなく、社ということばを使用しており、その機能も働いていたと思われる。

　『段村鎮志』によると、新中国が成立してから、段村が高級社を設立したのは1956年で、1958年に管理委員会（この時生産大隊とも呼ぶ）に変わり、1967年に村革命委員会に変わり、1984年に現在の村民委員会になった（山西省史志研究院　1994：200）。

　村の長老の話では、1956年の高級社ができるまでに、村には12の互助組があった。この互助組は従来の社の数とほぼ一致する。後にこの12の互助組が高級社となった。前節で、中華民国時代に実施した村治政策により、村を12の閭に分けて区画したと述べたが、新中国が成立した後の1952年にも12の互助組を組織し、その後の高級社も12であった。これはとても偶然とは思えないことである。1958年に12の高級社から八つの生産小隊に編入し、現在に至っている。村民委員会に変わってから生産小隊の名前がなくなり、現在では、八つの区となっている。ちなみに、街と八つの生産小隊の区画の配置関係は次の通りである。

　康家街と閻家胡同から東側は第1隊、鉄門街と馬家街と馬家胡同は第2隊、任家街道路南北側は第3隊、閻家街道路南北側は第4隊、段家街道路南北側は第5隊、段家街東側の一部と任家胡同は第6隊、李家街と小宋家街の一部は第7隊、宋家街と向陽街は第8隊である。

この生産小隊を従来村にある社の配置と比較させると、明確な対応関係がみられる。すなわち、従来の閻家社、任家社、西任家社、馬家社、鉄門李社、康家社、李家社、宋家社、段家社の成員が各隊の成員である。
　第1隊は康家社、
　第2隊は馬家社、鉄門李社、
　第3隊は任家社、
　第4隊は閻家社、
　第5隊は段家社、
　第6隊は段家社の一部と西任家社、
　第7隊は李家社、
　第8隊は宋家社、
　こうしてみると、新中国成立以降に編成した生産小隊も、現在の区も従来の社の基盤の上に設置されたもので、村民が地縁関係で結ばれた関係が、ほぼ変わらず維持されていると捉えられる。

第5節　村のリーダーからみる村と宗族の関係

　段村の行政所属は時代によって変化し、その都度行政主体の名称も変わった。『段村鎮史志』から、近代以降の所属の変遷を次のように整理した。
　明清時代：鄭段都
　民国時代：1946年段村区公所
　　　　　　1948年復興郷
　新中国時代：1953年段村郷
　1956年：段村郷人民委員会
　1958年：東方紅人民公社
　1959年：段村公社
　1961年：段村人民公社管理委員会
　1966年～1981年：段村人民公社革命委員会
　1981年：段村公社管理委員会
　1984年：段村鎮人民政府

2001 年：夏家営鎮

そして、段村も段村高級社、段村生産大隊、段村村民委員会と村の名前が変容し、リーダーの呼称も村長、社長、主任、大隊長、村長と変わっていた（山西省史志研究院 1994：197-201）。

これらの時期に村のリーダーを担当した人のリストを次のように整理した。

このリストから段村の内部の権力構造を検証する。段村は典型的な複姓村であることはすでに概要の中で紹介したが、しかし、このリストをみると、村のリーダーは1920年代からほぼ、閻、李（鉄門李と二甲李）、任、馬、康の姓から出ている。特に新中国以降は、その地位はほぼ馬、閻、李、任、張、渠と一部の姓に限定している。30以上の姓がある村に5、6姓の者しかリーダーになったことがないというのは、やはりこれらの姓を名乗る村民は村の中心的な存在で、村はこれらの宗族によって動いていると考えられる。人民公社時代に大隊長は上からの任命で就任したが、現在の村長は選挙で選ばれるが、それでも馬、閻、李、任という姓の人だけが選ばれるということは、彼らの勢力が大きいからであろう。

調査時に、「選挙ではだれに投票するのですか」と村民に聞いたが、皆「村民のために働く良い人に投票する」と答える。そこで「もし、自分と同じ宗族の人が立候補しているならば、彼に投票しますか」と聞くと、「もちろん彼に投票する」との回答であった。また、現在の村長は元村長と同じ祖先をもつ馬氏宗族の者であるが、所属する支派が異なり、あまり付き合いがなかった。しかし、選挙に出る際に、わざわざ元村長を訪ね、同じ馬氏宗族で、兄貴であるから応援してほしいと頼んだ。元村長が協力し、当選したと村民から聞いた。これらの言動をみると、現在の村落社会においても宗族関係は無視できないほど重要なものであると分かる。

小結

社とは元々農村で居住地の近い家が、自発的に形成する祭祀・娯楽の地縁集団である。宗族は同じ祖先をもつ父系血縁集団である。しかし、段村の場合は、社の成員はほぼ同じ宗族の人で構成され、社が地縁集団であると同時に血縁集

表5　段村歴代責任者リスト

時期（年）	党書記	村責任者（村長、社長、主任、大隊長、村長）
1921～1937		康学禹、康喜発、馬豊年、馬有徳
1938～1945		任宗栄、閻執中、呉中秀、李玉玺、呂修業
1946～1948		任宗栄、呂修業、馬華年、任銀
1949		李受田
1950		馬華年
1951		成海林
1952		李玉玺
1953		李貴徳
1954	李潤吉	
1955	任晋	
1956		張芝清
1957	張芝清	李茹
1958		
1959		
1960	李茹	
1961	張芝清	馬貴
1962		
1963		
1964		李茹
1965	李茹	
1966	張芝清	
1967		
1968		
1969		
1970		
1971		
1972		馬貴
1973		李茹
1974		
1975	渠毓林	
1976		
1977		
1978	李茹	
1979	閻満堂	
1980		

第 4 章　宗族・社および村との関係

1981	渠毓林	任永鋭
1982		
1983		
1984		
1985		
1986		
1987	李 LC	
1988		
1989		
1990		
1991		
1992		
1993		
1994	冀 F	任 XE
1995		
1996		
1997	馬 WD	李 LC
1998		
1999		
2000		
2001		
2002	馬 WD	馬 WD
2003		
2004		
2005		閻 JG
2006		
2007		
2008		
2009		馬 WX
2010		
2011		
2012	馬 WX	

注：党書記 1954 年から 1990 年まで、段村鎮志 194 頁より。1991 年から現在まで、聞き取り調査より。村責任者 1921 年から 1990 年まで、段村鎮志 200-201 頁より。1991 年から現在まで、聞き取り調査より。筆者作成。

203

団でもあり、重層になっている。集団は、祖先祭祀の時には宗族集団としてその機能を果たし、地域イベントの時は社集団としてその機能を果たした。

　宗族は血縁関係が遠くなると、分派をし、支派ごとに結合し、族人間の関係が緩くなり、宗族としての役割が顕著でなくなるが、同じ地域に社という集団があり、宗族が果たせない役割を社が代わって果たす。宗族の活動と行為は宗族内部に留まるのに対し、社は地域や村の娯楽行事の中心で、さらに互助、福祉、地域の公共事業など各方面においても役割を果たす。宗族と社は村落社会でそれぞれ異なる機能をもち、村民たちもこのような重層関係の中にある。これは段村における社会結合の特徴であると考える。

　中華民国時代の村治にしても、新中国以降の一連の再編にしても、村の伝統的な血縁集団と地縁集団の存在を無視することはできなかったと思われる。村民たちが長年受け継がれてきた伝統を守りながら、現在でも祖先たちが住み着いた村で生活を営んでいる。

注
1）六政は水利・蚕桑（養蚕）・植樹・禁煙（アヘンなど薬物の禁止）・剪髪（辮髪の廃止）・天足（纏足の廃止）であり、三事は種綿（植綿）・造林（営林）・畜牧（牧畜）である。
2）民国期に役所ことばとして、よく使われる。当時の山西省は村治事業の遂行部署である「村政処」を設置した。また、前期の村治は官か村政時期といい、後期の村治は村民自か村政時期という。そのため、村治と村政は混用することがある（孟 2003：8）。
3）民国当時、村制は編村をさす。つまり、自然村を一定の基準に従って、行政村に編成する（孟 2003：7）。
4）日本語訳は次の通りである。「村以下であれば家族主義になり、欠点は狭く、村以上であれば地方団体になり、欠点は広すぎる。村民たちにとって共同関係をもち、切実な生活基盤となっているのは村しかない。行政にとっても村を頼る以外の選択肢がない」。
5）人々は自分らの土地内で結束している。したがって政治の単位も自然に形成した村であるべし。筆者訳（沈 1973：3）。
6）息訟会は村内の紛争を調停するための組織で、司法機関に相当する。

第5章　宗族・地域活動における
　　　　女性の地位の変遷

　中国社会において、女性がどのような立場にあったか、まずその全体像をみてみたい。旧中国社会において人々は「男尊女卑」思想の影響を強く受け、女性の地位は低いまま、ほとんど変化することはなかった。だが、1840年代初期の阿片戦争以降、西洋の思想が徐々に中国社会に浸透し始めた。清政府の「洋務運動」（西洋の思想と先進技術の導入をする運動）をきっかけに西洋の自然科学技術と社会科学学説が中国社会に入ってきた。婚姻の自由、一夫一婦制など男女平等に関する討論も新聞や雑誌などを通じて行われ始めた。維新派の人々は、女性の解放を提唱し、「不纏足運動」を推進し、中国最初の女権運動を起こした。維新派女性が創刊した『女学報』は男性中心の「夫為妻網」・「三従四徳」[1]などの封建的な思想を強く批判した。

　1911年に起こった辛亥革命で清王朝が倒れると、伝統的な社会関係が変化し始めた。1919年の「五・四新文化運動」時期に女権問題が注目され、「毎週評論」、「少年中国」、「覚悟」、「婦女雑誌」などの雑誌や新聞で討論が行われた。この影響を受け都市部の青年らは男女の不平等を認める法律に反対し、封建的な道徳、宗教、社会風習、家族制度、婚姻形態を批判し、女性の教育権、婚姻の自由、職業解放を要求し、家族生活、社会生活に変化をもたらした。

　その後も男女の教育の平等、男女の職業の平等、男女の給料の平等、また女性は財産権と継承権を有するなど、女性を保護する提言が出され、人々の女性に対する意識を改善させた。しかし、当時は封建的勢力も強く、女性の権利を実現したのは都市部のわずか少数のインテリ階層にとどまった[2]。

　1921年に誕生した中国共産党も女性問題をきわめて重視した。毛沢東によれば、中国の男子は三つの体系的な権力の支配を受けている。一つは政権であり、一つは族権であり、もう一つは神権である。だが、女性の場合は、さらに夫権すなわち男子からの支配を受けていた。この四つの権力は、封建的家族的支配体系の思想と制度のすべてを代表するものであり、中国人民、特に女性を

縛りつけている四つの太い綱であった。女性が解放されない限り、全中国人民が解放されたとはいえない。女性の解放は中国共産党の重要な任務であった。女性を解放するため、ソビエト政権域内（共産党政権の地域）では、包辦婚（親の言いなりで結婚する）、売買婚、童養媳（女の子を小さい時から養子として出し、成人後養父母の家の男性と結婚させる習慣）を禁止し、男女結婚・離婚の自由、一夫一妻制、女性参政権、社会活動への参加を認める法律が制定された[3]。

1949年に中華人民共和国が成立し、新しい婚姻法には、婚姻は男女双方の自由意志によるものであり、男女それぞれの主体的な行為として規定された。いかなる第三者の干渉も許すことができないと男女が平等であることを明記したのである。この婚姻法のねらいは、家父長的家族制度による男尊女卑を廃止し、結婚と離婚の自由ならびに男女の権利の平等といった新民主主義家族制度を作ることであった。福島によると、その狙いは社会主義的家族制度の創造と平等で同志的な家族員の関係、同志的な夫婦関係の婚姻観という新しい社会主義的な家風を作ることであった（福島 1976：228-32）。その後、女性の地位が向上し始め、多くの女性が社会進出するようになった。

しかし、特に農村部では家父長制と伝統的な婚姻形態の影響が根強いため、新婚姻法が難航するケースも多数あった。男女平等の思想を普及するために、結婚と家庭は男女個人と家庭の私事ではなく、社会と国家はつねにその健全ぶりを見守っているのだと農村で宣伝をした。そのために女性の地位が徐々に改善し始めた。しかし、伝統的な女性に対する考え方が根強く残る農村社会では、女性の地位が男性と全く平等になることはできなかった。たとえば、「同工同酬」（同一労働同一賃金）は基本の方針であるが、筆者の調査によると、人民公社時代に男女の賃金は必ずしも同じではなかった[4]。

文化大革命を経て、1978年に中国は経済システムの改革開放を決定し、それ以降、社会的・文化的領域において中国社会は大きく変化した。「婚姻法」は、30年ぶりに改正され1980年に発布された。そこでは従来の同志的な夫婦関係の婚姻観、同志的な家族関係によって社会主義的な家風を作るという家族観から脱して、男女の愛情・個人の意志の尊重に基づく近代的な家族観を目指すこととなった。これ以降、中国では、離婚が増加し、また第三者[5]問題が社会問題になった。このような社会的な背景がある故に、2001年に「婚姻法」

は再度改正された。現在の「婚姻法」は従来の男女の愛情・個人の意志の尊重に基づく近代的な家族を目指すのに加え、道徳観、倫理観の喚起と遵守を呼びかけるものである。また法律を強化することで、社会安定の基礎である婚姻関係、家族関係を維持することが最大の目的とされた。

人々の考え方と社会が大きく変化する中で、女性のあり方について多様な意見が生まれた。その中に女性の社会進出に反対し、従来の「男は外、女は内」を提唱する人々も出現している。各学界でも女性問題は熱い注目を集めている。2005年出版された『中国婦女研究十年（1995～2005年）』[6]は改革開放後の女性に関する研究成果を集約した論文集であり、女性の貧困、教育、健康、経済、参政、人権など多分野にわたって論考が収められている。しかし、中国研究の中に女性について、特に農村女性に関する研究がきわめて少ない。

日本における中国女性の研究成果の発表は、中国女性史研究会が1989年に創刊した『中国女性史研究』がある。また、関西中国女性史研究会編『ジェンダーからみた中国の家と女』（東方書店、2004年）や、関西中国女性史研究会編『中国女性史入門』（人文書院、2005年）がある。その内容は婚姻・生育、教育、女性解放、労働、身体、文芸、政治・ヒエラルキー、信仰など多岐にわたって論じているが、農村女性に関する内容は少ない。その中に末次玲子が書いた華北農村女性に関するものは貴重である。その内容は、1940年代初期、革命から文化大革命まで、改革・開放政策以降と三つの段階を設け、出生、婚姻・家族制度、性別役割、計画生育など、中国農村女性に関する問題を論じている。本章では調査村の段村での聞き取り調査と、入手した資料に基づき、宗族活動と地域活動の中における女性の地位の実態を明らかにし、彼女らの社会的地位の歴史的変遷について考察するものである。

第1節　宗族からみる変遷

中国では長い歴史の中で、男性は宗族の一員としてのみ意味をもち、全面的にこれに帰属していた。結婚も離婚も個人ではなく、あくまでも家族のためのもので、家族の利益が最優先され、「礼」に基づいて行われなければならなかった。

女性は結婚して、稼いだ家の宗族に帰属し、かつそれによってのみ人生の完結をみるものと定められていた。つまり、女性は結婚すべきで、嫁いだ女性は男性の宗族のものになり、実家とは無関係の人になるとされた。結婚した女性は礼制の「三従」[7]に基づいて、男性に従わなければならなかった。

しかし、結婚した女性は生涯夫の家族に帰すことを保障されておらず、夫に「休」（離縁する）「棄」（遺棄する）されることもあった。離婚は男性の特権であり、女性の一方的な意志による離婚は認められなかったのである。また、「女性は二夫をふまえず」の貞操思想の影響で、離婚された女性は再婚できないのが基本的な考えであった。漢代以後に離婚される理由として「七出」の制限が設けられ、長年人々に影響を与えた。

「七出」とは①無子、②淫、③舅姑につかえず、④妬む、⑤口舌、⑥盗窃、⑦悪病の七つをいい、妻はこのうちのどれかひとつに該当するとき、夫に離婚されても仕方がなかった。①の無子とは、男の子を生まなかったという意味で、結婚の目的は宗法家族の後継者づくりにあるから、無子であることは離婚される一番の理由となる。女性は男性の都合の良いように生きなければならなかったのである。このような点を踏まえ、段村の女性の宗族における地位をみていきたい。

1 族譜からみた場合

族譜は宗族構成員を記載するものであり、男性族人はこの族譜から自分の血統の由来と親族の範囲を明らかにし、親族との遠近を区別し、族内での位置関係をはっきりさせることができる。先ほど述べた通り、女性は嫁いだ男性の宗族の一員になり、族譜に記載されるのが一般的である。

第4章で触れたように、馬氏宗族は三つの分派に分かれ、その内馬氏A支派に族譜がある。

この三枚の写真は馬氏族譜を撮影したものである。写真56は10代目「応科」という男性の族譜の記載内容である。彼は「徳」の三男で、康熙10（1671年）年に生れ、乾隆40（1775）年5月11日に83歳で死亡した[8]。同月20日に村の北西の新しい墓地に埋葬された。妻の李氏には「無出」[9]の記録しかなく、「継室」[10]の褚氏は男の子一人を生んだが、「少亡」[11]し、その子は父と

第 5 章　宗族・地域活動における女性の地位の変遷

同じ場所に埋葬された。次の「継室」徐氏は鄭屯の出身で、男の子二人を生み、乾隆 55 年（1790 年）2 月 3 日に死亡し、夫と同じ村の北西の墓地に埋葬されたと記録されている。

写真 57 は 13 代目「鴻善」という男性の記録である。彼は「来遠」の次男で、嘉慶 25 年（1820 年）10 月 1 日に生れ、62 歳の時に死亡し、村の辛地にある「祖墳」[12]に埋葬された。妻の成氏は道光 7 (1827) 年 8 月 29 日に生れ、同じ村の出身で、58 歳に死亡し、夫と同じ墓地に埋葬された。成氏は男 2 人、女 1 人を生み、男の子 2 人の名前と生年は記録されているが、女の子の生年はなく、名前と嫁ぎ先のみ記録されている。

写真 58 は 17 代目「万龍」という男性の記録である。彼は「錫華」の長男で、1956 年 3 月 24 日に生まれた。妻の名前は「逮喜仙」で、清徐県抜奎村の出身で男の子 3 人、女の子 1 人を生み、男女問わず子ども 4 人の名前と生年が記録されている。

馬氏族譜の記録内容を検証すると、人によって、きわめて詳細に記録されたケースがある反面、簡略なケースもあり、全体に統一性が欠けているようにみえる。だが、上記の内容から、次のような傾向があると考えられる。

①男性の名前、生年、没年、埋葬地などが詳細に記録されている。

②男性の妻も記録されている。ただし、時代が古いほど、名前がなく、姓のみ記録されている（女性の姓と名前を記録するようになった

写真 56（上）　10 代目応科、写真 57（中）　13 代目鴻善、写真 58（下）　17 代目万龍、馬氏族譜より。

のは 1940 年代以降のことである)。

③妻が「無出」であれば記録は簡単で、男の子を産んだ妻であれば記録は詳細である。しかも夫と同じ墓地に埋葬されている。

④宗族に生まれた女の子は時代が古いほど記録がなく、記録され始めたのは 12 代目からである。しかし、名前と嫁ぎ先だけしか記録されておらず、生年の記録がない。1980 年代以降は女の子の生年も記録されるようになった。

この傾向から、族譜は宗族に生まれた男性を中心に記録し、女性はあくまでも付属的に記録されているといえる。特に男の子を産まなかった女性の記録は粗末で、地位が低かったことがうかがえる。しかし、歴史的にみると、かつて婚入してきた女性は姓と出身地しか記録されていなかったが、近年は名前と生年まで記録されるようになった。また宗族に生まれてきた女性もかつて記録されていなかったが、近年名前と生年が記録されるようになった。

2 祖先祭祀からみた場合

閻氏、李氏と馬氏は毎年旧正月1日に宗族成員が集まって、祖先祭祀を行う。彼らの祖先祭祀に関して、次のような決まりがある。

①祖先祭祀に参加できるのは男性のみで、女性は儀式に参加できない。
②祖先祭祀に必要な費用は男性からのみ徴収する。
③祭祀は結婚をし、親から独立し、戸籍をもつ男性の家で輪番に行う。

これらの決まりは伝統的な考え方で、特に文章化されておらず、代々伝わってきたと年配のインフォーマントはいう。そして、閻氏と馬氏はいまでもこの伝統を守っている。しかし、第2章で述べたように、李氏は祭祀に必要な費用は 1999 年以降に女性からも徴収するようになった。2001 年の調査時には、女性からも費用を徴収するが、祖先祭祀に参加するのは男性だけだと「神子」を保管している族人から聞いたが、しかし、2009 年に祖先祭祀の儀式をみに行った時に、女性も祖先祭祀に参加しているのをみて、いつから女性も参加できるようになったかと尋ねたところ、近年ですと答えてくれた。つまり、現在、李氏は男女を問わず祖先祭祀に参加できるのである。ただ女性が参加するのは個人の意思によるもので、強制ではないと李氏宗族の者がいう。

女性から費用を徴収し、女性が祖先祭祀にも参加できるということは珍しく、

他の村民からは「李家出花様」といわれている。「出花様」というのは「変わったことをする」という意味で、褒め言葉としてはあまり使われない。この言葉から、李氏宗族のこの「改革」は、他の村民には必ずしも受け入れられてはいないようである。

3 その他の慣習からみた場合

この地域では、宗族と関連することについて次のような慣習がある。

まずは、新婚の男性と男の子が生まれた家は宗族に「喜喜銭」を納めるという慣習があることはすでに第2章の中で論じた。新婚の男性は男の子が授かるように祈り、男の子が生まれた家は感謝の気持ちを込め、「喜喜銭」を納める。繰り返しになるが、中国人の間では昔から祖先や親に対する一番の不孝は男の子がないことといわれる。男の子孫がないことは後継ぎがないだけでなく、祖先に対する最大の不孝だと現在も多くの人が思っている。

「喜喜銭」を納める慣習は李氏、馬氏と閻氏も守っている。そして、馬氏の1982年からの収支帳簿をみると、1999年と2000年に女の子が生まれた時にも「喜喜銭」を納めたとの記録があった。帳簿を保管している族員にその理由を尋ねたところ、現在では男女を問わず子どもが生まれてくることが喜ばしいことだと捉え、「喜喜銭」を納めるようになったそうである。

次に、調査村の宗族は、始祖をはじめその宗族門下の代々の男性を「神子」に書きならべて祭祀の対象とする。同時に男性の妻も「神子」に記録され、祭祀の対象となる。しかし、宗族に生まれた女性はいずれ族外の男性と結婚をするので、生家の「神子」に記載されることがなく、祭祀の対象にならない。この慣習は現在も変わっておらず、先ほど紹介した李氏宗族も宗族に生まれた女性は、李氏の祖先祭祀には参加できるが、祭祀の対象にならない。

その他に、宗族内の男性が結婚する時に族内の男性に声をかけないといけないという決まりがある。声をかけられた以上、手伝いに行かなければならないという慣習もある。結婚以外に、族人が死亡し、葬式をする時に男性が手伝いに行く決まり、男の子が生まれた時に祝いに行く決まりもある。ただし、女性が結婚する時、あるいは、女の子が生まれた場合には、必ずこの規則に従う必要はないと村民たちはいっている。

写真59　女性が李氏宗族の祖先祭祀に参加する様子
2009年1月26日

　以上の変化から宗族内部における女性の地位は時代と共に変化し、上昇したといえるが、男性と平等になるにはなお時間が必要のようである。

第2節　地域活動からみる変遷

　廟や寺などの宗教的な建物が多く、廟会など地域行事も多いのは段村の特徴の一つである。新中国以降、特に文化大革命の時には建物が多く壊され、その後地域行事も減っている。そのような中で現在も村の行事として盛大に行われているのは「元宵節」である。
　「元宵節」に関する内容はすでに第3章の中で詳細に論じた。ここでは当行事における女性の位置づけに関して論じる。
　「元宵節」の活動を組織し、それに参加するのは男性であり、女性、子どもは見物客であるのが伝統的な考え方であり、この考え方は人民公社時代まで継続した。旧中国社会では、「男女授受不親」[13]という考えが人々に浸透しており、普段若い男女が顔を合わす機会がなかった。「元宵節」の時に女性が見物をしにくるので、この時は男女が知り合う唯一の場であった。この時、好きな人をみつければ、親や知人などを通じて相手に伝えることもあると村の老人が語ってくれた。

第 5 章　宗族・地域活動における女性の地位の変遷

写真 60　踊りに参加する女性たち
2005 年 2 月 22 日

写真 61　踊りに参加する子どもたち
2005 年 2 月 22 日

　しかし、改革・開放以降に大きな変化が起こった。生産請負責任制が実施された以降、特に近年では、若い男性の参加者が少なくなったことは前述した通りである。その一方、女性と子どもの参加者が多くなった。2005 年に調査を行った時に、女性と子どもの参加人数が多く、若い男性が少なかったことが印象的であった。

　村民たちとのコミュニケーションから女性と子どもの参加者が増えたのは、農村社会の変化と深く関わっていることが分かった。それは次の通りである。

　まず、社会環境の変化による影響である。新中国成立後、都市部では女性が社会に進出するようになり、女性の社会的地位が向上し、男尊女卑の意識も大きく改善された。だが、農村においては、「男性は外、女性は内」という伝統的な男女役割分担や男尊女卑の考え方が根強く、大衆の前に出るのは男性であり、女性が出ることは考えられなかった。結婚し、子どもをもつ女性になるとなおさらである。しかし、改革開放後、郷鎮企業が増えたことで、多くの女性も企業で働くようになり、それに伴って、伝統的な男女役割分担意識が改善され、表に出ることや行事に参加することが決して恥ずかしいことではなくなり、農村の女性もいろいろな行事に参加するようになってきた。段村の元宵節に参加する女性についても同じことがいえる。

　村の幹部の話によると、以前は元宵節のような伝統行事の参加者はすべて男性であり、女性は参加できなかった。女性が参加するようになったのは 1990 年代に入ってからであり、その後毎年徐々に増えている。2005 年についてい

213

うと、女性と子どもの参加者数は全体の約半数を占めている。

次に、女性参加者が増えたもう一つの原因はマスコミによる影響である。近年、女性だけで組織された歌舞隊、鼓楽隊[14]がよくテレビに出てくるようになり、一種の流行ともいえる。

また、若い男性の参加者が少なくなったことも重要なポイントである。いまや出稼ぎに行く男性や、企業で働く男性が増える中、特に若い男性が都市部や企業で働くようになっているため、仕事を休んでまで参加するのが困難である。加えて、若者が地域伝統行事に関心を向けなくなったのも理由の一つである。従来の農村では娯楽が少なく、「元宵節」は年に一度の楽しみであった。しかし現在、さまざまな娯楽が現れ、その結果、伝統行事に対する関心度が低くなり、行事への参加意欲も薄くなったと考えられる。

このような生活環境の変化が、女性の地域活動への参加を促したと思われる。女性や子どもを動員し、伝統行事に参加させ、地域の結束力を高めようと組織者たちが努めているのだと当時の村長はいう。

一方で元宵節と同じ正月15日に、子どもを授かるように「三宮社」の祭祀活動に参加するのは全員男性で、そこへ祈願をしにくるのも全員男性で、「糕灯」を届けに行くのも必ず男性でなければならない。女性は依然とこのような場に顔を出せない。その背景にはやはり、男の子が生まれるような願いが込められていると思われる。

小結

以上、宗族活動・地域活動への参加を中心に段村の女性の地位の歴史的変遷を考察した。帰結としていえるのは、女性は地域活動に参加することで、地域の伝統を継承し、守るために欠かせない存在となってきている。そして地域の結束力を高めることに貢献もしている。一方、宗族内部において、女性は家族の一員として認められるようになり、姓も名前も記録され、女性と男性を明らかに差別化するようなことは少なくなっている。男の子を生まなかった女性に対しても、離婚させられることはなく、女性の地位は徐々に向上したといえる。だが、女性が祖先祭祀に参加することに対しては今も否定的な考え方をもつ村

民が多く、宗族はやはり男性が中心だという伝統的な考え方は依然と根強く存在する。村民たちの男の子が生まれてきて欲しいという思いから、男性が家の跡継ぎだという伝統的な考え方も変わっていないといえる。

　今後、中国社会のさらなる変化に伴って女性の社会的地位、宗族内部における地位はどの方向へ変わっていくのか、注視しなければならない。

注
1）三从四徳の四徳とは'妇徳'（女性の道徳）、'妇言'（女性の言葉遣い）、'妇容'（女性の身だしなみ）、'妇功'（家事）を指し、かつて女性が守るべきとされた徳目である。三从とは「生まれては親に従い」、「嫁しては夫に従い」、「夫が死んだ後は子に従う」ことを指す。
2）本文の「1840年代初期の阿片戦争は、……都市部のわずか少数のインテリ階層にとどまった」とする中国近代史の部分については、梁景時「清末民初婚俗的演変述論」山西師範大学報社科版、1999、pp.70-73；徐永志「晚清婚姻与家庭観念的演変」河北師範大学学報社科版、1999、pp.127-131；陳蘊茜・葉青「論民国時期都市婚姻的変遷」『近代史研究』総108期、1998、pp.196-206；孟昭華・王明寶・呉建英編著『中国婚姻与婚姻管理史』中国社会出版社、1992、pp.234-248を参照した。
3）孟昭華・王明寶・呉建英編著『中国婚姻与婚姻管理史』中国社会出版社、1992年、pp. 250〜254。
4）人民公社時代では男女問わず、同じ時間に「出工」（畑仕事が始まり）をし、同じ時間に「収工」（畑仕事が終わる）をする。働く日数を点数で記録され、年末に一年の賃金を分配するが、男性が一日の点数が1としたら、女性は0.8ぐらいだと人民公社時代の村の責任者から聞いた。
5）「第三者」は日本語で言う「愛人」あるいは「不倫相手」の意味に当たる。
6）譚琳・劉伯紅編『中国婦女研究十年（1995〜2005年）』社会科学文献出版社、2005年。
7）前掲1）。「三従」とは旧中国で女性の生涯を通じての従属的地位を表した道徳の教えである。すなわち、結婚前には父に、結婚後は夫に、夫の死後は子に従うことである。
8）生年と没年から計算すると103歳に死亡したことになる。族譜の記録ミスだと思われる。
9）無出とは子どもを産まなかったことをいう。
10）継室とは一般的に前の妻がなくなった後にもらった妻のことを指す。
11）少亡とは成人になる前に死亡したことをいう。この地域では昔15歳が成人であった。
12）祖とは祖先のことで、墳とは墓のことで、「祖墳」は家族の墓地を指す。
13）「男女は親密になってはいけない。直接ものを受け渡すこともできない」というのが昔の男女間での礼儀であった。「男女授受不清」と書く場合もある。

14) 歌舞隊とは踊りをするグループのことをいい、鼓楽隊は太鼓、楽器を演奏するグループのことをいう。いずれも祝い行事に多くみられる。

終章　結　語

　以上を以って、調査結果に基づき、山西省段村の宗族と社、宗族と社の関係、行政との関係の変化および女性の地位の変化を検証してきた。
　調査から、段村にある宗族は、過去から現在まで自分たちの血統をきわめて大事にし、血縁の親疎によって結合する形態は変わっていない。この親疎関係を重要視する故に、世代の深化に伴って血縁関係の離れた成員間の結び付きは強くなく、南方の宗族のように強固な宗族組織になっていない。また、経済的な要因に影響されることが比較的少なかったため、血縁関係のない同姓と連合し拡大するという余地がなかっただけでなく、むしろ宗族内部で分枝する傾向がみられた。そのため、世代の上下と血縁の親疎という中国の伝統的な尊々親々という関係を重んずる考え方が現在まで存続してきているといえる。さらに、従来の南方の宗族は外部との競争関係を意識し、一族の力を誇示するために結束する傾向をもったが、逆に段村の宗族は成員の親睦を図り、その内部関係を強化するための結束であることはすでに述べた通りである。これも南北地域の伝統的宗族結合の違いの要因の一つであることを、調査村の事例から裏づけられた。
　典型的な復姓村である段村は、ある一つの宗族が優位に立つということがなく、民国時代の村政を実施した時期から新中国以降、および現在にまで、行政側の村の責任者は、すべて古くから村に住んでいる幾つかの宗族の人物が担当する。普段、宗族間に対立はみられないが、現在、村長選で村民たちは自分の宗族からの立候補者、それがたとえすでに分派した一員であったとしても宗族関係を有する人物に投票するということから、宗族と宗族の間に票の取り合いがあったと推察される。日常生活の中で宗族関係の存在を意識せずに生活している村民たちもこの時に宗族意識が強く表れ、働いている。投票行動を通して顕在化する所属意識を考えると、社会生活を送るにあたって、宗族関係を有することがきわめて大事で、村民たちはこの関係を一種に社会資源として活用している。したがって、宗族関係を有することの重要性が理解できよう。
　社会の変化に伴って、個々の家庭の独立性が高まるにつれ、たとえば、家を

建てる時、農繁期の幫工、換工などの相互扶助行為が少なくなっているが、冠婚葬祭の行事に参加する伝統を依然として保持している。したがって、社会の分業化によって、生活上において必要性がなくなった機能が消失しつつあるが、宗族の存続にかかわる時に宗族の意識が強く表に出ている。特に宗族の祖先祭祀への参加は宗族成員の義務と捉えられており、現在も変わっていない。つまり、宗族機能が弱体化する方向に向かっている中で、宗族の本質である祖先祭祀を通じて、自分と祖先とのつながり、自分の帰属性を明確にしようとする意識が今日でも根強く存在している。

宗族の機能が減少するにつれ、族長の権限も従前と比べて弱くなっているが、年長者が族長の地位に就くということは、伝統的な世代の高低、年長者と年少者の尊卑関係がいまも変わっていない。宗族内部の揉め事がある場合に、族長が相談相手としての役割を期待されていることから、年長者である族長に対して宗族成員は一定の尊敬の念を抱いているといえる。一方、改革開放後の宗族活動のプロセスからみると、族長以外でも、宗族成員の内、社会的地位があり、経済的裕福な人物が宗族活動する際に発言権があり、リーダー的存在になっている現象もみられる。このような人物が存在しているか否かによって宗族活動が影響を受け、宗族の復活にも大きく影響したことは確かである。

また、宗族内部における女性の地位は徐々に向上し、たとえば一部の宗族が女性にも祖先祭祀への参加を容認するようになり、意識の変化がみられる。しかし、多くの宗族が依然として男性のみ祖先祭祀に参加するという実態から宗族においては男性優位の伝統的規範意識が依然として根強い。ここから、「男性のみが宗族にとって重要」という伝統的価値観が今も変わらず存在していることが伺える。

第一部第3章の中で清水盛光の集団論に基づいて宗族を分類するにあたり、成立根拠と成立動機の二つの軸を交差させ、二次元的な分類を提示した。この分類方法で考える場合、宗族には血縁型宗族と利益型宗族という二種類があり、それらが相互に転化することもあると結論づけた（図2A）。この分類枠組みに基づいて、段村にある宗族の過去から現在に至るまでの実態を考察すると、これらの宗族の成立の根拠は、存在の共同の媒介に基づき、宗族成員間に愛と親和感情が存在し、その成立の動機も自然的で、同じ祖先を有することを重要視

し、血縁が近い人々から結合した血縁型宗族にあたる。世代の深化によって分派するが、図2Bに「異なる宗族の配置」で示した自己本位的（生存・存続）、経済的（資産増加）および社会的（正統性）のような利益型に転化することなく、現在に至っている。ただし、先述したように、宗族の中に社会的地位があり、経済的裕福な人物が宗族内部で発言権を有するようになり、その力が台頭することや、女性が祖先祭祀に参加できる一部の宗族がある。これらの現象から考えると、将来、宗族がさらに変化する可能性を否定できない。いま村長選の時に、分派した宗族の立候補者に投票するのは個人の行為であるが、分派間が力を合わせるために再統合する可能性もありうる。

中国社会の急速な変化に伴って人々の結合関係も変わりつつある中、血縁型にしろ、利益型にしろ、宗族という言葉を使い続けている以上、中国人はやはりそこに同じ祖先を有することを認め、宗族を社会関係の要として捉えている。恐らく今後、宗族の結合形態がいかように変わっても、宗族をキーワードに構築されたネットワークは特に村落における人々の結合の基本形態の一つとして、人々の生活の中で重要な役割を果たしていくと思われる。

従来、王崧興が提起した「関係あり、組織なし」というのは、宗族結合の弱さを示す言葉である。しかし、筆者が思うには、組織は確かに規則があって、成員の結合が強固であるように思われるが、ただ、組織がいったん解体すると、規則によって結合していた成員間の関係も解消する。それに対し、宗族関係はそう簡単に断ち切ることができない。宗族の場合、いつまでも遡ることができ、その関係＝ネットワークは無限に広がることもできる。同じ祖先で、同じ宗族に属することは中国人にとってきわめて重要であり、宗族は関係＝ネットワークを構築する紐帯である。この紐帯は水面下に沈んでいる弛んだゴムのようで、普段はみえない。しかし、必要な時に力を加えると、ゴムが引っ張られ、浮上し、力を発揮し、関係が強化される。このような関係こそ中国人が求めている関係性で、これを認識することが重要性であると思われる。

社に関していえば、社というのは元々地理的に近い家々が、自主的に結集する地縁集団である。第二部の第3章第1節で触れた段村のブロックごとに存在する閻家社、任家社、西任家社、馬家社、鉄門李社、康家社、李家社、宋家社、段家社は土地と生活の共同に基づく集団であることは、鉄門李社の収支内容か

ら明らかになった。これらの社は、共有財産があり、経済的に互助をし、祭祀単位で、納税単位で、村の行事に参加する単位で、村民にとって社の存在意義が大きかったと思われる。これらの社は解放後にいくたび再編され、機能も衰退し、名前も社から小隊や区に変わってきたが、地理的範囲がほぼ変わっていないため、同じ生活圏内にあり、現在もなお村の行事を行う際の単位になっていて、社の意識は依然と存在する。この事実も鉄門李氏の出納帳の表紙に書かれた文字をみれば明白である。

　一方、同じく第3章第2節の中で述べたように、経済互助のために組織された自興社もあり、このような社への入社は自由で、現在の株式組織に類似する。この自興社は特殊関心をもつ一部の人々が結合したものである。その他に、火社、面社、金銭社、文昌社、太陽社、新生十王社などといった名前の社が存在していたことは分かったが、これらの社に祭祀集団もあれば、金銭を管理する社もあると長老から聞いたが、具体的な役割と組織形態についてはさらに再調査する必要と、今後の課題もみえてきた。従来、村に廟など多くの宗教建物があり、それぞれ祭祀行事を行い、祭祀集団も多くあったと推察する。「三官社」が子授け神様の祭壇を建て、多くの村民たちが子どもを授かるように祈願しに参る。「三官社」が現在、村に唯一復活した祭祀行事を行う組織であるが、近年、積極的に組織活動に参与する者が少なくなり、組織が衰退している。その他の経済互助的な性質の社が復活していないが、郷鎮企業や私営企業の新興によって、新しい経済集団が生まれている。村民たちが異なる企業で働く場合に、それぞれの企業に属するため、村民たちの間に新しい集団が生まれ、新しい利益関係も生まれた。

　第一部の第3章第2節で触れたように、清水盛水は、根源的共同に基づく集団の第二の根源的共同は、地域集団の地盤となる土地の共同であり、中国の社はこれに属すると指摘する。この理論根拠の下、筆者は「社・会の類型図とその動的変化」（図3A）と「異なる社・会の配置」（図3B）を提示した。この基準で段村の社を分析すると、多くの社は土地と生活の共同の集団で、成立の根拠は存在共同の媒介に基づき、成立の動機が自然的である。たとえば、解放前の段村のブロックごとに存在する社がそれに当たる。行政の力の浸透につれ、社に納税や治安などの役割を付与し、成立の動機が人為的方向に傾く時期もあ

ったが、生産請負責任制に変わった現在も村の祭りや行事の単位で、土地と生活の共同が基本であり、変わっていない。

　また、一部の社は、成立の根拠が最初から作用共同の選択に基づく集団で、成立の動機が人為的である。例えば福祉型（互助・扶助）の自興社がこれに相当するが、すでにその役割を終え、存在しない。現在では経済型（企業）が出現し、新たな利益集団が生まれた。したがって、動的にみて、時代によって消失する集団もあれば、必要に応じて新たに結合する集団もあり、人々の関係が常に変化している。清水の集団の二次元的分類方法が中国の地縁集団を分析する時に、きわめて有効であることが証明された。

　当時の政権の必要によって村落内部において、いくたびか再編され、その役割も時代と共に変化してきたが、どの政権も伝統的な地縁的結合の存在を無視できなかった。時には、政権側が、それを利用したこともあったが、それはやはり、人々が村落生活を送る上で地縁的結合が必要であることを認めなければならないのであろう。この地縁集団の重要性と過去に中国村落社会で果たした役割を再認識する必要があると考える。行政の関与に代表される社会環境の変化と共に、従来の地縁集団の機能が衰弱し、人々の結合関係に一定の変化の兆しがみえるが、しかし地縁関係は現在もなお村民たちを結ぶ重要な紐帯であることが、現地調査から明らかとなった。

　過去の華北研究において、「会首」が村民の支持を得られなかったとの指摘があったが、調査から民国時代の段村の社首は、あくまでも社内の世話役で、特に政権側の命令に従う必要がなかったと分かった。政権側の代表として、村民から金銭と税を徴収し、村民から嫌われたのが「閭長」らといった人たちである。したがって、地縁に基づく集団の社首を政権側の代理人の「会首」や「閭長」と分けて考える必要がある。この事実は現在も同様である。復活した「三官社」の責任者が村の責任者ではなく、あくまでも祭祀行事を行う際の世話役で、村行政への影響力もほとんどない。

　いずれにしても、南中国においては利益的な宗族関係が人々を結ぶ主たる紐帯であるが、調査した段村においては、ともすれば分枝しかねない宗族の凝集力が社（地縁集団）の存在によって統合されている。村民たちが祖先祭祀などの宗族行事の時に宗族の一員として結集し、村の行事などの時に社（地縁集

団）の一員として参加し、重層の中にあり、両方をうまく使い分けている。その意味では宗族と社（地縁集団）の両方の機能が相互に補いあっていて、この両集団とも村民らが村落生活を送る上できわめて重要な存在であるとみてよいであろう。

　このように山西省の人々が現在でも伝統的な血縁と地縁によって結束して生活しているのが明らかになった。今後、中国社会のさらなる変化に伴って、特に農村の都市化によって、人々の流動が激しくなり、価値観が変化し、地縁で結ばれている人々の関係が脆弱になる可能性がある一方、村民自治に任せられた現在において、行政の力が及ばないところに、村民たちが結束し、自分の力で解決することがあるかもしれない。その場合には地縁関係がより一層緊密になるのであろう。また、逆の場合もあるかもしれない。その発展方向に注視していきたい。

あとがき

　本書は、筆者が2001年から10年余りかけて実施した調査研究の成果をまとめ、京都女子大学院に提出した博士論文を改定したものです。出版するにあたって、これまでお世話になった方々にお礼の言葉をここに記します。

　院生時代の指導教官で、神戸学院大学の春日雅司教授には、わがままな筆者の研究テーマの選択にもかかわらず熱心なご指導をいただき、ご鞭撻を賜りました。特に社会学理論に弱い筆者を丁寧にご指導、ご教示くださいました。執筆にあたり、終始適切な助言を賜り、論文のとりまとめに際して原稿チェックまでして頂きました。春日教授のご指導が無ければ論文の完成も難しかったと感謝しています。

　京都女子大学の竹安栄子教授には、論文の作成にあたり厳しくも優しいご指導を賜りました。振り返れば、竹安教授とは院生時代に出会いました。社会学の知識が乏しい筆者を社会調査の方法や理論的考察など、細部にわたりご指導をいただきました。また、公私にわたり暖かいご助言を賜りました。特に2010年から竹安教授が主催する地域社会研究会で、何度も研究発表の機会をあたえて頂き、その都度、多くのご教示を賜りました。

　竹安栄子教授、春日雅司教授に心より厚く御礼を申し上げます。そのおかげで、京都女子大学院現代社会研究科に博士論文を提出することができました。京都女子大学をはじめ、現代社会研究科の先生方と教務の方にも感謝を申し上げます。

　長崎大学の首藤明和教授には、日中社会学会の会員として長年学会でご指導をいただいてきました。首藤教授は社会学分野における中国研究のスペシャリストで、現在は日中社会学会の会長を務められておられます。首藤教授が『分岐する現代中国家族』を編纂する際に声をかけて下さり、執筆内容についても適切な助言を賜りました。そして博士論文の副査もご快諾して下さり、心より感謝を申し上げます。

　宇都宮大学の内山雅生特任教授には故郷の太原市で首藤教授のご紹介でお目

にかかり、その後、日本の研究者や中国の研究者をたくさん紹介して下さり、日中両国の研究者が参加するシンポジュウムで発表する機会を与えて頂き、そして、研究のとりまとめにあたって多くのご教示を賜り、また、遅々として進まず落ち込みがちな筆者に激励の言葉をかけて下さり、そのお蔭で書き続ける勇気が沸きました。出版するにあたって御茶の水書房をご紹介して下さり、そしてご多忙にもかかわらず、筆者と一緒に出版社まで足を運んで頂き、本当にお世話になりました。内山先生に深甚の謝意を表します。

　兵庫教育大学・松田吉郎教授、長崎県立大学・祁建民教授、東京学芸大学・田中比呂志教授、京都大学・小島泰雄教授は、調査から得られた資料の貴重さを教えて下さり、論文を完成させ、ぜひ資料を公開し、多くの研究者にその内容が共有されるようにと、終始暖かく見守って下さりました。記して、先生方に感謝申し上げます。

　博士論文を短い時間内で丁寧に日本語チェックをして下さった坂本真司先生、論文投稿の度に日本語チェックをして下さった姫路独協大学・安本実名誉教授にも本当にお世話になりました。心より感謝申し上げます。

　本研究の趣旨を理解し調査に快く協力して頂いた、調査対象村の元村長の任永鋭氏および村民の皆様にも心より感謝申し上げます。任永鋭氏はご多忙にもかかわらず、筆者が調査地を訪問する度にいつも適切な情報提供者を紹介し、案内して下さいました。

　出版するにあたっては、御茶の水書房の方々に大変お世話になりました。小堺章夫氏には編集過程でいろいろとご迷惑をおかけしまして、筆者の原稿修正にも根気強くお付き合い下さいました。お詫びを申し上げるとともにご厚意に心から感謝を申し上げます。

　最後に、系譜図を図面化してくれた娘、調査する度に家を留守にするにもかかわらず、長年にわたって精神的にも、経済的にも筆者を支えてくれた夫にも心より感謝します。

2017年7月20日

　　　　　　　　　　　　　　　　　　　　　　　　筆者　　陳　鳳

引用・参考文献

日本語文献

青井和夫、1987、『社会学原理』サイエンス社.
井上徹、1989、「宗族の形成とその構造――明清時代の珠江デルタを対象として」『史林』第72巻第5号、史学研究会：84-122.
井上徹、1993、「宗族形成の動因について――元末明初の浙東、浙西を対象として」森正夫他編『明清時代の法と社会』、汲古書院、297-319.
井上徹、2000、「中国における宗族の伝統」吉原和男、鈴木正崇、末成道男編『〈血縁〉の再構築――東アジアにおける父系出自と同姓結合』、風響社、45-71.
石田浩、1991、『中国農村の歴史と経済』関西大学出版部.
石田浩、1996、『中国同族村落の社会経済構造研究』関西大学出版部.
今堀誠二、1976、『中国現代史研究序説』、勁草書房.
上田信、1995、『伝統中国〈盆地〉〈宗族〉にみる明清時代』、講談社.
内山雅生、1990、『中国華北農村経済研究序説』金沢大学経済学部.
内山雅生、2003、『現代中国農村と「共同体」』御茶の水書房.
内山雅生、2011、「山西省農村の「社」と「会」からみた社会結合」三谷孝編『中国内陸における農村変革と地域社会』御茶の水書房、255-281.
内山雅生、2013、「戦時期日本の中国農村研究と華北」本庄比佐子等編『華北の発見』、東洋文庫、177-200.
奥村哲、2004、「近現代中国における社会統合の諸段階」『現代中国研究』第14・15号、現代中国史研究会、16-28.
戒能通孝、1943、『法律社会の諸問題』日本評論社.
片山剛、1997、「華南地方社会と宗族――清代珠江デルタの地縁社会・血縁社会・図甲制」森正夫等編『明清時代史の基本問題』、汲古書院.
片山剛、1982、「清代広東省珠江デルタの図甲制について――税糧、戸籍、同族」『東洋学報』第63巻第3・4号、東洋文庫、1-34.
加藤常賢、1941、『支那古代家族制度研究』岩波書店.
祁建民、2006、「宗族の行方と近代国家――中国基層社会の再編について」『県立長崎シーボルト大学国際情報学部紀要』第7号、233-245.
――　2008、「華北農村における民間信仰と国家権力」『長崎県立大学国際情報学部研究紀要』第9号、163-187.
――　2011、「中国農村における職能的社会結合と権力」『長崎県立大学国際情報学部研究紀要』第12号、239-251.
阮雲星、2002、「「宗族機能論」と「機能的宗族論」について」『比較民俗研究』第18号、比較民俗研究会、138-152.
小山正明、1992、『明清社会経済史研究』東京大学出版会.
小林義廣、2002、「日本における中国の家族・宗族研究の現状と課題」『東海大学紀要文学部』、第78輯、95-115.

蔡志祥、1999、「周辺にある中央――珠江デルタにおける宗族の統合と分支」末成道男編『中原と周辺――人類学的フィールドからの視点』、風響社、41-54.
滋賀秀三、1981、『中国家族法の原理』創文社.
佐々木衛、1993、『中国民衆の社会と秩序』東方書店.
渋谷裕子、2000、「清代徽州休寧県における棚民像」山本英史編『伝統中国の地域像』慶應義塾大学出版会、211-250.
佐藤仁史、2013、「民間信仰からみる江南農村と華北農村」本庄比佐子等編『華北の発見』、東洋文庫、201-226.
清水盛光、1942、『支那家族の構造』岩波書店.
清水盛光、1947、『支那社会の研究』岩波書房.
清水盛光、1972、『集団の一般理論』岩波書店.
清水盛光、1983、『中国郷村社会論』岩波書店.
清水盛光、1983、『中国族産制度攷』岩波書店.
清水泰次、1928、『支那の家族と村落』文明書院.
簫紅燕、2000、『中国四川農村の家族と婚姻：長江上流域の文化人類学的研究』慶友社.
秦兆雄、2002、「中国湖北省――農村の異姓養子の帰宗現象について」『外大論叢』第53巻、神戸外国語大学研究会、55-76.
秦兆雄、2005、『中国湖北農村の家族・宗族・婚姻』風響社.
新明正道、1970、『ゲマインシャフト』恒星社厚生閣.
聶莉莉、1992、『劉堡――中国東北地方の宗族とその変容』東京大学出版会.
瀬川昌久、1991、『中国人の村落と宗族』弘文堂.
瀬川昌久、1996、『族譜――華南漢族の宗族・風水・移住』風響社.
滝田豪、1999、「近代中国の国家と社会（一）――山西の村政にみる農村への権力浸透」『法学論叢』146巻1号、19-39.
滝田豪、2001、「民国期地方行政の一側面」、『中国研究論叢』中国研究論叢編集委員会、1-6.
高田保馬、1922、『社会学概論』岩波書店.
高田保馬、1926、『社会関係の研究』岩波書店.
田仲一成、2000、『明清劇曲――江南宗族社会の表象』創文社.
田中比呂志、2011、「高河店社区における家族結合の歴史的変遷」三谷孝編『中国内陸における農村変革と地域社会』御茶の水書房、195-219.
田原史起、2000、「村落統治と村民自治――伝統的権力構造からのアプローチ」、天児慧等編著『深層の中国社会――農村と地方の構造的変動』、勁草書房.
田原史起、2004、『中国農村の権力構造――建国初期のエリート再編』、御茶の水書房.
陳其南、1990、「房と伝統的中国家族制度――西洋人類学における中国家族研究の再検討」橋本満他編『現代中国の底流』行路社、32-105.
陳鳳、2002、「祖先祭祀の実態にみる宗族の内部構造――中国山西農村の宗族の事例研究」『日中社会学研究』第10号、日中社会学会、96-114.
陳鳳、2003、「「銀銭流水帳」からみる宗族の変化と存続」『比較家族史研究』第18号、比較家族史学会、25-43.
陳鳳、2006、「社会変動と村民組織――「元宵節」の開催に着目して」『日中社会学研究』第

14 号、日中社会学会、17-41.
陳鳳、2007、「伝統的社会集団と近代の村落行政──山西省の一村落を事例として」『現代中国研究』第 20 号、現代中国史研究会、85-100.
陳鳳、2013、「宗族結合に関する諸研究の再検討──南北差異の要因を中心に」『日中社会学研究』第 21 号、日中社会学会、43-53.
陶希聖、天野元之助訳、1939、『支那に於ける婚姻及び家族史』生活社.
中生勝美、1989、『中国村落の権力構造と社会変化』、アジア政経学会.
中村哲夫、1986、『近代中国社会史研究序説』法律文化社.
永尾龍造、1973、『中国民俗誌』、光洋社.
仁井田陞、1983、『中国の農村家族』東京大学出版会.
仁井田陞、1957、『中国法制史』岩波書店.
潘宏立、2002、『現代東南中国の漢族社会──閩南農村の宗族組織とその変容』風響社.
費孝通、小島晋治ほか訳、1985a、『中国農村の細密画』、研文選書.
費孝通、横山広子訳、1985b、『生育制度:中国の家族と社会』東京大学出版会.
福島正夫、1976、『家族──政策と法』東京大学出版会.
福武直、1976、『中国農村社会の構造』福武直著作集第 9 巻、東京大学出版会.
本庄比佐子・内山雅生・久保亨・2013、『華北の発見』東洋文庫.
牧野巽、1979、『中国家族研究(上)』牧野巽著作集第 1 巻、御茶の水書房.
──1980a、『中国家族研究(下)』牧野巽著作集第 2 巻、御茶の水書房.
──1980b、『近世中国宗族研究』牧野巽著作集第 3 巻、御茶の水書房.
萩原綾、2001、「山西省の地域社会と抗日勢力──閻錫山政権下の統制と多様性」2001 年度信州大学修士論文.
深尾葉子、1998、「陝北農村における雨乞いを通じた社会的実践──黄土高原農村における環境と歴史的文脈」『現代中国研究』中国現代史研究会、32-53.
松田吉郎、2002、『明清時代華南地域史研究』汲古書院.
松本善海、1977、『中国村落制度の史的研究』岩波書店.
三木聰、2002、『明清福建農村社会の研究』北海道大学図書刊行会.
三谷孝編、1999、『中国農村変革と家族・村落・国家:華北農村調査の記録』汲古書院.
三谷孝他著、2000、『村から中国を読む』青木書店.
三谷孝編、2011、『中国内陸における農村変革と地域社会』御茶の水書房.
路遥・佐々木衛編、1994、『中国の家・村・神々:近代華北農村社会論』東方書店.
李小慧、1998、「親族組織──院」橋本満・深尾葉子編訳『現代中国の底流』、行路社、223-238.
吉原和男、2000、「「血縁」の再構築──同姓団体の生成とその社会的機能」吉原和男、鈴木正崇、末成道夫編『〈血縁〉の再構築──東アジアにおける父系出自と同姓結合』、風響社、15-43.
O・ラング、小川修訳、1953、『中国の家族と社会 I』岩波現代叢書.
ジェームズ・ワトソン、秦兆雄訳、2004、「父系親族成員と部外者──ある漢人宗族の養子縁組」『白山人類学』第 7 号、48-69.
M・フリードマン、田村克巳他訳、1987、『中国の宗族と社会』弘文堂.
M・フリードマン、末成道男他訳、1991、『東南中国の宗族組織』弘文堂.

テンニース、杉之原寿訳、2011、『ゲマインシャフトとゲゼルシャフト上・下』岩波書店.
D・H・カルプ、喜多野清一・及川宏訳、1940、『南支那の村落生活』生活社.

中国語文献

王询、2007、〈中国南北方汉族聚居区宗族聚居差异的原因〉、《財经问题研究》第11期（总第288期）、20-30.
王日根、1992、〈論清代義田的発展与成熟〉、《清史研究》第2期中国人民大学書報資料中心、8-14.
王日根、1997、〈明清基層社会管理組織系統論綱〉、《清史研究》第2期、中国人民大学書報資料中心.
王先明、1996、〈晩清士紳基層社会地位的歴史変動〉、《歴史研究》第1期総第239期、中国社会科学雑誌社、17-20.
王泸宁、1991、《当代中国村落家族文化》上海人民出版社.
郭裕懐、2000、《山西社会大観》、上海書店出版社.
許華安、1992、〈清代宗族勢力的膨脹及其原因探析〉、《清史研究》第4期中国人民大学書報資料中心、22-28.
行龍主編、2002、《近代山西社会研究》中国社会科学出版社.
交城県誌編写委員会編、1994、《交城県誌》、山西古籍出版社.
山西省史志研究院編、1994、《段village鎮誌》、山西古籍出版社.
山西省長公署統計処編、1920、《民国7年分山西省第一次人口統計図表》、山西省長公署統計処編製.
周大鳴、2006、《鳳凰村的変遷》社会科学文献出版社.
周建新、2006、〈人類学視野中的宗族社会研究〉、《民族研究》第1期民族研究雑誌編輯部、93-101.
朱新山、2004、《郷村社会結構変動与組織重構》上海大学出版社.
肖唐鏢・史天健編、2002、《当代中国農村宗族与郷村治理》西北大学出版社.
秦燕・胡紅安、2004、《清代以来的陝西宗族与社会変遷》西北工業大学出版社.
徐揚傑、1992、《中国家族制度史》人民出版社.
常建華、1999、〈二十世紀的中国宗族研究〉、《歴史研究》第5期中国社会科学雑誌社、140-162.
銭杭、1994、《中国宗族制度新探》中華書局.
田中比呂志、2011、〈近年来日本的中国区域社会史研究〉《第二届山西区域社会史学術討論会会報》上卷、山西大学中国社会史研究中心、124-138.
沈雲龍編、1973、《近代中国史料叢刊第98輯——山西村政彙編》文海出版社.
陳翰笙、1984、《解放前的地主与農民》中国社会科学出版社.
陳鳳、2011、〈従血縁群体・地縁群体功能的転変看其本質的変化〉、《第二届山西区域社会史学術討論会論文集》上卷、山西大学中国社会史研究中心、162-174.
張研、1991、《清代族田与基層社会結構》中国人民大学出版社.
張宏明、2004、〈宗族的再思考——一種人類学的比較視野〉、《社会学研究》第6期、中国社会科学院社会学研究所、23-31.
張小軍、2011、〈宗族と家族〉、李培林主編、《中国社会》社会科学文献出版社、60-85.

趙華富、2004、《徽州宗族研究》安徽大学出版社.
鄭振満、1992、《明清福建家族組織与社会変遷》湖南教育出版社.
唐力行、1991、〈明清徽州的家庭与宗族結構〉、《歴史研究》中国社会科学雑誌社、147-159.
唐力行等、2007、《蘇州与徽州―― 16-20 世紀両地互動与社会変遷的比較研究》商務印書館.
唐軍、2001、《蜇伏与綿延――当代華北村落家族的生長历程》中国社会科学出版社.
朴元熇、1997、〈従柳山方氏看明代徽州宗族組織的拡大〉、《歴史研究》中国社会科学出版社、33-45.
馮尓康、1991、《中国宗族社会》浙江人民出版社.
馮尓康・閻愛民、2012、《宗族史話》社会科学文献出版社.
費成康、2003、《中国的家法族規》上海社会科学院出版社.
費孝通、1998、《郷土中国・生育制度》北京大学出版社.
麻国慶、1998、〈"会"与中国伝統村落社会〉《民族研究》第 2 期、中国社会科学院民族研究所、8-11.
蘭林友、2007、《廟無尋処：華北満鉄調査村落再研究》黒竜江人民出版社.
李培林主編、2011、《中国社会》社会科学文献出版社.
李景漢、1933、《定県社会概況調査》中華平民教育促進会.
林済、2004、《長江流域的宗族与宗族生活》湖北教育出版社.
林耀華、2009、《金翼――中国家族制度的社会学研究》三聯書店.
呂誠之、1929、《中国宗族制度小史》中山書局.
劉黎明、1993、《祠堂、霊牌、家譜》四川人民出版社.
劉豪興主編、2008、《農村社会学》中国人民大学出版社.
劉喜堂、1997、〈論我國郷村社区権力構造〉《政治学研究》第 1 期、中国社会科学院政治学研究所、1-19.
姚春敏、2013 年、《清代華北郷村廟宇与社会組織》人民出版社.
杜正貞、2007《村社伝統与明清士紳》上海辞書出版社.
Prasenjit・Duara、王福明訳、2003、《文化、権力与国家》江蘇人民出版社.
Justus Doolittle、陳沢平訳、2009、《中国人的社会生活》福建人民出版社.

その他
叶顕恩、1997、〈明清珠江三角洲土地制度、宗族与商業化〉（2013 年 2 月 23 日取得、http://club.topsage.com/thread-1578512-1-1.html）
叶顕恩・周兆晴、2007、〈明清珠江三角洲宗族制与土地制度〉（2013 年 2 月 23 日取得、http://file.lw23.com/a/a2/a2a/a2a7573d-f7c6-4bc8-a15a-8246001d232c.pdf）
史志宏、2006、〈二十世紀三、四十年代华北平原农村的租佃关系和雇佣关系〉（2012 年 2 月 12 日取得、http://ie.cass.cn/yjy/shizhh/sssnd2.htm）
趙岡、2006、〈清代前期地权分配的南北比较〉（2012 年 2 月 12 日取得、http://d.wanfangdata.com.cn/Periodical_zgns200403008.aspx）
萧鳳霞、刘志偉、2010、〈明以后珠江三角洲的族群与社会〉（2013 年 2 月 19 日取得、http://cache.chat.dayoo.com/2004/node_2075/node_25760/viewpoint/1287645276573766.shtml）
王思斌、1987〈经济体制改革对农村社会关系的影响〉（2014 年 3 月 12 日取得、http://www.cnki.com.cn/Article/CJFDTOTAL-BDZK198703003.htm）

温锐・蒋国河、〈20 世纪 90 年代以来当代中国农村宗族问题研究管窥〉（2014 年 3 月 12 日取得、http://www.studa.net/nongcun/060425/17495678.html）

黄志繁、〈二十世纪华南农村社会史研究〉（2014 年 3 月 12 日取得、http://agri-history.ihns.ac.cn/rural/20century%20rural.htm）

林济、〈近代乡村财产继承习俗与南北方宗族社会〉（2014 年 3 月 12 日取得、http://www.studa.net/shehui/060423/15135213.html）

曾宪平・谭敏丽、〈试析家庭、宗族与乡里制度：中国传统社会的乡村治理来源〉（2014 年 3 月 12 日取得、http://www.studa.net/shehuiqita/100716/09180540.html）

兰林友、2004、〈论华北宗族的典型特征〉（2014 年 3 月 12 日取得、http://wenku.baidu.com/view/ffb7361bff00bed5b9f31d68.html）

王朔柏・陈意新、〈从血缘群到公民化：共和国时代安徽农村宗族变迁研究〉（2014 年 3 月 13 日取得、http://www.usc.cuhk.edu.hk/PaperCollection/webmanager/wkfiles/3450_1_paper.pdf）

太原道、2004、《閻錫山史料專輯》、（2004 年 2 月 25 日取得、http://www.tydao.com/sxren/zhenzhi/yanxishan.htm）

车文明、〈中国古代民间祭祀组织"社"与"会"初探〉（2014 年 10 月 10 日取得、http://qkzz.net/article/be35976c-4a0c-4e02-8938-b809fd203ce6_4.htm））

楊陽、〈晋东南古村落社组织与乡村民众生活——以沁河流域古村庄为中心的田野调查与研究〉（2014 年 10 月 10 日取得、http://www.cnki.net/kcms/detail/detail.aspx?filename=1013325248.nh&dbcode=CMFD&dbname=CMFDTEMP&v）

史五一、〈明清会社研究综述〉（2014 年 10 月 10 日取得、http://www.iqh.net.cn/info.asp?column_id=4157）

姚春敏、2013、〈清代华北乡村"社首"初探——以山西泽州碑刻资料为中心〉（2014 年 8 月 26 日取得、http://www.cnki.net/KCMS/detail/detail.aspx?QueryID=70&CurRec=14&recid=&filename=QSYJ201301014&dbname=CJFD2013&dbcode=CJFQ&pr=&urlid=&yx=&v=MTE4NDBlWDFMdXhZUzdEaDFUM3FUcldNMUZyQ1VSTDZmYitScEZ5cmtWcjdOTkQ3U1pMRzRIOUxNcm85RVlJJUjg=）

陈柯云、1995、〈明清徽州宗族对乡村统治的加强〉（2014 年 11 月 15 日取得：http://www.historychina.net/qsyj/ztyj/shs/2004-11-22/26040.shtml）

邵鸿、1997、〈明清江西农村社区中的会——以乐安县流坑村为例〉（2014 年 11 月 16 日取得：http://agri-history.ihns.ac.cn/scholars/shaohong1.htm）

山本真、2008、「福建省南西部龍巌県における村落の領域と社会紐帯」『近代東アジア土地調査事業研究ニューズレター＝近代東亞土地調査事業研究通訊』巻 3、58-64（2014 年 11 月 16 日取得：http://ir.library.osaka-u.ac.jp/dspace/bitstream/1094/27022/1/katayama_NL03_058.pdf）

孟令梅・肖立輝、〈民国早期山西村治的理论与实践〉（2003 年 10 月 28 日取得、http://www.ccrs.org.cn/big/mgzqsxcz.htm）

付属資料1　图乃服正服五族九宗本

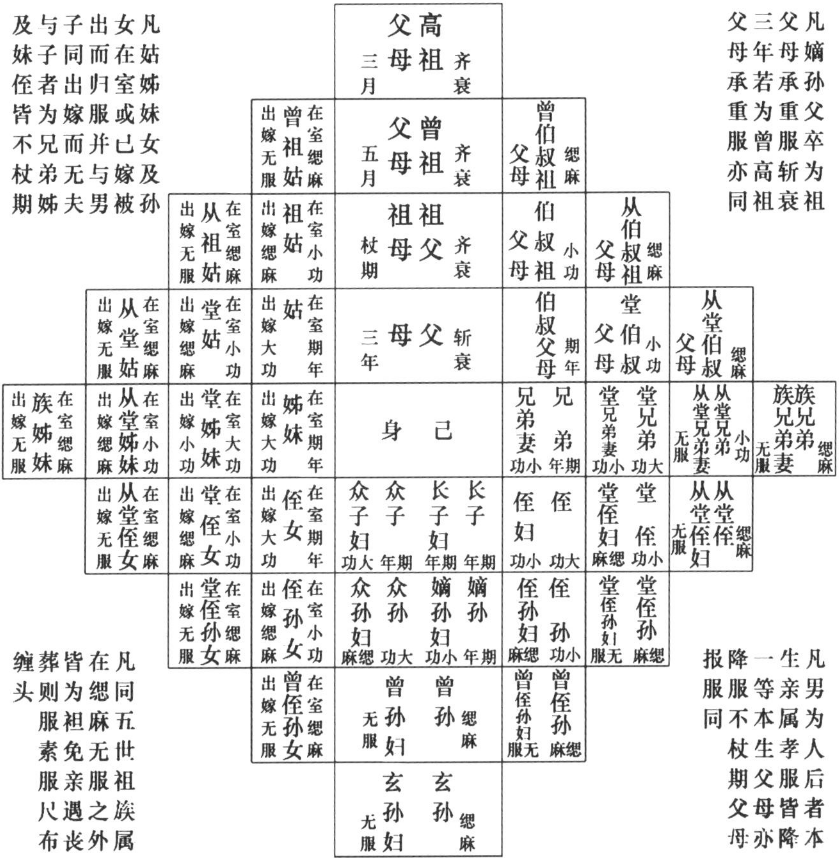
凡姑姊妹女及孙女在室或已嫁被出而归服并与男子同出嫁而无夫与子者为兄弟姊妹及侄皆不杖期
凡嫡孙父卒为祖父母承重服斩衰三年若为曾高祖父母承重服亦同
高祖父母 齐衰三月
曾祖姑 在室缌麻 出嫁无服
曾祖父母 齐衰五月
曾伯叔祖父母 缌麻
从祖姑 在室缌麻 出嫁无服
祖姑 在室小功 出嫁缌麻
祖父母 齐衰杖期
伯叔祖父母 小功
从伯叔祖父母 缌麻
从堂姑 在室缌麻 出嫁无服
堂姑 在室小功 出嫁缌麻
姑 在室期年 出嫁大功
父母 斩衰三年
伯叔父母 期年
堂伯叔父母 小功
从堂伯叔父母 缌麻
族姊妹 在室缌麻 出嫁无服
从堂姊妹 在室小功 出嫁缌麻
堂姊妹 在室大功 出嫁小功
姊妹 在室期年 出嫁大功
己身
兄弟 期年
兄弟妻 小功
堂兄弟 大功
堂兄弟妻 小功
从堂兄弟 小功
从堂兄弟妻 无服
族兄弟 缌麻
族兄弟妻 无服
从堂侄女 在室缌麻 出嫁无服
堂侄女 在室小功 出嫁缌麻
侄女 在室期年 出嫁大功
长子 期年
长子妇 期年
众子 期年
众子妇 大功
侄 大功
侄妇 小功
堂侄 小功
堂侄妇 缌麻
从堂侄 缌麻
从堂侄妇 无服
堂侄孙女 在室缌麻 出嫁无服
侄孙女 在室小功 出嫁缌麻
嫡孙 期年
嫡孙妇 小功
众孙 大功
众孙妇 缌麻
侄孙 小功
侄孙妇 缌麻
堂侄孙 缌麻
堂侄孙妇 无服
曾侄孙女 在室缌麻 出嫁无服
曾孙 缌麻
曾孙妇 无服
曾侄孙 缌麻
曾侄孙妇 无服
玄孙 缌麻
玄孙妇 无服
凡同五世祖族属在缌麻无服之外皆为袒免亲遇丧葬则服素服尺布缠头
凡男为人后者本生亲属孝服皆降一等本生父母亦降服不杖期父母报服同

（取得日：2013 年 10 月 6 日、出典：http://b.baidu.com/view/94895.htm）

付属資料 2　調査日・場所と調査内容

　予備調査：日時：2001 年 1 月 2 日。
　場所：企業会議室
　元村長、現在企業家である任 YR の協力の下、村の長老 10 名を召集し、聞き取りによる予備調査を行なった。村の概況、かつての伝統的な年中行事と現在の年中行事、各宗族のことを紹介してもらった。彼らの紹介から、段村は復姓村であるが、明代からこの村に定住し始めた宗族がいることを分かった。これらの宗族は、1980 年代以降に伝統的な慣習に基づいて、毎年の旧正月 1 日に祖先祭祀を行っていることなど、興味深い情報を得ることができたので、この村の宗族について聞き取り調査を実施すると決めた。具体的な調査対象は、閻氏宗族、鉄門李氏宗族と宋氏宗族である。

　第 1 回目：日時：2001 年 8 月 2 日、6 日。
　場所：村民自宅（李 GP、李 BS、閻 SL、閻 ZT、馬 XH、馬 XC、馬 RZ）
　予定していた宋氏宗族の老人が病気のため、急遽、馬氏宗族に変更した。結果、閻氏（東支派、西支派）、李氏、馬氏宗族（A、B、C 支派）について調査を行なった。具体的には閻氏宗族の東支派の族長、西支派の族長の家を訪れ、「神子」を見せてもらい、閻氏祠堂を見学した。鉄門李氏宗族については、まず長老に聞き取り調査を行ない、「神子」を見せてもらうために、保管している族員の家に行った。そこで、「銀銭流水帳」など貴重な資料があることを発見し、社の存在を知った。同じく馬氏宗族（A、B、C 支派）の「神子」を見せてもらうために、保管している族人の家に行って、そこで、聞き取り調査を行なった。主な聞き取り内容は次のとおりである。
　①宗族の構成、宗族の人数、戸数。
　②宗族活動、時期、場所、参加者、費用の出所。
　③族長の有無、族長になる資格、族長の権利。
　④祠堂の有無、族譜の有無、「神子」の有無、族産の有無。
　⑤宗族内部の規則、慣習、扶助関係。
　⑥族人と族人の関係、支派間の関係。

　第 2 回目：日時：2003 年 8 月 13 日、14 日。
　場所：村民自宅（李 GP、閻 ZT、閻 SL、任 YR、馬 XH）
　村にある現存している古い「文昌宮」を見学した。また、かつて村にあった宮、廟について、さらに、村の慣習、年中行事などについて聞き取り調査を行なった。主な聞き取り内容は次のとおりである。

①解放前に、村にはいくつの廟があったか。それぞれの名前は何か。
②それぞれの宮、廟に祭っている神様の名前は何か。
③これらの宗教建築はだれが建てて、目的は何か。
③参拝者はだれで、管理する人はだれか。
④村に廟会はあったか、開催日はいつで、主催者、参加者はだれか。
⑤解放前に村民が全員参加する行事はあったか。どのような行事だったか。

第3回目：日時：2004年8月18日、19日。
場所：村民自宅（馬CQ、李ZR、任YR）
まず、昨年に見学した古い「文昌宮」が建て直されたため、見学した。次に、社について聞き取り調査を行なった。主な聞き取り内容は次のとおりである。
①社の範囲と街の位置関係。
②社と民国時代に設置した闆の関係。
③社と新中国時代の互助組の関係。
④社の活動内容、活動費用の出所。
⑤だれが社首になるか、その権限。
⑥社首と村長らの関係。

第4回目：日時：2005年2月22日、23日。
場所：村民委員会、任YR宅、閆SL宅、
まず、現地にて伝統的な「元宵節」行事が開催時の様子と「三官社」参拝の様子を観察した。また、当時の村長ら責任者と「三官社」の責任者の村民から話しを聞くことができた。主な聞き取りの内容は次のとおりである。
①2005年に「元宵節」が開催される経緯。
②組織形態、組織者、参加者、経費の由来。
③現在の「元宵節」と解放前との相違。
④現在の村民委員会と村長の職務など
⑤区長（小隊長）の職務と村長の関係。
⑤「三官社」の組織、責任者。
⑥「三官社」の神様の名前、祭祀の目的。
⑦「三官社」の資材の保管場所、管理者。
⑧「三官社」の現在と解放前の差異。

第5回目：日時：2006年8月16日、17日。
場所：村民自宅（任ZX、李R、任R）

まず、「文昌宮」が建て直す経緯を聞いた。次に「白衣廟」を見学し、現在の様子を確認した。また、解放前の段村にどのような社があったのか、その組織形態、役割などについて聞くことができた。具体的な内容は次の通りである。
①「文昌宮」を建て直すことになった経緯。
②建て直す費用の由来。管理者、参拝者。
③解放前にどのような社があったか。
④これらの社の組織形態、活動内容、活動時期。
⑤成員はだれで、加入する条件は何か。
⑥社と村、社と宗族はどのような関係にあったのか。

第6回目：日時：2009年1月26日、27日。
　場所：閻氏祠堂、李BS宅、馬LS宅、
　今回は閻氏宗族、鉄門李氏宗族と馬氏宗族B支派の旧正月の祖先祭祀の儀式を参与観察するのが主な目的であった。その後、祭祀に参加する各宗族の人々と祖先祭祀についての慣習、従来と現在の違いなどについて話した。

第7回目：日時：2012年8月23日、24日。
　場所：村民委員会、馬XH宅、馬WD宅、李BS宅、
　幼稚園、小学校、中学校を見学し、新しい村民委員会で、村の現状について聞き取りを行ない、さらに鉄門李氏宗族、馬氏A支派の村民の家に訪れ、祭祀の慣習について尋ねた。そして、族譜図（付属資料5.6）を作成する際に、分かりにくかった系譜関係などを尋ね、族譜図を見せて確認してもらった。主な聞き取り内容は次のとおりである。
①2012年の村の戸数、人口。
②現在の村民委員会の職務。
③歴代の村の責任者と任期。
③村民文化広場、道路を建設する経緯と費用の出所。
④「銀銭流水帳」など資料の再確認と写真の取り直し。
⑤家で祖先を祭る時の慣習、位牌をどう受け継げていくのか（馬氏A支派）。
⑥族譜再編集の経緯と目的（馬氏A支派）。

第8回目：日時：2014年8月13日。
　場所：村民委員会、李GP宅、李YS宅、
　村民委員会で、村長、副村長に村のことについて尋ねた。主な聞き取り内容は次のとおりである。
①村にある私営工場の数、業種、従業人数。

②商業店舗の数、販売店の業種。
③2014年時の幼稚園、小学校、中学校の在校人数。

　また、現在の「三官社」の責任者に管理体制の現状について尋ね、さらに李氏宗族の長老に歴史資料について確認した。今回は基本的に補充調査であった。

付属資料 3　鉄門社（李氏宗族）流水帳簿（1898年～1964年）

光緒24年（1898年）						
収入	金額	単位	支出	金額	単位	
阜有美	200	文	昨年清明祭祀	636	文	
復源長	436	文	塩税	82	文	
李振新利	750	文	上忙	630	文	
李長慶利	750	文	修文廟	88	文	
李龍章利	187	文	下忙	599	文	
李換南利	450	文	米豆	189	文	
李咸和利	150	文	李栄	450	文	
李　利	450	文	李作楫	1350	文	
李作楫利	1350	文	画行神	1500	文	
李慶祥利	1200	文	神像里表	490	文	
李慶仁利	150	文	修灯竿竹子	100	文	
李秀章利	1500	文	大年祭祀	941	文	
李旺利	1050	文	15日祭祀	2064	文	
租価	2520	文	復源長	436	文	
李作梅利	4050	文	李作梅	4050	文	
李栄22・23年利	900	文	李旺取本	3000	文	
李栄24年利	450	文	清明祭祀	430	文	
阜有美	437	文	阜有美	100	文	

光緒25年（1899年）						
収入	金額	単位	支出	金額	単位	
李長慶24年利	750	文	李作梅	1957	文	
李振新24年利	750	文	李作梅	1957	文	
李咸和24年利	150	文	大年劇祭祀	682	文	
李龍章24年利	187	文	阜有美	10275	文	
李換南24年利	450	文	李楫取本	10000	文	
李慶祥24年利	1200	文	上壇村車	400	文	
李慶仁24年利	150	文	李禎取本	5000	文	
李秀章24年利	1500	文	阜有美	27	文	
李作梅24年利	1957	文	清明祭祀	806	文	
李旺24年利	1050	文	馬金科	10000	文	
李作梅	1957	文				

付属資料3　鉄門社（李氏宗族）流水帳簿（1898年～1964年）

李秀章本金	10000	文				
李旺本金	7000	文				
李旺本金	3000	文				
李旺利	225	文				
15日余	96	文				
租地余	876	文				
阜有美	806	文				
阜有美	10000	文				

光緒26年（1900年）

収入	金額	単位	支出	金額	単位
大年余□	780	文	李永魁取本	1000	文
甕窯課□	2000	文	李龍章取本	187	文
李換南□	120	文	李栄取本	450	文
馬金科　利□	2200	文	李振新取本	1000	文
李作梅　利□	2250	文	復源長取□	1000	文
租地□	2500	文	李樞取本	1000	文
15日余□	297	文	李樒取本	3000	文
李長慶　利□	750	文	二蒲紙□	12	文
李栄　利□	450	文	春季□良塩税□	663	文
李咸和　利□	150	文	六月地ム□	120	文
李龍章　利□	187	文	皇差□	64	文
李換南　利□	450	文	九月巡田□	120	文
李慶祥　利□	1200	文	十月□良	542	文
李慶仁　利□	150	文	臘月米豆□	374	文
李樒　利□	1500	文	李換南取□	120	文
李禎　利□	750	文	李禎取本□	2000	文
李振新　利□	750	文	大年羊児□	2000	文
15日余□	602	文	李慶祥取□	1200	文
			李作梅取本	2250	文

光緒27年（1901年）

収入	金額	単位	支出	金額	単位
阜有美	625	文	清明祭祀	745	文
復源長	120	文	復源長取	1200	文

237

復源長	6200	文	報興	6200	文
李振新利	900	文	春天塩税　良	634	文
李永魁利	150	文	春天地ム	128	文
李樞利	150	文	秋天地ム	192	文
李換南利	450	文	十月皇差	58	文
租地	2520	文	十月良	576	文
李増　利	150	文	11月米豆皇差	423	文
李栄利	517	文	李旺取本	955	文
15日余	514	文	大年劇	911	文
李長慶利	750	文	李長慶	750	文
李作梅利	2588	文	李作梅取本	2588	文
李楹利	950	文	念子麻占丁	95	文
馬金科利	2600	文	大年鞭砲錫卜	108	文
李龍章利	187	文	清明祭祀	1000	文
李慶仁利	150	文	復源長取（李旺）	4412	文
李旺利	955	文	復源長取（李咸和）	1150	文
李咸和本利	1150	文	復源長取本	2050	文
復源長	140	文	清明粉	140	文

光緒28年（1902年）

収入	金額	単位	支出	金額	単位
李長慶利	750	文	4月良塩税	758	文
李振新利	900	文	皇差	96	文
李樞利	150	文	地ム	120	文
李換南利	450	文	十月良	770	文
李永魁利	150	文	地ム	65	文
李温	335	文	米豆	296	文
租地	2520	文	卓子	1000	文
李慶祥利	1000	文	羊児	2610	文
李禎利	1400	文	補旧年酒	36	文
大年余	474	文	李世章取本	900	文
15日余	56	文	二蒲	6	文
李作梅利	2957	文	李作梅取本	2957	文
李龍章利	215	文	復源長取	2264	文
李秀南利	517	文	復源長取（李長慶）	750	文

李長慶利	750	文	復源長取	2000	文
李楹利	1615	文	復源長取	2400	文
李慶仁利	150	文	恒裕公取本	15000	文
馬金科利	2400	文	清明祭祀	1002	文
典地	10000	文	復源長取（李慶祥）	1000	文
復源長	5000	文	復源長取（李世章）	900	文
復源長	1002	文	復源長取	1875	文
李慶祥利	1000	文			
李世章利	900	文			
復源長	6000	文			

光緒29年（1903年）

収入	金額	単位	支出	金額	単位
恒浴公利	3240	文	復源長取（恒裕公）	3240	文
李長慶利	750	文	復源長取（李振新）	700	文
李秀南利	517	文	復源長取（李慶祥）	1200	文
李振新利	200	文	復源長取（李振新）	1000	文
李振新利	700	文	大年祭祀	1470	文
李龍章利	215	文	李作梅取本	3433	文
李樞利	150	文	復源長取	570	文
李換南利	450	文	復源長取（恒裕公）	16800	文
李正南利	1950	文	裴銘取本（月利3分）	10000	文
李慶祥利	1200	文	復源長取（恒裕公）	6840	文
李永魁利	150	文	復源長取李禎	1700	文
李根如	150	文	復源長取（馬金科）	1400	文
李振新本	1000	文	清明祭祀	910	文
15日余	56	文		120	文
李作梅利	3433	文	麻縄	240	文
恒裕公本利	16800	文	走線縄	30	文
復源長	10000	文	釘子	80	文
恒裕公本利	6840	文	修供器	100	文
李禎27年利	1700	文	猪毛縄	136	文
馬金科利	1400	文	酒瓶	60	文
復源長	1000	文	羅　用白袋	40	文
復源長	380	文	復源長取（李長慶）	5600	文

収入	金額	単位	支出	金額	単位
復源長	100	文	任明取本	12000	文
復源長	236	文	恒裕公取本（月2分利）	7000	文
李長慶本利	5600	文	康肯堂取本（月2分利）	10000	文
復源長	12000	文	復源長取（李樞付）	150	文
復源長	7000	文			
復源長	10000	文			
復源長	340	文			
李樞27年利	150	文			

光緒30年（1904年）

収入	金額	単位	支出	金額	単位
李振新利	750	文	李作梅取本	3938	文
李樞利	150	文	羊兒	2340	文
李換南利	450	文	念子	33	文
李永魁利	150	文	高子火	340	文
李根如	150	文	猪毛縄	120	文
李禎利	1050	文	復源長取	7597	文
李楹利	1950	文	清明祭祀	700	文
裴銘利	1950	文	復源長取	300	文
任明利	200	文	復源長取　馬金科地価	10000	文
康肯堂利	700	文	馬正兒取□　利月2分	10000	文
李作梅利	3938	文	復源長取□　恒裕公付	8000	文
大年余	507	文	復源長取□　馬金科付	10000	文
李慶祥利	1200	文			
進羊炉	497	文			
復源長	1000	文			
馬金科本	10000	文			
復源長□	10000	文			
恒裕公本利□	8000	文			

光緒31年（1905年）

収入	金額	単位	支出	金額	単位
李永魁利□	150	文	同義永取□　李振新卜	906	文
李樞利□	150	文	同義永取□　馬躍卜	800	文
裴銘本利	13200	文	復源長取□　任明卜	1200	文

馬正児利□	1800	文	復源長取□　康肯蘭卜	18000	文
任明利□	2880	文	復源長取□　馬金科利□	1000	文
李振新利□	750	文	富有泉取□　任明卜	400	文
康肯蘭本利□	18000	文	富有泉取□　裴銘卜	3200	文
馬金科系29年利□	1000	文	大年祭祀□	1128	文
復源長□付蘇師溥	8000	文	画神子□	8000	文
李慶祥利□	1200	文	復源長取□	1706	文
同義永□	1706	文	富有泉取□　李換南卜	2000	文
李楲利□	1950	文	李旺取□　李楸卜	7250	文
李換南利□	450	文	復源長取□　馬正児卜	1800	文
李際春本利□	17250	文	復源長取□	1096	文
李旺贖地価□付李旺	10000	文	李旺取本□	10000	文
李旺□	7250	文	二蒲紙□	20	文
復源長□	20	文			

光緒32年（1906年）						
収入	金額	単位	支出	金額	単位
富有美	12850	文	復源長取	12850	文
罰項	500	文	復源長取	500	文
進利	800	文	清明祭祀	750	文
復源長	900	文	同順魁取本（月2分利）	10000	文
復源長	13700	文	康永発取本（月2分利）	20000	文
任明利	2880	文	冀歩閣（月2分利）	7000	文
馬正児利	2400	文	富有泉取　李換南	450	文
同順魁利	2061	文	富有泉取　李楲	1950	文
康永発取本	3304	文	富有泉取　李旺	1500	文
李龍章30年利	215	文	大年祭祀	1605	文
李慶仁30年利	150	文	復源長取（馬金科）	1000	文
李換南30年利	450	文	復源長取（4人）	10645	文
李楲31年利	1950	文	同義永取（李換南）	5000	文
李旺31年利	1500	文	富有泉取（同義永）	5000	文
李龍章本利	1250	文	富有泉取	1536	文
李慶祥31年利	1200	文			
李進新本	5000	文			

馬金科30年利	1000	文				
李龍章利	187	文				
同義永	5000	文				

光緒33年（1907年）

収入	金額	単位	支出	金額	単位
李永魁31年利	150	文	富有泉取　李旺	1500	文
冀歩閣32年利	1680	文	富有泉取　李換南	3000	文
李旺32年利	1500	文	李楙取	7000	文
康永発32年利	3000	文	大年祭祀	2094	文
同順魁32年利	2600	文	清明祭祀	700	文
任明32年利	2980	文	社雨紙	36	文
李楹本	13000	文	復源長取	10200	文
李換南本	3000	文	李作楷借本	15737	文
李禎本	7000	文	15日祭祀	740	文
富有泉	836	文	二蒲紙	20	文
李永魁32年利	150	文	富有泉取	7683	文
馬正児本利	10200	文		14	文
李作楷30.31.32年利	15737	文			

光緒34年（1908年）

収入	金額	単位	支出	金額	単位
李樞32年利	450	文	富有泉取	8150	文
同順魁33年利	240	文	復源長取　李慶仁卜	1000	文
任明33年利	2880	文	富有泉取□　李旺卜	1500	文
李慶仁本	1000	文	康永発取□	6600	文
李永魁33年利	150	文	正月15日祭祀□	496	文
李慶祥32年利	1200	文	清明祭祀□	782	文
冀歩閣33年利	1680	文	李旺取□	11000	文
康永発32年利	1800	文	広恵渠取□	11000	文
康永発33年利	4800	文	去覃村用	200	文
李旺33年利□　卜富有泉	1500	文	富有泉取□	53366	文
羊児	2010	文	李咸和取□	50000	文
復源長	496	文	富有泉取	1364	文

富有泉　（清明用）	800	文	大年祭祀		3300	文
復源長　李旺用	11000	文	□□		14	文
復源長　広恵渠用	11000	文	李樞		660	文
復源長　去覃村用	200	文				
広恵渠利	3366	文				
広恵渠	11000	文				
富有泉	40000	文				
富有泉	50000	文				

光緒35年（1909年）

収入	金額	単位	支出		金額	単位
李旺本	10000	文	李作梅取本		7923	文
李旺利	1500	文	買社房掛号		100	文
李作梅利	7923	文	復源長		1000	文
李永魁利	150	文	閻汝蚜取本		40000	文
任明利	2880	文	任萬金取本		20000	文
李咸和本	50000	文	康同和取本		10000	文
李咸和利	3000	文	富有泉取　李咸和付		53000	文
冀歩閣利	1680	文	富有泉取　復源長付		4000	文
覃村　窯	1000	文	富有泉取　康同和付		10200	文
富有泉□　付閻汝蚜	4000	文	富有泉取　李樞付		30000	文
富有泉□　付任萬金	20000	文	李樞取□		100000	文
富有泉□　付康同和	10000	文	康梧桐取□　富有泉卜		3000	文
富有泉□　付李旺	10000	文	馬生印取□　富有泉卜		2000	文
富有泉□　付李樞	100000	文	馬二旦取□　富有泉卜		2000	文
康永発本利□	26600	文	馬登取□　富有泉卜		2000	文
復源長□	3400	文	富有泉取□		2900	文
李旺□　卜富有泉	10800	文	富有泉取□		50000	文
李樞□　移社房流水帳	5000	文	富有泉　李旺付		20800	文
李換南　移社房流水帳　卜富有泉	2000	文	富有泉　李樞付		5000	文
景星堂本□	50000	文	富有泉　李換南付		2000	文
同順魁□　帖子	2000	文	富有泉取□		2000	文
富有泉□　付康梧桐	3000	文	李旺取本□		10000	文
富有泉□　付馬生印	2000	文	富有泉取□		1500	文

富有泉　付馬二旦	2000	文	二蒲紙□	180	文
富有泉　付馬登	2000	文	清明祭祀□	610	文
富有泉	2000	文	年節祭祀□	2606	文
復源長□　卜富有泉	4000	文	正月15日祭祀□	130	文
康同和本□　卜富有泉	10200	文	年節祭祀羊	2354	文
富有泉□	180	文	□□	30	文
復源長　清明節	610	文	富有泉取□　同順魁付帖子	2000	文
□□	2736	文	富有泉取□　同順魁現□	400	文
同順魁利	400	文	富有泉取□　李旺付	1800	文
李旺利□　康毅付	1800	文	李枺取□	5000	文
富有泉　付李大徳羊児	2354	文	李換南取□	2000	文
富有泉□	7000	文	富有泉取□		文
李枺□	5000	文			
李換南□	2000	文			

宣統2年（1910年）

収入	金額	単位	支出	金額	単位
李旺　付34年利□	1500	文	富有泉取□	2900	文
富有泉	7000	文	富有泉取□	3000	文
富有泉　収□	17613	文	富有泉取□	1500	文
富有泉　収□	1000	文	社房取□	7000	文
富有泉　収□	9750	文	社房取□	17613	文
闍汝蛎　利□	9000	文	社房取□	9750	文
李旺還来本□	10000	文	清明祭祀□	1000	文
李永魁　付来利□	150	文	社房取□	22400	文
正月15日心楽□	386	文	社房取□	9000	文
年節余来□	808	文	社房取□	10000	文
同順魁利□	2400	文	富有泉取□	1344	文
3年同順魁利□	2400	文			

民国2年（1913年）

収入	金額	単位	支出	金額	単位
社中	3461	文	清明祭祀	1075	文
正月15日心楽	49	文			

民国3年（1914年）

収入	金額	単位	支出	金額	単位
正月15日心楽	49	文			

民国4年（1915年）

収入	金額	単位	支出	金額	単位
人丁喜銭	6450	文	年節祭祀	7204	文
正月15日心楽	54	文			
大泉玉（年節用）	700	文			

洪憲元年（1916年）

収入	金額	単位	支出	金額	単位
大泉玉	770	文	清明祭祀	770	文
人丁喜銭	5724	文	年節祭祀	5900	文
大泉玉	214	文	清明祭祀	1000	文
大泉玉清明用	1000	文			

民国5年（1917年）

収入	金額	単位	支出	金額	単位
大泉玉　年節祭祀	3277	文	年節祭祀	7323	文
人丁喜銭	4046	文			

民国6年（1918年）

収入	金額	単位	支出	金額	単位
大泉玉	1000	文	年節祭祀	8549	文
人丁喜銭	9308	文	清明祭祀	1000	文
			京文紙	192	文

民国7年（1919年）

収入	金額	単位	支出	金額	単位
人丁喜銭	12364	文	年節祭祀	8327	文
大泉玉	1400	文	清明祭祀	1037	文
李年章経手□□	7300	文	年節祭祀	8260	文
李大徳経手□□	2000	文	買席子	400	文

収 8 年正月 15 日貸大泉玉	1716	文	7 年清明祭祀	1400	文
収李樞	187	文	石棟子	1780	文
			修社房欠大泉玉	6120	文
			修社房欠大泉玉	4161	文
			8 年正月 15 日貸大泉玉	1716	文
			大泉玉取	1400	文
			李樞取	187	文

民国 9 年（1920 年）

収入	金額	単位	支出	金額	単位
人丁喜錢□	10360	文	清明祭祀□	1050	文
天和厚 8 年房□　卜大泉玉	940	文	年節祭祀□	9021	文
天和厚 9 年房	1000	文	大泉玉取□	289	文
天和厚 10 年房□　卜大泉玉	1000	文	大泉玉取□	1940	文
大泉玉□	2000	文	石□井上□	3000	文

民国 10 年（1921 年）

収入	金額	単位	支出	金額	単位
人丁喜錢	10980	文	年節祭祀	8323	文
大泉玉（典米豆良）	6580	文	清明祭祀	1664	文
大泉玉	2000	文	交城差人	1000	文
大泉玉（致積堂）	3000	文	去交城盤費	1363	文
大泉玉（牛麗汗）	289	文	去交城車	3000	文
大泉玉（交城余）	2880	文	米豆余	1043	文
大泉玉	637	文	致積堂	286	文
大泉玉	7623	文			
大泉玉	1000	文			
牛麗汗房	2880	文			
大泉玉（清明祭祀用）	1664	文			
致積堂	289	文			
米豆余	1043	文			

民国 11 年（1922 年）

付属資料3　鉄門社（李氏宗族）流水帳簿（1898年～1964年）

収入	金額	単位	支出	金額	単位
人丁喜銭	11280	文	年節祭祀	10389	文
天和厚典房11年	1000	文	清明祭祀	814	文
大泉玉	11614	文	去交城車	2500	文
			去交城盤費	4850	文
			去交城差人	800	文
			大泉玉	650	文
			李旺車専	2000	文
			大泉玉	2436	文

民国12年（1923年）

収入	金額	単位	支出	金額	単位
人丁	11200	文	清明祭祀	1488	文
喜銭	1200	文	年節祭祀	12740	文
天和厚房12年	1000	文	大泉玉	660	文
大泉玉	1488	文			

民国13年（1924年）

収入	金額	単位	支出	金額	単位
大泉玉	390	文	交城戸中来人食用	390	文
大泉玉　酒交城上墳		文	天和厚	500	文
天和厚	500	文	年節祭祀	19565	文
天和厚房13年	1000	文	清明祭祀	140	文
人丁	17100	文	祭示	10449	文
喜銭	3000	文	大泉玉	6660	文
正月15日社□	13600	文			文
社□	16800	文			文
				37704	文
			存大泉玉14326		文

民国14年（1925年）

収入	金額	単位	支出	金額	単位
□□	4120	文	大泉玉取□	14326	文
大泉玉□	922	文	大泉玉取□	4120	文
人丁□	21060	文	清明祭祀□	922	文

喜□	8800	文	年節祭祀□	26814	文
大泉玉　卜馬家社	3000	文	馬家社布施□	3000	文
			大泉玉取□	806	文

民国 15 年（1926 年）

収入	金額	単位	支出	金額	単位
社□	13200	文	祭祀□	10313	文
天和厚付来 14 年房租	1000	文	清明祭祀　大泉玉卜	1000	文
大泉玉□	15330	文	年節祭祀	51853	文
	120	文	鉄門社	16796	文
天和厚 15 年房租	3000	文			
人丁□	46400	文			
喜□	14400	文			

民国 16 年（1927 年）

収入	金額	単位	支出	金額	単位
社□	16000	文	祭祀	15935	文
天和厚 16 年房	3000	文	錫卜　盤費	1400	文

民国 17 年（1928 年）

収入	金額	単位	支出	金額	単位
喜銭人丁	13.2	大洋	年節祭祀	8.577	大洋
入社□	28800	文	15 祭神	27599	文
				8597	文
				1.278	大洋

民国 18 年（1929 年）

収入	金額	単位	支出	金額	単位
人丁喜洋	14.8	元	年祭大洋	12.79	元
入社大洋	4.65	元	15 日供三官大洋	4.44	元
天和厚房租	1	元		0.1	元
			存大泉玉		元

民国 19 年（1930 年）

付属資料 3　鉄門社（李氏宗族）流水帳簿（1898 年～1964 年）

収入	金額	単位	支出	金額	単位
人丁喜洋	14.35	元	年祭洋	12.87	元
灯節洋	4.8	元	灯節祭祀洋	4.8	元
鉄匠房洋	1.15	元	18 年清明祭祀洋	0.5	元
大泉玉	0.19	元	竹竿洋	0.1	元
天和厚洋　上墳用	1	元	豆腐干酒洋	0.19	元
李正南灯節欠	0.16	元	大泉玉取洋	0.45	元
			19 年清明祭祀	0.55	元
			存大泉玉		

民国 20 年（1931 年）					
収入	金額	単位	支出	金額	単位
人丁喜洋	13.8	元	年節祭祀洋	7.94	元
灯節社洋	6.07	元	灯節祭祀洋	5.85	元
天和厚房洋	2.5	元	蝋燭	3.5	元
大泉玉洋	5.13	元	大泉玉取洋	5.13	元
大泉玉	0.3	元	白酒	0.3	元
天和厚票洋	1.5	元	大泉玉取	0.12	元
			清明祭祀	1.5	元

民国 21 年（1932 年）					
収入	金額	単位	支出	金額	単位
人丁喜洋	19.3	元	年節祭祀洋	12.44	元
灯節社洋	4.12	元	灯節祭祀洋	4.53	元
大泉玉	1.5	元	天和厚	1.5	元
天和厚票洋	1.5	元	大泉玉取	1.5	元
大泉玉票洋	13.945	元	風匣票洋	13.945	元
大泉玉　暫借	1.4	元	風匣	1.4	元
大泉玉　貨洋	2.68	元	大泉玉（丁洋）	3.8	元
天和厚 20 年房洋	3.0	元	大泉玉取	6.92	元
大泉玉	0.2	元	大泉玉取	1.4	元
			焼酒	0.2	元

民国 22 年（1933 年）

収入	金額	単位	支出	金額	単位
大泉玉　現票	1	元	清明祭祀上墳	1	元
人丁喜洋	16.5	元	年節祭祀洋	10.75	元
	1.5	元			元
灯節社洋	4.48	元	灯節祭祀洋	4.248	元
天和厚賃房洋	5	元	作工器洋	1.25	元
社房里間	3	元	修理行神棚	1	元
賃社房地壇	3	元	大泉玉取	5	元
大泉玉	8	元	李汝法取	8	元
大泉玉	1.25	元	大泉玉取	7.525	元
			大泉玉取	4	元
			去太谷盤費	1	元

民国 23 年（1934 年）

収入	金額	単位	支出	金額	単位
大泉玉	0.32	元		0.32	元
大泉玉	1	元	22 年清明祭祀	1	元
大泉玉	1.5	元	供器架子□□	1.5	元
大泉玉	5	元	付鉄匠工洋	5	元
大泉玉	5.48	元	年節祭祀洋	8.44	元
人丁	11.6	元	灯節祭祀洋	2.99	元
喜洋	1.25	元	鍬銑麻縄□	1.91	元
灯節社洋	3.2	元	付天和厚□	3	元
風匣賃洋	0.3	元	鍬銑木料	4.7	元
2 月初 1 太陽社	0.33	元	焼媒	1.5	元
鉄匠賃房洋	1	元	鉄糸	0.6	元
4 月会南京棚賃地	1.5	元			
天和厚房	5	元			
李汝法	8	元			
			存徳興玉		元

民国 24 年（1935 年）

収入	金額	単位	支出	金額	単位

収入	金額	単位	支出	金額	単位
德興玉大洋	2	元	德興玉取大洋	5.96	元
德興玉大洋	1	元	李大德欠大洋	2	元
德興玉	2.5	元	李潤奎欠大洋	8	元
天和厚房洋　賃房	5	元	李彩霞取大洋	2	元
德興玉大洋	0.3	元	23年清明祭祀□洋	1	元
人丁大洋	11.6	元	鼓児大洋	2.5	元
喜大洋	2	元	修風匣板	0.2	元
灯節社洋	3.1	元	德興玉取大洋	4.8	元
2月初1太陽社余洋	0.09	元	鉄糸大洋	0.06	元
德興玉大洋	4.96	元	酒半斤大洋	0.21	元
			二蒲紙	0.03	元
			年節祭祀大洋	9.24	元
			猿児大天祭曾子風筒	3	元
			灯節祭祀洋	2.92	元

民国25年（1936年）					
収入	金額	単位	支出	金額	単位
德興玉現洋	1.1	元	付馬羅児	1.1	元
2月初1太陽社余	0.29	元	德興玉取洋	0.29	元
德興玉	1.8	元	24年清明祭祀	1	元
德興玉	1.53	元	買鉄鍋一口	1.8	元
德興玉	0.1	元	德興玉	0.1	元
郭鉄匠賃社房洋	0.18	元	德興玉	0.18	元
人丁	11.7	元	年節祭祀洋	11.47	元
喜洋	1.25	元	李成魁	0.2	元
德興玉	1.63	元	德興玉	6.59	元
灯節社洋	3.5	元	灯節祭祀洋	3.49	元
郭鉄匠付社房	0.5	元	李吉取洋	0.5	元
李潤魁	8	元	李成魁取洋	0.5	元
益和公	8	元	益和公取洋	8	元

民国26年（1937年）					
収入	金額	単位	支出	金額	単位
岳姓	0.1	元	清明祭祀	1	元
郭鉄匠	0.4	元	年節祭祀洋	12.905	元

義順永	0.2	元	白酒	0.6	元
復記	1	元	正月15日	0.35	元
人丁	12.5	元	酒	0.1	元
喜洋	1.2	元	2月初1 太陽社祭	0.57	元
徐先生	2.5	元			
李 浴（人丁）	0.2	元			

民国27年（1938年）					
収入	金額	単位	支出	金額	単位
入鍋	0.4	元	実窯扇	6.2	元
人丁	12.3	元	清明祭祀	1	元
喜洋	3	元	席子	0.6	元
李吉	0.3	元	年節祭祀洋	13.22	元
灯節社洋	4.9	元	灯節祭祀洋	4.62	元
			生酒	0.2	元

民国28年（1939年）					
収入	金額	単位	支出	金額	単位
閻美玉	0.2	元	清明祭祀	2.35	元
李増栄賃洋	0.15	元	過年祭祀洋	16.25	元
閻振徳賃洋	0.2	元	正月15日祭祀	0.48	元
康志遠賃	0.3	元	羊肉	0.2	元
人丁大洋	12.2	元	大鎖	0.2	元
喜洋	1.8	元			
康振志賃洋	0.3	元			
広発堂社租房洋	1.5	元			
韓鳳龍房洋	1.5	元			

民国29年（1940年）					
収入	金額	単位	支出	金額	単位
康金賃響器	0.3	元	酒洋	0.1	元
賃風箱　康甲児1毛 康金2毛	0.3	元	酒洋	0.05	元
賃風箱　田四蛮用	0.1	元	大鉄鍋	1	元
賃響器　7月初4	0.3	元	2月太陽社祭祀	0.87	元

付属資料3　鉄門社（李氏宗族）流水帳簿（1898年～1964年）

賃風箱　6月18□□棟付	0.2	元	換大洋	3.9	元
賃風箱　二猴付	0.2	国幣	過年祭祀大洋	9.49	元
広発堂租房洋　12月17収	3	元	過年祭祀	16.4	国幣
賃箱　永児付12月22	0.3	元	生酒1斤　過年人丁喝	0.54	国幣
換国幣	3	元	響工祭祀□□	0.05	元
広発堂租房大洋28年正月20　至29年正月20	3	元	正月15日祭祀蒸食2斤	0.52	国幣
賃風箱12月27日尹門中付	0.2	国幣	正月15日祭祀黄表紙2張	0.1	
賃風箱12月28日付万隆泉2天	0.4	国幣			
人丁	12.2	国幣			
喜洋	1.8	国幣			
			29年連原存共収国幣		
			大洋		
			共出国幣		
			大洋		
			除出浄存　国幣	0.44	元
			大洋	0.21	元

民国30年（1941年）

収入	金額	単位	支出	金額	単位
大徳　（24年借）	2	国幣	2月初1太陽社	2.25	元
李増栄賃洋	0.3	元	訂鍋　広珍手	2	元
康喜発賃洋	1.8	元	白酒2斤	1.2	元
賃響器　李□奎	4	元	過年祭祀	37.68	元
閻福保賃洋	1.9	元	正月15日社洋	9.38	元
萬龍泉賃鍋　過広発	0.3	元	陶井児	6	元
賃響器　八先生過広発	1	元			
賃貨洋	0.7	元			
賃貨洋　李慶南	0.5	元			
賃貨洋　萬龍泉用	0.3	元			
広発堂租房　29年	6	元			

人丁	25.8	元				
喜洋	2.1	元				
賃貨洋　萬龍泉	0.3	元				
社洋	9.6	元				
			国幣・国洋・省票			

民国 31 年（1942 年）

収入	金額	単位	支出	金額	単位
広発堂房租　30 年	6.5	元	買卓子案	0.5	元
人丁喜□大洋	38.9	元	大年・15 祭祀	46.2	元
30 年賃洋	1	元	2 月初 1 太陽社	1.5	元

民国 32 年（1943 年）

収入	金額	単位	支出	金額	単位
広発堂房租	1	元	2 月初 1 太陽社雑費	1	元
闇　本賃風匣	1	元		0.5	元
任牛児賃風匣	1	元	紅神燭	3	元
康海児賃洋	0.4	元	黄紙・紅紙二蒲会	2.8	元
貴老婆賃洋	1	元	錫卜	2.5	元
賃風箱	3	元	核桃	5.6	元
人丁	37.2	元	柿並	6	元
広発堂房租	15	元	梨児	2.6	元
十家生子・取嫁	5	元	葡萄	2.8	元
蒸食	1.4	元	黄香	0.6	元
			蒸食	14	元
			焼酒	1	元
			蒸食	12	元
			紅紙二蒲会	2.5	元

民国 33 年（1944 年）

収入	金額	単位	支出	金額	単位
33 俸社洋	8.25	元	花費	8.3	元
賃風匣	5	元			

民国 34 年（1945 年）

収入	金額	単位	支出	金額	単位
人丁	305	元	供献花費	257	元
喜洋	20	元	供献花費	91.5	元
広発堂房租	36	元	供献花費	99.5	元
33俸社洋　15日	99	元			
33俸社洋　2月初1	99	元			

民国35年（1946年）

収入	金額	単位	支出	金額	単位
人丁　正月初1	5700	元	供献花費	8600	元
喜洋	200	元	供献	4950	元
李廷房租（小米）	3800	元	供献	6550	聯幣
去年移来存丁前	124.25	元			
33俸社洋　15日	3300	元			
由初1移来存洋　丁前	2224.25	元			
34俸社洋聯幣2月初2	6800	聯幣			

民国36年（1947年）

収入	金額	単位	支出	金額	単位
人丁　120丁	24000	元	供献花費	26000	元
喜洋	7200	元	鍬千木鉄米9斤		
李廷房租（小米）	14000	元	供献花費	7700	元
32俸社洋	6400	元	焼酒	1600	元
			□□	24.25	大洋

民国37年（1948年）

収入	金額	単位	支出	金額	単位
36年存洋	2100	元	供献蒸食2斤半	80000	元
人丁（87丁）	130500	元	錫卜1塊	30000	元
喜洋	10000	元	酒洋	2600	元
李廷房租（小米14斤）		元	麻油黄表紙	11000	元
36年李廷欠5斤　作洋	200000	元	錫卜（1塊）	10000	元
			酒	8000	元
			蒸食2	140000	元

民国38年（1949年）						
収入	金額	単位	支出	金額	単位
人丁（78丁）	156000	元	蒸食2斤	70000	元
喜洋3丁	15000	元	錫卜（1塊）	70000	元
			麻油・黄香・酒	31000	元
			原存中央票廃洋	42000	元
			蒸食（小米4斤）		
			錫卜（1塊）小米3斤		

1950年					
収入	金額	単位	支出	金額	単位
38年存小米	7	斤	全羊小米27斤	135	斤
人丁（91丁）	159.4	両	蒸食2斤（小米）	5	斤
4喜小米	8	斤	核桃90個小米	7	斤
			柿並1斤　小米	2	斤
			油面1斤3両　小米	3.5	斤
			梨　1斤　小米	1	斤
			葡萄1斤2両　小米	2	斤
			紅紙1張表紙1張　小米	1.5	斤
			神香1束　小米	0.5	斤
			錫卜（1塊）小米	3	斤
			京文紙9張　小米	1.5	斤
			黄塩・陳酢　小米	1	斤
			麻油　小米	1	斤
			媒炭　小米	1	斤
			焼酒　1.35両　小米	9.4	斤
28俸社　小米	14斤		蒸食（小米）	6	斤
改為新秤毎俸小米半斤			錫卜（1塊）小米	4	斤
			麻油0.5斤小米	4	斤

1951年					
収入	金額	単位	支出	金額	単位
人丁（107丁）×1.5斤	160.5	斤	蒸食6斤（小米）	13	斤
9喜小米×2斤	18	斤	紅紙1張　合米	14	両

付属資料 3　鉄門社（李氏宗族）流水帳簿（1898 年～1964 年）

			神香 1 束　合米	10	両
			錫卜（1 塊）合米	2	斤
			麻油 2 両　合米	1	斤
			白酒　合米	1.5	両
			塩　酢　合米	1.5	斤
			全羊 1 仔　合米	143.5	斤
			白酒 2.4 斤　合米	18.4	両
15 日　共　収 32 俸　新秤 12 両	24	斤	蒸食 4.5 斤（小米）	8.10	斤
			錫卜（1 塊）合米	2	斤
			四色	4.4	斤
			紅紙 1 張　合米	1	斤
			四色	1	斤
			胡芦	12	両
			白面麻縄	12	両
			麻油 12 両　合米	8	斤

1952 年							
収入	金額	単位	支出	金額	単位
人丁小米	208	斤	挽米	19	斤
喜礼小米	24	斤	柿並 2 斤 2 両	4250	元
挽洋	171000		梨 2 斤、葡萄 1 斤 7 両	4800	
長祥小米	1.5	斤	錫卜、神燭	4550	
			? 1 斤、土砲 1 把	3500	
			全羊 38 斤　合米	185	斤
			塩酢、紅紙、麻油合米	3.5	斤
			蒸食　小米	12	斤
			白酒 1 斤 7 両　小米	14	斤
15 日					
存小米	10	両	洋燭　米	21.5	斤
社 38 俸米	49.5	斤	蒸食　米	10	斤
李玉思小米　社首補短数	0.9	両	二蒲会　米	7.14	斤
李玉徳小米　社首補短数	0.9	両	紅紙三張	2.4	斤
			錫卜 1 塊　米	1.2	斤

| | | | | 麻油2両 | 1 | 斤 |

1953年

収入	金額	単位	支出	金額	単位
人丁米	167.5	斤	全羊35斤　合米	175	斤
喜米	7.5	斤	紙洋	6000	元
人丁洋	74875		柿並3斤洋	6100	元
			梨2斤、葡萄2斤、核桃　合洋	22400	元
			油面洋	5000	元
			供食洋	10500	元
			蝋、香、錫卜	6000	元
			塩酢洋	2000	元
			酒洋	15875	元
15日					元
大洋	32000		黄紅、紅紙、黄羅文、錫卜	9300	元
			蝋	17600	元
			供食洋	4125	元
			酒洋	975	元

1954年

収入	金額	単位	支出	金額	単位
人丁洋	265000	元	全羊一頭	190000	元
喜洋	10000	元	供食	20000	元
			白酒	28000	元
			柿並	5000	元
			梨	5000	元
			葡萄	5000	元
			核桃	5000	元
			花生	2000	元
			紅紙	800	元
			二蒲会	800	元
			洋蝋	1000	元
			紅香	1500	元

付属資料3　鉄門社（李氏宗族）流水帳簿（1898年～1964年）

				錫卜	1000	元
				麻砲	1400	元
				塩酢	1000	元
				紅軟蓮	500	元
15日						
大洋		38500	元	紅紙3張	2100	元
				黄紅	3600	元
				錫卜	1000	元
				紅香1把	1500	元
				洋蝋24対	20000	元
				白酒	300	元
				供食	10000	元

1955年						
収入		金額	単位	支出	金額	単位
人丁洋		296600	元	洋蝋	1100	元
喜洋		7500	元	麻砲	5800	元
喜羊皮		35000	元	紅軟蓮	500	元
				紅紙	900	元
				二蒲会	700	元
				紅香	1500	元
				核桃	7000	元
				梨	5000	元
				葡萄	5000	元
				錫卜	1500	元
				花生	1500	元
				塩酢	2200	元
				餅干	20600	元
				柿並	4000	元
				税	20400	元
				焼酒	47500	元
				全羊一頭	204000	元
15日						
社洋		32000	元	二蒲会	6300	元
				紅紙	2700	元

				煤油	351	元
				麻油	850	元
				洋蜡	10000	元
				紅砲	3000	元
				麻兒	8000	元

1956 年

収入	金額	単位	支出	金額	単位
売銅錫洋	13.28	元	羊	20	元
人丁洋	14.7	元	紅軟蓮紙	0.03	元
喜洋	7.5	元	殺羊	0.6	元
喜羊皮	3	元	二蒲会	0.13	元
			洋蜡	0.12	元
			紅香	0.17	元
			梨	0.57	元
			核桃	0.8	元
			力只	0.46	元
			葡萄	0.35	元
			黒棗兒	0.1	元
			錫卜	0.15	元
			鞭砲	0.29	元
			税	1.48	元
			大供食	0.83	元
			紅紙	0.095	元
			塩酢	0.335	元
			酒	5.025	元
			呈文紙	0.2	元
15 日					
社洋	3.2	元	洋蜡	2.31	元
			小四色	0.64	元
			紅紙	0.17	元
				0.08	元

1957 年

収入	金額	単位	支出	金額	単位

人丁洋	27.6	元	二蒲会	0.065	元
喜洋	1.5	元	洋蝋	0.09	元
喜羊皮	2	元	梨	0.47	元
			核桃	0.68	元
			栗子	0.96	元
			柿並	0.32	元
			錫卜	0.13	元
			鞭砲	0.32	元
			経文紙	0.12	元
			紅紙	0.06	元
			紅軟蓮紙	0.03	元
			餅干	0.49	元
			羊	22.5	元
			殺羊	0.06	元
			紅香	0.18	元
			菓干	0.32	元
			黄羅文紙	0.07	元
			酒	3.5	元
			塩酢	0.28	元
15日					
洋	4.8	元	洋蝋	1.89	元
			麻児	0.05	元
			四色対只	0.75	元
			洋蝋	0.27	元
			過年酢	0.1	元

1958年					
収入	金額	単位	支出	金額	単位
人丁洋（101丁 × 0.2元）	20.02	元	羊	25.08	元
喜洋5丁	1	元	紅紙	0.12	元
喜羊皮	4	元	京文紙	0.12	元
売生鉄	4.32	元	金箔	0.14	元
上年存	1.29	元	香	0.16	元
			砲	0.33	元

			洋蝋	0.09	元
			二蒲会	0.08	元
			塩酢	0.18	元
15日					
36戸每戸0.1元	3.6	元	洋蝋24対	2.16	元
			小四色11付	0.44	元
			紅紙2張	0.21	元
			麻京	0.05	元
			砲	0.74	元

1964年

収入	金額	単位	支出	金額	単位
人丁洋(110丁×0.5元)	55.5	元	梨3斤	1.5	元
喜洋7丁×0.5元	3.5	元	葡萄2斤	1.2	元
喜羊皮	7.04	元	柿並3斤	1.6	元
			菓干1.5斤	1	元
			核桃	2	元
			錫卜	0.5	元
			香1把	0.25	元
			麻砲	0.5	元
			洋蝋	0.26	元
			塩	0.1	元
			紅紙	0.11	元
			羊	18.7	元
			酒	8.92	元
			殺羊	1	元
			葱	0.15	元
			羊税	1	元
			酢	0.4	元
			小麦8斤	4.8	元
			油	1.05	元
15日					
38丁	3.8	元	洋蝋	2.3	元
				0.5	元

		麻児	0.1	元

索　引

中国語、英語　事項・人名

A行

安徽省……………18, 46, 71, 100, 103

B行

白衣廟………………………118, 121, 122
幇工…………………………140, 166, 218
班固……………………………………30, 66
包辨婚……………………………………206
保甲制…32, 33, 38, 44, 45, 62, 63, 175
保境安民…………………………………192
輩分……83, 86, 87, 133, 134, 135, 145,
　　　　159, 163, 164
北馬………………………………………129
輩名…………………………………86, 87
本家………………83, 85, 134, 136, 166
本家大叔……………………133, 134, 166
本金…………………………………176, 179
本銭…………………………………150, 167
別居…………………………………………19
不孝有三、無後為大……………………78

C行

纏足…………………………………204, 205

差人…………………………………178, 179
常建華…………………………17, 18, 34
差序格局………………………………32, 33
車文明………………………8, 40, 41, 49
車費…………………………………178, 179
陳柯云………………………………46, 49
陳其南………………………………21, 28
陳翰笙…………………………………… 99
串家戸………………………142, 166, 167
出花様……………………………………211
初級合作社……………………………1, 119
出五服……………………………………86
祠堂…2, 18, 29, 30, 32, 35, 37, 42, 68,
　　71, 76, 88, 89, 90, 94, 97, 98, 108,
　　118, 123, 127, 128, 130, 136, 137,
　　139, 142, 144, 165
Clan…………………………………24, 25
村本政治……………………119, 126, 193
村副…………………………………193, 194
村公会…………………………………4, 47
村款………………………………………196
村廟………………………………12, 47, 48
村民自か村政………………193, 196, 204
村長…6, 7, 47, 49, 119, 123, 124, 125,
　　130, 162, 173, 180, 181, 186, 187,

188, 193, 194, 196, 198, 201, 202, 214, 217, 219

村治⋯⋯⋯9, 12, 18, 111, 126, 192, 193, 195, 196, 197, 199, 204

村制⋯⋯⋯192, 193, 194, 195, 196, 204

粗治⋯⋯⋯193

D行

大年⋯⋯⋯148, 150, 179

蛋民⋯⋯⋯73

倒請⋯⋯⋯139

倒社⋯⋯⋯188, 189

大宗⋯16, 19, 31, 37, 38, 67, 68, 76, 77, 90, 143

灯節⋯⋯⋯169, 175, 180, 188

灯節祭⋯⋯⋯170, 185, 186, 188, 189

頂門人⋯⋯⋯134, 166

定県社会概況調査⋯⋯⋯4

第三者⋯⋯⋯206, 215

嫡庶⋯⋯⋯67

地蔵王菩薩⋯⋯⋯171

東北⋯3, 21, 48, 50, 78, 92, 99, 100, 104

東股・西股・南股・北股⋯⋯⋯127

東漢⋯⋯⋯30, 66

同郷者⋯⋯⋯9

段村⋯⋯⋯83, 86, 88, 92, 117, 118, 119, 120, 121, 122, 125, 127, 128, 129, 131, 133, 134, 135, 136, 137, 140, 141, 142, 152, 153, 157, 162, 163, 164, 165, 168, 169, 170, 171, 173,

174, 175, 177, 179, 180, 182, 183, 189, 190, 191, 195, 196, 197, 198, 199, 200, 201, 202, 204, 207, 208, 212, 213, 214, 217, 218, 219, 220, 221

段村鎮志⋯⋯⋯118, 119, 120, 123, 168, 199, 203

杜正貞⋯⋯⋯8, 12

E行

恩貢⋯⋯⋯161, 167

F行

范仲淹⋯⋯⋯31, 38, 81, 89, 90

費成康⋯⋯⋯91

費孝通⋯⋯16, 20, 32, 33, 37, 47, 48, 89, 92

馮尓康⋯⋯⋯15, 17, 25

分股子⋯⋯⋯127

封建迷信⋯⋯⋯2, 35

俸禄⋯⋯⋯162

分家⋯⋯⋯26, 133, 166

補廩⋯⋯⋯160

福建省義序⋯⋯⋯16

父母会⋯⋯⋯47

父系⋯21, 25, 26, 27, 28, 30, 35, 36, 57, 58, 65, 67, 74, 78, 80, 81, 84, 92, 94, 95, 99, 108, 110, 166, 201

父債子還⋯⋯⋯177

索　引

G行

高達観······15
糕灯······171, 172, 191, 214
高級合作社······1, 119
高跷······170
高祖　29, 30, 67, 68, 69, 82, 84, 85, 157
革祭······105
個人企業······2
工程隊······140, 166
関帝会······47
広東省······33, 38, 47, 80, 81, 85, 89, 90, 98, 100, 101, 102
関帝廟······117, 121
広恵渠······178, 179
光緒······120, 148, 174, 176, 178, 179, 188
観音寺······118, 121
観音堂······118, 121
谷会······47
帰宗······80, 98
過継······58, 78, 79
過年······148
顧炎武······74
鼓楽隊······214, 216

H行

旱船······170, 181
河北省······3, 7, 8, 115, 116
合建祠堂······72, 76
合修祖墓······72, 76
洪洞県······127

洪武······43, 115
華南······20, 21, 31, 32, 33, 38, 70, 74, 75, 79, 80, 84, 85, 88, 90, 97, 98, 101, 108, 110
皇差······150, 167, 178, 179
換工······140, 166, 218
皇権不下県······1
画神子······149
華中······20, 83, 88, 90, 101
胡紅安······18, 46, 49, 78
会首······6, 7, 48, 49, 61, 221
徽州······18, 41, 45, 46, 100
火社······168, 173, 220
狐神廟······118, 121
合置族産······72, 76
互助組······1, 119, 177, 178, 197, 199

J行

家礼······31, 32, 38
江南······21, 70, 71, 74, 75, 98, 167
江西省······18, 79, 91, 99
交城県······118, 119, 121, 127, 131, 167, 168, 169, 170, 179, 187, 188, 192, 193, 194, 196
家譜······2, 35, 82, 83, 86, 88, 131, 134, 137, 145
家長······26, 37, 86, 124, 130, 133, 134, 144, 146
家制······31, 32, 38, 76
家族······4, 5, 8, 15, 16, 17, 19, 20, 21, 22,

267

23, 24, 25, 26, 27, 28, 29, 33, 36, 37, 38, 39, 61, 62, 70, 71, 77, 79, 80, 89, 91, 92, 93, 102, 131, 133, 134, 137, 150, 168, 172, 191, 193, 204, 205, 206, 207, 208, 214, 215
借公肥私…………………………91
済困扶危…………………………90
近門………………………………92
金銭社………………168, 173, 220
継室…………………208, 209, 215
集体所有制………2, 119, 183, 185, 186, 197, 198
九族………………………… 83, 86

K 行
康熙……………………………44, 208
唐力行…………………………45, 49
魁星閣………………………118, 121

L 行
蘭林友…………………………18, 37
蘭盆盛会…………………………45
老神子………………128, 142, 165
老祖宗…………………………141
糧塩税………………150, 178, 179
連譜………………… 35, 73, 83, 84
聯宗通譜………………………72, 76
里甲制……32, 33, 38, 43, 44, 62, 63, 71, 72, 98
里老人…………………………43, 50

Lineage……………………24, 25, 27
賃風匣……………………………152
賃響器……………………152, 180
隣長…………………………193, 194
廩膳生員……………………161, 167
林耀華………………… 16, 29, 37
里社……………………… 42, 45, 48
李氏………123, 124, 125, 127, 130, 131, 132, 133, 134, 135, 138, 139, 140, 141, 142, 144, 145, 146, 147, 148, 149, 150, 151, 152, 153, 164, 165, 167, 168, 170, 174, 176, 178, 179, 188, 189, 199, 208, 210, 211, 212, 220
劉節………………………………66
柳山方氏…………………………98
六政三事……………………193, 196
六政宣言………………………193
李小慧……………………………21
龍巌県……………………………44
閭……119, 192, 193, 194, 195, 196, 199
呂誠之……………………………15, 77
呂梁市…………………………117, 126
輪留社首帳…………………………131
羅東耀……………………………21
閭長…………………………193, 194, 221

M 行
馬家社布施………………………179
馬家社……168, 179, 180, 186, 189, 197,

200, 219
饅頭 …………………………………… 142
毛鬼神 ………………………………… 195
馬氏 …… 22, 46, 83, 123, 125, 127, 128, 129, 130, 132, 133, 135, 136, 138, 140, 141, 142, 145, 153, 154, 155, 157, 159, 161, 163, 164, 165, 167, 201, 208, 209, 210, 211
馬氏 A …… 129, 130, 134, 135, 136, 140, 142, 143, 144, 145, 146, 147, 153, 154, 161, 164, 208
馬氏 B …… 124, 129, 130, 138, 142, 144, 146
馬氏 C ……………… 129, 130, 142, 144, 146
馬祖会 ………………………………… 47
門中 …………………………… 133, 164, 166
面社 …………………………… 168, 173, 220
廟会 ………………………… 46, 47, 48, 212
民国 …… 12, 33, 45, 48, 79, 99, 103, 115, 118, 119, 120, 121, 153, 167, 170, 174, 178, 180, 187, 188, 189, 192, 196, 200, 204, 215, 217, 221
閩南 …………………………………… 110
明清時代 …… 21, 22, 31, 33, 38, 41, 46, 58, 68, 90, 91, 100, 103, 106, 117, 119, 170, 200
民社 …………………………………… 42
Morton, Fried …………………… 24, 25

N 行
男丁 …………………………… 146, 147
南海 …………………………………… 21, 33
南馬 …………………………………… 129
男女授受不親 ………………………… 212
南宋 …… 29, 31, 38, 45, 68, 69, 90, 97
鬧社火 …………………………… 170, 175
年節祭祀 ……………………………… 148
聶莉莉 …… 21, 48, 49, 78, 92, 99, 100

O 行
欧譜 ……………………………… 82, 83
欧陽修 ………………………………… 82

P 行
排行 ……………………… 83, 130, 159
盤費 …………………………… 178, 179
潘光旦 ………………………………… 15
潘宏立 …………………………… 22, 111
片 ………………………… 45, 46, 50
票号 …………………………………… 117
朴元熇 ………………………………… 98
皮影劇 ………………………………… 173

Q 行
錢杭 ……………………… 17, 30, 66
錢会 …………………… 47, 48, 176, 178
遷界政策 ……………………………… 72
乾隆 … 44, 153, 156, 159, 160, 161, 208, 209

銭舗 … 117, 150, 176, 178
七出 … 208
祁建民 … 3, 5, 6, 22, 48
清華大学 … 16
請会 … 48
清明祭祀 … 148, 149, 167, 179
清明 … 88, 148, 166, 167
秦燕 … 18, 46, 49, 78, 100
秦兆雄 … 21, 22
圏子 … 32
取本 … 176, 179

R行

人丁 … 86, 145, 146, 147, 151, 152, 157
人丁銭 … 147, 151, 152, 153
人工雑記帳 … 131, 132, 174, 179
人民公社 … 1, 2, 17, 35, 119, 125, 180, 183, 184, 187, 188, 190, 197, 198, 199, 200, 201, 206, 212, 215
利銭 … 150, 167, 176, 177, 178
阮雲星 … 29
入泮 … 160, 167
入社 … 173, 180, 191, 220

S行

三従四徳 … 205
三官社 … 124, 125, 168, 169, 171, 190, 191, 220, 221
三官大帝 … 171
陝北 … 18, 46

山東省 … 3, 7, 8, 9, 21, 81
上伝下達 … 194
上墳 … 148
陝西省美次県 … 129, 166
陝西省 … 3, 18, 50, 100, 115, 166
山西商人 … 9, 117
山西省 … 7, 8, 9, 11, 12, 22, 46, 49, 50, 88, 92, 99, 104, 113, 115, 116, 117, 118, 119, 120, 121, 122, 126, 127, 131, 152, 166, 168, 170, 178, 184, 192, 193, 195, 196, 199, 201, 204, 217, 222
邵鴻 … 41
少亡 … 161, 167, 208, 215
抄新帳 … 177
沙田 … 73, 76, 90, 91, 94, 97
社房 … 174, 175
社戸 … 44, 71, 72
社火 … 191
社稷 … 42, 61
生産小隊 … 119, 125, 183, 184, 185, 186, 187, 197, 198, 199, 200
生老病死 … 92
社首 … 11, 49, 132, 170, 174, 182, 183, 188, 189, 190, 196, 221
社壇 … 45
社洋 … 175, 180, 191
氏族 … 24, 25, 42, 76, 101, 155
士大夫 … 29, 30, 31, 32, 37, 38, 67, 69, 71, 84, 97, 167

世家	71
史天健	18, 111
十王棚	170, 190
史五一	40
世臣	70, 71, 90
史志宏	104
収養	58, 78, 79
水波差序格局	32, 33
順徳	33
順口溜	195
寺北柴村	4, 133
四旧	2, 12, 35, 153, 170, 197
宋代	16, 22, 28, 31, 32, 33, 38, 42, 58, 70, 71, 73, 74, 75, 81, 82, 83, 109, 115, 168
送子観音	171
蘇譜	82, 83
蘇旬	82
蘇州	45, 81
江蘇省	99, 101

T 行

太公	90, 102
太原	115, 116, 117, 192
太祖	131, 141
陶希盛	15, 16
塔塔火	170, 181, 182, 191
鉄槙	170, 181, 182, 183, 184, 186, 187, 197, 198
鉄門李社	168, 174, 175, 176, 177, 178, 179, 180, 185, 188, 189, 190, 195, 196, 197, 199, 200, 219
同工同酬	206
同居共財	25, 78
僮僕	98
通譜	35, 36, 73, 74, 81, 83, 84, 164
童養媳	206
同宗同祖	69
土地廟	40
土地神	40, 42, 47
図甲制	21, 33, 38, 44, 98, 102
屯会	48, 50

W 行

王日根	42
王伊同	15
文昌宮	118, 121, 122, 125, 172, 173
文昌廟	118, 121
無出	208, 210, 215
五服	83, 85, 86, 87, 92, 139, 166
五台県	192

X 行

郷族	90, 109, 110
郷約	19
肖唐鏢	18, 111
郷紳	21, 29, 39, 49, 70, 90, 91, 98, 187
郷鎮企業	2, 120, 198, 213, 220
簫紅燕	21
小神子	128, 142, 165

小宗……16, 19, 37, 67, 68, 77, 82, 143
行龍……8
喜錢……147, 151, 152, 153
喜喜錢……140, 147, 166, 211
血族…25, 26, 55, 60, 65, 66, 67, 68, 74, 76, 102, 163
巡田……178, 179
徐揚杰……17, 25

Y行

楊家溝村……46
閻家社……168, 189, 200, 219
燕京大学……16, 37
閻氏…86, 123, 124, 125, 127, 128, 130, 132, 133, 135, 136, 137, 138, 139, 141, 142, 143, 144, 145, 146, 163, 165, 210, 211
延寿会……47
閻王廟……118, 121
閻錫山……192, 193, 195, 197
姚春敏……8, 12, 46, 49
異財……19, 25
義倉……32
一股子……127
一戸下……83
迎神競会……46
印駒城……119
銀錢流水帳……22, 131, 132, 148, 151, 152, 174, 177, 178, 188
一田両主制……105

義田……31, 149
異姓不養……78
異姓養子……80, 84
義荘……71, 81, 89, 90, 91
永佃田……104, 105
用民政治……193
遊民……41, 98
有錢出錢、有力出力……185
元宵節……22, 167, 169, 170, 171, 173, 175, 176, 180, 181, 182, 183, 184, 185, 187, 188, 189, 190, 191, 195, 196, 197, 198, 199, 212, 213, 214
院裡……83
元末……21, 70, 71
遠祖…29, 32, 67, 68, 69, 79, 84, 85, 143
雲南省……48
魚洗模式……32

Z行

澤州……12, 46, 49, 116
張宏明……27
招女婿……134, 166
招婚……58, 78, 79
荘僕……103
長晩老幼……145, 146
張研……81, 90, 91, 99
贍族……89, 93
趙華富……18, 100
浙江省……99, 101
正月15祭祀……148, 167

鄭振満……16, 17, 24, 27, 28, 60, 72, 79, 87, 90, 98
真武廟……………………………118, 121
置社………………………………………42
周代…30, 34, 42, 66, 67, 68, 76, 84, 85
中国農村慣行調査………………………3
中華民国……1, 6, 9, 115, 126, 192, 199, 204
張小軍…………26, 31, 32, 33, 39, 60, 97
朱子……………………………29, 31, 38, 68
子戸………………………………102, 103
自興社……………168, 173, 190, 220, 221
宗祠……28, 46, 66, 71, 72, 88, 94, 103, 108, 121
宗法…15, 16, 25, 30, 34, 37, 67, 68, 70, 77, 82, 108, 208
総戸………………………………33, 102, 103
族法………………………………………90
祖墳………………………………209, 215
族規………………………18, 31, 90, 155
最高輩……………………………86, 133, 134
祖廟…………………………………42, 66, 67
左雲鵬……………………………………16
族譜……2, 16, 18, 28, 30, 35, 37, 71, 73, 76, 82, 83, 84, 92, 94, 97, 123, 128, 129, 130, 131, 134, 136, 141, 145, 153, 154, 155, 157, 158, 159, 161, 162, 163, 164, 165, 166, 167, 208, 209, 210, 215
族権……………………1, 35, 37, 108, 205

族産……4, 18, 24, 28, 35, 72, 87, 88, 90, 91, 100, 101, 102, 137, 149, 166
租佃……………………………………104
祖宗………………………67, 141, 156, 157

日本語事項・人名

あ行

青井和夫…………………………………51
アソシエーション………………51, 52, 56
石田浩……………………………………28
意図的………………45, 54, 55, 56, 64, 75, 93
稲村哲也…………………………………21
井上徹………………………21, 30, 70, 90, 91
姻族………………………………………25
上田信………………………21, 33, 44, 49, 72
内山雅生……………………………7, 8, 104

か行

戒能通孝…………………………………6
片山剛…………………………21, 33, 38, 102
価値集団…………………………………55, 56
加藤常賢……………………19, 29, 65, 66, 68
カルプ……………………………23, 26, 47, 84
擬制的宗族集団…………………………36
基礎集団……………………34, 51, 52, 55
喜多野清一………………………………23
ギティングス……………………………51
機能集団……………18, 28, 29, 34, 51, 52, 56

273

機能モデル……………29, 36, 109
ギルド………………30, 41, 48, 62
クーリー……………………51, 52
系譜モデル……………29, 36, 109
ゲゼルシャフト………51, 52, 53, 56
血縁型……58, 59, 60, 65, 74, 75, 78, 87, 89, 93, 94, 107, 108, 109, 110, 218, 219
血族集団………………26, 55, 55, 56
ゲマインシャフト………51, 52, 53, 56
効用集団………………………55, 56
国制集団………………55, 56, 74, 75
小林義男…………………………22
コミュニティ…………51, 52, 73, 92
小山正明…………………………79
根源的存在共同…………53, 54, 55

さ行

佐々木衛……………………21, 28
ジェーミンソン……………………101
滋賀秀三…………………………26
自然的……10, 23, 25, 26, 34, 51, 52, 53, 54, 55, 56, 57, 58, 59, 60, 62, 63, 64, 75, 84, 93, 109, 218, 220
渋谷裕子…………………………100
清水盛光…9, 19, 30, 42, 44, 50, 52, 53, 56, 60, 62, 64, 65, 67, 74, 77, 85, 87, 94, 101, 218
清水泰次…………………………19
珠江デルタ…21, 33, 38, 44, 73, 74, 75, 90, 96, 97, 99, 100, 102
人為的……10, 25, 27, 34, 43, 51, 53, 54, 55, 56, 57, 58, 59, 60, 61, 62, 63, 64, 69, 70, 74, 75, 78, 97, 109, 220, 221
親疎関係………77, 85, 87, 135, 164, 217
親族…19, 25, 26, 27, 30, 32, 37, 39, 58, 62, 77, 82, 84, 85, 86, 91, 92, 96, 99, 105, 139, 140, 165, 166, 176, 208
末成道男…………………………21
鈴木正崇…………………………21
生成社会…………………………51
成立根拠……10, 12, 54, 55, 65, 84, 107, 218
成立動機……10, 11, 12, 54, 55, 60, 62, 65, 69, 70, 74, 75, 78, 84, 94, 107, 218
瀬川昌久……………21, 27, 38, 85, 99
選択意志……………53, 54, 56, 93
組成社会…………………………51
親属………………………………67

た行

第一次集団………………51, 52, 56
体験集団……………………55, 56
第二次集団………………51, 52, 56
高田保馬…………………51, 52, 53
滝田豪………192, 194, 195, 196, 226
田仲一成……………………21, 71
田中比呂志…………………………8
地縁集団……1, 6, 8, 12, 40, 41, 48, 49,

55, 62, 168, 189, 201, 204, 219, 221, 222
テンニース……………51, 52, 53, 54
同族……4, 20, 24, 28, 30, 31, 33, 37, 38, 78, 81, 83, 88, 89, 90, 91, 100, 101, 102, 103, 106, 110, 133
特殊関心の共同追求……53, 54, 55, 55, 56, 57, 59, 63
土壇………………………………61
ドアラ（Prasenjit Duara）……4, 6, 24, 47, 48, 133

な行

中生勝美………………………21
永尾龍造…………………88, 137
仁井田陞………26, 87, 90, 100, 101
西川喜久子…………………21, 90
西支派……128, 136, 139, 142, 143, 144, 146, 164

は行

派生社会……………………51, 52
派生的…………………51, 52, 53, 56
パトリシア・イーブリー……………23
東支派……127, 128, 135, 136, 138, 139, 142, 143, 145, 146, 163
深尾葉子………………………46, 49
福武直……4, 19, 20, 78, 83, 86, 88, 100, 103, 132
父権的……………………………67
フリードマン……16, 18, 20, 23, 24, 25, 27, 28, 29, 31, 34, 35, 36, 37, 79, 80, 91, 92, 94, 95, 96, 97, 98, 99, 107
本質意志………………53, 54, 56
本質的……………4, 20, 28, 51, 58

ま行

牧野巽……………19, 20, 25, 83, 88, 89
松田吉郎………………79, 90, 91, 98
松本善海………………………42
三木聡…………………………110
三谷孝………………………3, 5, 7, 21
諸橋轍次………………………19

や行

山本秀夫……………………194
山本真………………………44, 49
吉原和男……………………21, 26

ら行

ラング………………………23
利益型……59, 60, 65, 73, 74, 75, 78, 87, 89, 93, 94, 99, 105, 107, 108, 109, 110, 218, 219
輪番……38, 44, 49, 136, 144, 145, 166, 171, 172, 173, 174, 183, 188, 210

著者紹介

陳　鳳（ちん　ほう）

1962年中国山西省太原市生まれ。
博士（現代社会）。専門は農村地域社会、家族。
現在、神戸学院大学非常勤講師、関西外国語大学非常勤講師

主要業績

「社会変動と村民組織──「元宵節」の開催に着目して──」（『日中社会学研究』第14号　日中社会学会　2006年）
「伝統的社会集団と近代の村落行政──山西省の一村落を事例として」（『現代中国研究』第20号　中国現代史研究会　2007年）
「転換期中国の多様化する婚姻観」（『分岐する現代中国家族』第5章　明石書店　2008年）
「宗族結合に関する諸研究の再検討──南北差異の要因を中心に──」（『日中社会学研究』第21号　日中社会学会　2013年）

伝統的社会集団の歴史的変遷
──中国山西省農村の「宗族」と「社」

2017年9月15日　第1版第1刷発行

著　者　陳　鳳 ⓒ
発行者　橋本盛作
発行所　株式会社御茶の水書房

〒113-0033 東京都文京区本郷5-30-20
電話　03-5684-0751
Fax　03-5684-0753

Printed in Japan

印刷・製本：シナノ印刷（株）

ISBN978-4-275-02074-1　C3036

日本の中国農村調査と伝統社会	内山雅生 著	A5判・二九六頁 価格・四六〇〇円
中国内陸における農村変革と地域社会	三谷孝 編著	A5判・三七六頁 価格・六六〇〇円
中国農村の権力構造	田原史起 著	A5判・三三二頁 価格・五〇〇〇円
中国社会と大衆動員	金野純 著	A5判・四六〇頁 価格・六八〇〇円
中国における社会結合と国家権力	祁建民 著	A5判・三九六頁 価格・六六〇〇円
近代上海と公衆衛生	福士由紀 著	A5判・三三四頁 価格・六八〇〇円
中国朝鮮族村落の社会学的研究	林梅 著	A5判・二四二頁 価格・六〇〇〇円
中国東北農村社会と朝鮮人の教育	金美花 著	A5判・四四〇頁 価格・八〇〇〇円
戦後の「満州」と朝鮮人社会	李海燕 著	A5判・二四〇頁 価格・五四〇〇円
中国村民自治の実証研究	張文明 著	A5判・三九〇頁 価格・七〇〇〇円
近代中国東北地域の朝鮮人移民と農業	朴敬玉 著	A5判・二四〇頁 価格・五五〇〇円
東アジア共生の歴史的基礎	鶴園裕・弁納才一 編	菊判・三五〇頁 価格・六〇〇〇円
地域統合と人的移動	野村真理・弁納才一 編	菊判・三三〇頁 価格・六三〇〇円

御茶の水書房
（価格は消費税抜き）